Y0-EIY-546

LA ILUSTRACIÓN
EN ESPAÑA Y ALEMANIA

PENSAMIENTO CRÍTICO/PENSAMIENTO UTÓPICO

Colección dirigida por José M. Ortega

40

Reyes Mate
Friedrich Niewöhner
(Coords.)

LA ILUSTRACIÓN EN ESPAÑA Y ALEMANIA

F. Niewöhner
A. Maestre
L. Kreimendahl
R. Mate
M. Tietz

T. Egido
S. Jüttner
J. Jiménez Lozano
H.-J. Lope
J.M. Caso

R. García
P. Raabe
W. Barner
A. Andreu
E. Hidalgo Serna

Edición realizada con la ayuda de la Institución Cultural «El Brocense», Diputación de Cáceres

ANTHROPOS
EDITORIAL DEL HOMBRE

Primera edición: marzo 1989

© I.C. «El Brocense», 1989
© Editorial Anthropos, 1989
Edita: Editorial Anthropos. Promat, S. Coop. Ltda.
 Vía Augusta, 64, 08006 Barcelona
ISBN: 84-7658-133-5
Depósito legal: B. 2.026-1989
Impresión: Novagràfik. Puigcerdà, 127. Barcelona.

Impreso en España - *Printed in Spain*

Todos los derechos reservados. Esta publicación no puede ser reproducida, ni en todo ni en parte, ni registrada en, o transmitida por, un sistema de recuperación de información, en ninguna forma ni por ningún medio, sea mecánico, fotoquímico, electrónico, magnético, electroóptico, por fotocopia, o cualquier otro, sin el permiso previo por escrito de la editorial.

PRESENTACIÓN

La Ilustración se ha convertido en el centro de gravedad de la cultura contemporánea. Seguramente nunca había dejado de serlo sólo que ahora lo es de una manera más explícita, con la intensidad que recibe de su problematicidad. Dos hechos de actualidad avalan este interés: la agitación provocada por el bicentenario de la muerte de Carlos III y el debate en torno a la postmodernidad cuyo punto neurálgico es la posibilidad o imposibilidad del proyecto ilustrado.

El siglo XVIII, por un lado, y el debate filosófico, por otro, reflejan las dos vertientes que acarrea el vocablo Ilustración: acontecimiento y proceso.

Sobre el primer aspecto —la Ilustración como hecho histórico moderno situado en torno al siglo XVIII— dominan los tópicos, sobre todo en su relación con España; ¿hubo o no hubo Ilustración en la España del siglo XVIII?, ¿cómo fue la Ilustración en Alemania? Para hablar de todo ello se reunió en Cáceres un grupo de especialistas alemanes y españoles cuyos estudios aquí presentamos. Lo que más llamará la atención del lector español es la afirmación, compartida y defendida por los especialistas alemanes, de que aquí hubo Ilustración como en cualquier otro lugar europeo. Una afirmación que rompe el tópico de que España, más que país ilustrado, fue un país de misión ilustradora. Manfred Tietz estudia la figura literaria de la *romana Lucrecia* y llega a la conclusión de que su tratamiento en España tiene las mismas variantes secularizadas y críticas que en el resto de Europa, como lo demuestran las obras de Moratín o de Remis. Siegfried Jüttner hacía una comparación política entre españoles y franceses sobre la posibilidad de una monarquía que hiciera suya la causa de la Ilustración; contrastaba el desánimo de los intelectuales franceses, muy lejos en 1770 de semejante figura política, con los vientos ilustrados de la monarquía española. Los 18 tomos del *Viaje de España,* del cura Pons, revelan el sentido práctico de los ilustrados españoles quienes, en pugna con la aristocracia y el campesinado, relacionan Ilustración con reforestación e integrismo con desarbolización, según los estudios de Hans Joachim Lope. El mismo punto de vista mantenía José Miguel Caso en su exposición de la crítica en *El Censor,* una crítica inspirada, por otro lado, en la espiritualidad renovada que animaba el círculo de la condesa de Montijo.

Habría, según estos autores, una Ilustración española que se hizo sin rupturas con la tradición, aunque no cuajara en una revolución, como en Francia, ni en una explosión cultural, como en Alemania.

Al lector avisado no se le escapará sin embargo que autores españoles como Teófanes Egido, José Jiménez Lozano y Romano García rebajan un tanto esa positiva valoración. Prefieren hablar de ilustrados más que de Ilustración y aportan para ello abundantes datos sociológicos que revelan los comportamientos del pueblo respecto a la Ilustración. Para el español de siempre, *el castizo* (cuyo prototipo se encarna en el pueblo, en la aristocracia y en el clero), la Ilustración era «lo otro», lo hereje-extranjero que sólo podía arruinar lo propio. Los ilustradores serían entonces una escasa minoría. Conviene no perder de vista, sin embargo, como señala Hidalgo Serna que las traducciones al alemán de Gracián, Isla, Olavide, en el siglo XVIII y el estudio de sus obras en universidades extranjeras denotan la madurez de la minoría ilustrada española al tiempo que su escaso reconocimiento público en el propio país.

La diferencia entre España y Alemania quedaba patente en el pormenorizado estudio de Paul Raabe, el actual patrón de la célebre biblioteca ilustrada fundada por Leibniz, la de Wolfenbüttel, sobre la difusión del libro. Hablar de Ilustración es, en buena medida, hablar del libro, de los libreros y editores. Gracias a la industria del libro, Liepzig, Berlín, Hamburgo y Francfort se convirtieron en puntos neurálgicos de la Ilustración europea. Fue entonces cuando los pensadores pasaron a llamarse *escritores*.

La presencia en el citado encuentro de filósofos especializados en la Ilustración invitaba, a la vista de estos análisis empíricos, a revisar el concepto habitual de Ilustración. Lothar Kreimendahl llama la atención del peso en el pensamiento kantiano del empirismo de Hume. Wilfried Barnes y Agustín Andreu descubren la importancia del sentimiento y de la tradición en la crítica de un Lessing. Tenían, pues, razón quienes, como Hegel, insistían que no habría Ilustración con futuro más que si integraba en el concepto moderno de racionalidad el de tradición, incluida la religiosa. El estudio de F. Niewöhner ilumina de una manera inhabitual uno de los rasgos más característicos del espíritu ilustrado. Se subraya, y con razón, la preocupación de la Ilustración por algo parecido a lo que hoy llamaríamos «sentido pedagógico»: más que la definición de la verdad, interesaba su búsqueda y su comunicación. Pues bien, esa preocupación tiene que ver en Mendelssohn con un theologumena tan clásico como el de «acomodación» y «condescendencia». Se puede seguir hablando de Ilustración, decía Agapito Maestre, si el propio pensamiento ilustrado es capaz de volver sobre sus propios pasos y con autocrítica incorporar lo que ha dejado en el camino.

Gracias a este primer Encuentro Hispanoalemán sobre la Ilustración en España y Alemania, auspiciado por el entendimiento entre la Institución Cultural El Brocense, de Cáceres, y la Herzog August Bibliothek de Wolfenbüttel, el Instituto de Filosofía del CSIC, encargado de organizar el acto, se felicita de que mediante la presente edición puedan conocer ampliamente las aportaciones allí debatidas. El Instituto Alemán de Madrid merece un recuerdo especial, ya que también lo hizo posible.

REYES MATE
FRIEDRICH NIEWÖHNER

I

EL PENSAMIENTO ILUSTRADO

AMOLDAMIENTO Y ALTIVEZ, O EL LECTOR DEBE SER EL REY
Anotaciones sobre la forma literaria de la filosofía ilustrada del siglo XVIII

Friedrich Niewöhner

En vano puede buscarse en viejos diccionarios el término *Anbequemung* entre *Anbeissen* (morder) y *Anbeten* (adorar). En el *Duden** de 1977 reza bajo la palabra *anbequemen*: «Adaptarse a algo con un cierto esfuerzo, amoldarse a las costumbres imperantes; someterse sin resistencia a las exigencias de la vida». No va a ser sobre este tipo de amoldamiento sobre lo que va a versar mi ponencia. Esto requiere una explicación, por eso voy a aportar en primer lugar dos citas y una anécdota que nos llevarán directamente al tema que voy a tratar.

La primera cita pertenece a la novela *El último trombón*, de Inge Merkel. La heroína de la novela dice: «Que no me hablen de modernización ni de adaptación de la religión de la época. No hay nada que me resulte más repugnante. No son los ateos quienes destruyen la religión, sino los frailucos que adoptan una pose moderna con su asquerosa actitud intimista, tras la que no se oculta otra cosa que la pretensión de *degradar lo venerable,* lo incomprensiblemente elevado, hasta el nivel de los porteros. ...Personalmente prefiero yacer boca abajo en el polvo, ante la verdadera magnificencia, que sen-

---
* Diccionario etimológico y gramatical alemán. *(N. del T.)*

tarme trasero con trasero junto a un Jesucristo Superstar que dice tonterías en inglés americano. ...Dios no es ningún demócrata». Esto va a quedar así, de momento. La segunda cita se encuentra en la obra *Trío de cartas helenísticas,* de Johann Georg Hamann, y reza: «Es propio de la unidad de la manifestación divina que el espíritu de Dios se desprenda de su majestad y se rebaje mediante el estilete humano representado por los hombres santos que Él dirige, de igual modo que el Hijo de Dios en su configuración como siervo y la Creación en su conjunto son una obra de la máxima humildad. Y puesto que esa obra señala a Dios en la Naturaleza tan sólo cabe asombrarse de la afrenta similar que se le hace a un hombre cabal cuando el populacho juzga su valía por el aspecto de su sayón.

»La escritura divina también elige lo necio, lo superficial y lo innoble para humillar la fuerza y la ingenuidad de los escritores profanos. En verdad son necesarios los ojos iluminados, entusiastas y armados de celo de un amigo, de un amante, para reconocer los rayos de la magnificencia divina bajo semejante ropaje [...] —también aquí es válido el adagio: Vox populi, vox Dei—. Lo sublime en la escritura del César es su negligencia».

Esta es una opinión absolutamente distinta de la mantenida por la ya citada heroína fundamentalista que se defendía contra la degradación de lo venerable. Pero Hamann no habla de degradar, sino de rebajamiento y humildad. También esto va a quedar así de momento, si bien resulta ya clara la existencia de un primer vínculo entre una determinada forma de escribir y *lo* escrito: la renuncia y la figura servil de Cristo se reflejan en la forma en que se enseña el Evangelio. Veamos ahora la anécdota prometida.

Procede de Karl Philipp Moritz, quien la escribió en el año de la muerte de Mendelssohn, ese Mendelssohn que había resaltado en sus escritos ilustrados «el cuidado y la cautela» con que debía realizarse la ilustración. Karl Philipp Moritz escribió:

> Fui una vez a visitarlo —a Mendelssohn— con un predicador luterano que pretendía difundir la Ilustración en su

> comarca, donde aún reinaba una gran oscuridad, y que deseaba pedirle consejo a Mendelssohn al respecto. Fue conmovedor escuchar cómo un judío conversaba con un predicador luterano sobre el mejor modo y manera de instruir a una comunidad cristiana, y cómo Mendelssohn exhortó al predicador a no introducir demasiadas innovaciones de una sola vez, así como a proceder con cautela y dulzura en la tarea ilustradora, tal y como Cristo había enseñado a hacer.

Es una escena conmovedora: el judío ilustrado aconseja a un predicador cristiano sobre cómo difundir la Ilustración en una comunidad, una verdad aquélla situada más allá de toda frontera confesional. También previene Mendelssohn frente a la excesiva introducción de innovaciones: había que obrar con cautela y dulzura. Es entonces cuando Mendelssohn emplea una comparación que dice de él mucho más de lo que puedan aportar numerosos tratados eruditos: «tal y como Cristo había enseñado a hacer».

Merece la pena reflexionar sobre esta frase, puesto que no es un predicador cristiano quien la profiere, sino un ilustrado judío. La frase no se pronuncia con la intención de aportar más creyentes a la religión cristiana, sino con el fin de iluminar la oscuridad de una comunidad cristiana mediante la Ilustración. Es esa doble fractura la que le otorga su explosividad. Para poder comprenderla plenamente se hace precisa una breve explicación del concepto de acomodación: «acomodación» (*Akkomodation*) significa en el alemán del siglo XVIII, como por ejemplo en Johann Salomo Semler, «amoldamiento» (*Anbequemung*). Algunos teólogos cristianos sostienen la tesis de que Jesús y los apóstoles «por motivos pedagógicos, para hacer comprensible su manifestación, se habrían adaptado a las representaciones religiosas de su entorno». Ya Spinoza había mantenido en su *Tractatus theologico-politicus* de 1670 que los apóstoles, «para no asustar a las gentes con la novedad de su doctrina, habrían adaptado ésta en la medida de lo posible al espíritu de sus coetáneos» —sui temporis ingenio accommodaverunt—. En el tiempo de Mendelssohn la tesis de la acomodación era mantenida especialmente por Johann Salomo Semler, Wilhelm Abraham Teller y Carl Viktor Hauff: la verdad cristiana, según Teller, se enseña de acuerdo «con las facultades y la capacidad de comprensión de sus destinatarios». Sin embargo, y puesto que Cristo había predicado entre los judíos, hay que señalar según Hauff «que nuestro gran maestro se adaptó en su exposición doctrinal a la lengua y a la forma de pensamiento de los judíos». «Jesús se guió a menudo según la forma de pensar de los judíos.» Esta tesis de la acomodación contiene dos momentos:

1. No ha de asustarse a la gente con la radical novedad de la doctrina.
2. Hay que amoldarse en la forma de la manifestación al modo de pensar de los destinatarios.

Ambos momentos se encuentran en Mendelssohn, quien parece hallarse clasificado entre los que han representado la tesis de la acomodación.

Pese a ello hay algo aquí que chirría: todos los defensores de la teoría de la acomodación habían aplicado ésta única y exclusivamente a la manifestación de Jesús y sus apóstoles, es decir, a la difusión de la doctrina cristiana. Por el contrario, no es posible situar a Mendelssohn en este contexto, puesto que él no deseaba difundir el cristianismo y, nota bene, tampoco el judaísmo, sino tan sólo promover la Ilustración.

¿De qué modo, hay que preguntarse, se amolda Mendelssohn a la forma de pensar de sus lectores en la promoción de la Ilustración? Mendelssohn no había configurado ningún sistema filosófico, como fue el caso de Spinoza antes de él y de Cohen y Rosenzweig con posterioridad a él. Incluso su principal obra filosófica, *Morgenstunden,* era más bien una plática sobre Dios y la posibilidad de su demostración que un tratado fiolosófico. Mientras que Spinoza filosofó estrictamente *more geometrico,* Mendelssohn escogió el diálogo como género literario para esta obra. El diálogo es el género literario propio de Lessing, quien ya lo escogió en *Phädon* y por el que pronto se le conoció como el «Sócrates alemán» —una designación acuñada por primera vez en 1513 por Ulrich von Hutten con referencia a Erasmo de Rotterdam, y es bien cierto que Erasmo y Moses tienen mucho en común—. Mendelssohn acude principalmente a la narración, también compone poesía, escribe *Conversaciones filosóficas* —éste es el título de su primera obra en 1755— pero carece de un tratado filosófico. Junto con el diálogo —ya sea escrito u oral, cultivado en la «Kaffeehaus-Gesellschaft» desde 1755 y en la «Berliner Mittwochsgesellschaft»* desde 1783— Mendelssohn aprecia particularmente la epístola como género: junto a numerosas cartas privadas alemanas, judeo-alemanas y hebreas existen otras cartas abiertas, especialmente las posteriores a 1770 relacionadas con el penoso asunto del diácono Lavater, Kölbele, Cranz y demás. Entre 1759 y 1765 Mendelssohn contribuye a las *Cartas concernientes a la literatura más reciente*, editadas por Friedrich Nicolai. En ellas Mendelssohn se encuentra en su propio elemento: recensiona, alaba, critica, aconseja, instruye. Si se quiere subsumir todo esto en un solo denominador común puede decirse que Mendelssohn es un filósofo popular que no desea escribir sobre la verdad, sino tan sólo en función de la utilidad y teniendo siempre en mente a sus destinatarios, es decir, amoldándose a ellos.

Friedrich Nicolai ya había señalado: «Lessing era más vivo en la búsqueda de la verdad [...], Moses (Mendelssohn) era más discreto, mostraba un más claro interés por los resultados». Este interés no sólo determinó el estilo literario de Mendelssohn, sino también las afirmaciones contenidas en él. De forma aún más clara que Nicolai, se pregunta en 1934 Isaac Breuer con respecto a Mendelssohn: «¿Dónde reside la verdad?». Él mismo aportó la respuesta: «La verdad la retuvo evidentemente para sí».

El retraimiento de la verdad y el estrabismo con respecto al lector unidos a un verdadero fervor misionero de carácter secular determinan la forma literaria de los tratados de Mendelssohn. En este sentido, me parece característico lo que Mendelssohn le escribe a Lavater —en una carta privada— en enero de 1771, después de haberle dado a entender claramente que no poseía en absoluto ningún ansia de redención ni la fe en el Mesías: «Eso es aproximadamente lo que habría

---

* Nombres de asociaciones alemanas de tertulia de la época del estilo de los «Salons» franceses y las «Coffee-Houses» inglesas. *(N. del T.)*

declarado si no se me hubiese anticipado la bondad de Ud. Tanto mejor ahora. El público alemán no parece estar preparado para escuchar semejantes discusiones». Mendelssohn se amolda a la capacidad de sus lectores. Se piensa, a veces, que se oculta tras una máscara —una acusación que fue frecuente mientras vivió, como fue el caso de Johann Heinrich Schulz en su anónimo panfleto (Amsterdam 1786) *Moses Mendelssohn desenmascarado*.

Hasta aquí lo que se refiere al amoldamiento. Veamos ahora lo que se refiere a la altivez.

La filosofía de Mendelssohn puede designarse como una filosofía popular que tiene siempre en mente a su lector. No hay que confundirse al respecto, puesto que el propio Mendelssohn se opone a «exponer todas las ciencias simplificadamente y *ad captum*, como gusta de decirse». Ese tipo de exposición —piensa— se preocupa excesivamente poco de las demostraciones porque tan sólo pretende convencer. Por eso es importante considerar brevemente en este contexto las *Morgenstunden* de Mendelssohn, de 1786, donde expone en la decimosexta lección una «nueva demostración de la existencia de Dios a partir de la incompleta naturaleza del autoconocimiento», en forma dialogada, se entiende.

No deseo entrar a considerar aquí esa demostración, puesto que nunca fue tomada en serio. En una edición de 1786 de *Morgenstunden* aparece escrito a mano en la portada:

> *En sus Horas Matutinas*
> *¿no aparece muy débil el espíritu*
> *y de Dios apenas la huella se adivina?*
> *¡Gracias a Dios, pues, que no lo busca*
> *en horas vespertinas!**

Como correspondía al tono de la época, Friedrich Nicolai recitó ante la tumba abierta de Mendelssohn: «Dios existe, ya Moisés lo dijo / La prueba, empero, la aportó Moses

---

* En alemán: *Man hat in seinen Morgenstunden / den Geist sehr schwach und Gott fast gar nicht g'funden? / Gott Lob denn, dass er ihn nicht such' / in Abendstunden!* (N. del T.)

Mendelssohn». Esto es una necedad, y en eso tiene razón Mathias Claudius, sin embargo Nicolai alude aquí a la tradición en cuyo seno han de ser entendidas las demostraciones de Mendelssohn: la tradición mosaica. El propio Mendelssohn proporciona un breve indicio de esa tradición al citar en un importante fragmento de su argumentación las palabras de un «rabino»: «Dondequiera que encuentres la magnificencia y la sublimidad de Dios, también allí hallarás su altivez». Esta frase del rabino Johanan, perteneciente al tratado *Megilla* del Talmud babilónico, está estrechamente relacionada con lo que se ha dicho anteriormente sobre la acomodación. Esa relación se hace todavía más evidente en el escrito de Mendelssohn *Asuntos de Dios o la justa Providencia* (1784), en el que vuelve a hacerse mención de dicha cita talmúdica: «La verdadera religión de la razón contempla conjuntamente ambas —la magnificencia y la bondad divinas—: la magnificencia, como dicen los kabalistas, suavizada por el amor [...]. Muy sabia es la sentencia del rabino Johanan: dondequiera que encuentres la magnificencia divina encontrarás también su altiva bondad». En un caso Mendelssohn traduce «altiva bondad» (*herablassende Güte*), en el otro simplemente «altivez» (*Herablassung*) —en el propio Talmud existe una palabra que debe traducirse como humildad o autorrebajamiento—. Sin embargo, Mendelssohn habla de «altivez», y eso tiene, a mi parecer, sus buenas razones. La altivez divina no es esa actitud antipática que asociamos hoy a la altivez, sino que se trata de la traducción al alemán de un importante concepto latino de la doctrina cristiana de la Trinidad: el concepto de «condescendencia» (*Kondeszendenz*) —una especie de amoldamiento del propio Dios a los hombres, una cierta acomodación divina—.*

---

* El término *Herablassung* posee en alemán el doble significado de «altivez» y «condescendencia». El término *Kondeszendenz* no aparece en los diccionarios; se trata de una germanización directa del término latino *condescensio*. En los textos de Mendelssohn, tal y como explica el autor, ambos significados convergen. De aquí en adelante, y para adaptarse al doble juego de palabras que aparece en el texto original, el término «altivez» se empleará como traducción castellana de *Herablassung* en su sentido mendelssohniano de «condescendencia». *(N. del T.)*

«"Condescencia", un antiguo concepto teológico, es el descenso de Dios hasta los hombres. Crisóstomo habla de *Synkatabasis,* un concepto que en latín se desdobla en *accommodatio* y *condescensio*. Condescendencia se convierte en alemán, con Hamann, en *Herunterlassung* [...]. Mientras que el concepto de "acomodación", de un tópico misionero siempre problemático, se ha convertido aquí en teología ilustrada, el concepto de "condescendencia" es por su parte capaz de aprehender la unidad de acción divina existente en la compenetración recíproca de las personas de la Trinidad.»

Mendelssohn no pudo leer las *Consideraciones Bíblicas* de Hamann, publicadas muy posteriormente, pero lo que en él significa «altivez» (*Herablassung*) corresponde exactamente al término «condescendencia» (*Herunterlassung*) de Hamann. Existe, sin embargo, una diferencia entre estos dos autores: Hamann habla como autor cristiano y Mendelssohn como filósofo ilustrado. El discurso de ambos coincide en un determinado contexto: no es el judío creyente, sino «la verdadera religión de la *razón*» la que puede considerar conjuntamente la majestad y la bondad divinas. Qué papel central desempeña el concepto «altivez» en Mendelssohn es algo que aclararemos ahora con dos citas de *Morgenstunden*:

> En todas las acciones humanas que podamos observar se da una especie de contraposición entre grandeza y altivez, entre dignidad e intimidad, que nos convence de la dificultad de aunar estas dos propiedades morales en un sólo carácter.

Mendelssohn prosigue en este sentido para llegar a la conclusión de que «la misma dificultad que tienen los hombres para imaginar conjuntamente ambas propiedades la tienen éstos desde siempre con respecto a la religión, encaminados como están por una vía equivocada. Se ha exagerado, según el caso, la excelsitud del ser divino o su altivez, y se ha excluido a Dios de todo concurso, o bien se le ha entrelazado en todas las actividades humanas de tal forma que debiese tomar parte igualmente en sus debilidades».

Mientras que los «filósofos», según Mendelssohn, habrían

acentuado en exceso la excelsitud de Dios —piénsese, por ejemplo, en Maimónides— los «métodos populares», por su parte, habrían resaltado excesivamente la altivez divina, habrían «degradado la divinidad a debilidades humanas». En este punto Mendelssohn se remonta hasta muy atrás en el tiempo y remite a los poetas antiguos. Sin embargo, no menciona en absoluto el método popular del cristianismo. Para mediar entre los dos extremos citados Mendelssohn alude a «las palabras del rabino que ya percibió esta contraposición entre la excelsitud y la altivez: *dondequiera que encuentres la magnificencia de Dios hallarás también su altivez*».

Mendelssohn no habla aquí como teólogo, sino como ilustrado, y de lo que trata es de la «religión de la razón». Esto se hace evidente también en posteriores escritos, en los que mantiene que ningún otro escritor ha expuesto con más entusiasmo la doctrina de la altivez divina que «nuestro inmortal Lessing». Mendelssohn se refiere también ahí al poema *Nathan*, y llega incluso a afirmar que el vínculo entre la excelsitud divina y su altivez «tan sólo fue posible para un Lessing, y aun quizá lo fue únicamente en nuestra lengua materna. Tan sólo ésta parece haber conseguido ese tipo de perfeccionamiento que permite aunar en sí mismo el lenguaje de la razón con la representación más vívida».

El lenguaje de la razón, ese es lenguaje de la filosofía. La representación vívida, eso es el teatro, el intento de ofrecer la verdad filosófica de una forma agradable. Lo que Mendelssohn dice aquí sobre Lessing lo dirá Johann Erich Biester en marzo de 1786 en la *Berlinische Monatsschrift*: «... fue a nuestro Mendelssohn a quien le estuvo reservado el ofrecer un modelo de cómo vestir los más abstractos conceptos con la más bella expresión, de cómo se pueden exponer las doctrinas más profundas con una viveza y una elegancia que les procura un acceso infinitamente mayor al corazón sin privarlas por ello lo más mínimo de dignidad e importancia». Mendelssohn localiza el prototipo de la posibilidad de una unión entre dignidad y viveza, entre lenguaje de la razón y vividez de la representación, en la doctrina talmúdica de la grandeza y la altivez divinas. Ahí aúna Mendelssohn la doctrina teológica de la condescendencia, de la altivez divina, que ha hallado en el Talmud, con la doctrina de la acomodación, tal y como cree verla en Lessing. Un teologema hebreo que había sido descubierto para los teólogos cristianos en el tiempo de Mendelssohn, justamente por la doctrina de la configuración de Cristo como siervo, es secularizado por el propio Mendelssohn para poder emplearlo en la labor de la Ilustración. Pero no se trata sólo de eso: Mendelssohn afirma que únicamente puede lograrse la configuración plena de una unión entre dignidad y altivez, entre lenguaje de la razón y vividez de la representación en su lengua materna, el alemán. Mendelssohn tiende aquí un arco entre el rabino Johanan y Lessing, entre judaísmo e Ilustración, entre Talmud y filosofía, que impresiona precisamente por la estrechez de su trazado.

A modo de resumen: La forma literaria de la obra de Moses Mendelssohn y las tesis mantenidas en ella se encuentran estrecha y objetivamente ensambladas. Los contenidos temáticos se orientan en virtud de las capacidades del lector; Mendelssohn se amolda a él, se acomoda al mismo. Por el contrario, la forma literaria está determinada por la tensión entre la excelsitud y la altivez, i. e. la condescendencia. Precisamente porque hay que amoldarse temáticamente al lector precisa también el lenguaje de la razón de una representación vívida. Es así como se tornan fluidos los límites entre acomodación y condescendencia y sale a la luz en las obras de Mendelssohn la unidad existente entre forma literaria y proposiciones filosóficas. ¿Y qué sucede con la verdad, de la que Breuer opinó que Mendelssohn se había guardado para sí? Tan innombrable e incognoscible en su excelsitud es el Dios del rabino Johanan como innombrable e indefinible es esa verdad de Moses Mendelssohn. Se presupone como una dimensión por cuyo conocimiento hay que esforzarse, pero ese esfuerzo consiste para Mendelssohn en el amor, en la belleza, en desear el bien y hacer lo mejor. La filosofía ha abandonado la mera erudición y se ha vuelto hacia el mundo. Por paradójico que pueda sonar: a Mendelssohn ya no le importa la cuestión de qué pueda ser la verdad, sino de cómo pueda difundirse ésta como una verdad útil a los hombres sin que por ello desparezca su exactitud y grandeza o se popularice hasta tornarse irreconocible. Para Mendelssohn siempre es válida la sentencia de que el lector ha de ser el rey. Su amoldamiento al lector y su esfuerzo por mediar entre la grandeza y la altivez, por unir el lenguaje de la razón con la más vívida representación, caracterizan su labor de ilustrado. No es la verdad, el método o la arquitectónica lo que se sitúa en el centro de su pensamiento, sino el destinatario para quien escribe. Por ello, a menudo su negligencia constituye lo más sublime de su escritura.

[Traducción: Francisco Colom González]

¿EL FIN DE LA ILUSTRACIÓN?

Agapito Maestre

> *Todo pensamiento cuerdo —escribe Bloch— puede haber sido pensado siete veces. Mas cada vez se volvió a pensar, en otro tiempo, en otras circunstancias, no era ya el mismo. La cordura ha de reafirmarse, acreditándose a sí misma como nueva. Se trata de salvar y, al mismo tiempo, transformar la herencia.*

I. La Ilustración (*Aufklärung*), entendida como concepto temporal, histórico y cultural, ha muerto, y con ella los grandes relatos en que se sustentaba. La Ilustración, entendida como una noción estructural y sistemática, alumbra la posibilidad de una teoría de la racionalidad que sea capaz de detener el proceso de destrucción al que puede conducir la autocrítica radical de la razón, tal y como puede haberse desarrollado en la última teoría crítica, en Heidegger o en el postestructuralismo moderno.

La cuestión que hoy es histórica, fue a finales del siglo XVIII sistemática, pues, cuando Kant se preguntó: ¿qué es Ilustración? contestaba diciendo que «era la salida del hombre de su autoculpable minoría de edad».[1] Es decir, se trataba de una respuesta epistemológicamente estructurada de acuerdo con un autoentendimiento intelectual, que identificaba a Kant con la Ilustración y se comprendía a sí mismo como ilustrado. ¿Qué permanece de esa Ilustración kantiana? Su espíritu, que no es otra cosa que la capacidad de vivir en libertad por un lado y, por otro, la conciencia de crisis de la modernidad, o mejor, la necesidad de «repensar» constantemente cada uno de sus principios o de sus resultados.

Con esos presupuestos, cualquier lectura histórica de la Ilustración debe ser crítica, de lo contrario nos hundiremos en la apología o en la diatriba, y ninguna de ellas, como es sabido, tiene conciencia de la crisis de contenidos de la modernidad. De ahí que, en un nuevo contexto político, dominado por la apología y la diatriba, de carácter irracionalista,[2] se requiera no sólo una representación de la Ilustración como movimiento histórico, sino también una interpretación del discurso establecido en su época que se ocupe desde los actores y referencias hasta los orígenes y efectos, métodos y objetivos, formas y estilos.[3] De este modo se podrían contrastar las «soluciones» ofrecidas en su época y la vigencia contemporánea de las mismas. Ciertamente, el concepto histórico de Ilustración no puede ahogar el concepto estructural de la misma, pero la Ilustración como *proyecto* no puede prescindir de su origen, de su historia, aunque en ello se juegue su validez como concepto.

Así pues, puede que la Ilustración como concepto histórico haya llegado a su fin [4] —aunque todavía quede por realizar su programa—, pero la Ilustración como constante de la humanidad, como capacidad para «atreverse a pensar» por cuenta propia, que es el auténtico desafío kantiano, no puede prescindir de su contexto temporal: la modernidad y su proyecto. A no ser que se corra el elevado riesgo de llevar a cabo una crítica de la modernidad en clave premoderna, y a la que algunos gustan llamar «postmoderna»,[5] riesgo en el que pueden caer, insisto, desde la «negatividad» frankfurtiana hasta el desconstruccionismo crítico radical de la razón.

En fin, quien sobrevuele por encima del contexto histórico de Ilustración, así como de su concepto estructural, difícilmente podrá enfrentarse al verdadero reto ilustrado, que tan brillantemente formuló Kant al decir: «Si nos preguntamos si vivimos en una época ilustrada, la respuesta es no, pero sí en una época de Ilustración».[6] Habermas abrió, hace ya algunos años, un interrogante parecido al de Kant:[7] ¿Ha de ser considerada la modernidad un programa acabado o, por el contrario, debe ser considerada como un proyecto no concluido? Habermas ha contestado de diferentes modos, pero todos ellos coinciden en una defensa de la Ilustración europea, si bien señalando «ilustradamente» a cada paso las patologías de esa modernidad ilustrada o, mejor, de un tipo de modernidad fracasada, pero no agotada.

Si fuera verdad la conclusión habermasiana de que el proyecto ilustrado está incompleto, permaneceríamos en el horizonte abierto por Kant: estamos, todavía, en una época de ilustración, pero no en una época ilustrada. Sin lugar a dudas, existen multiplicidad de fenómenos que constatan dicha situación. Me referiré a uno de tipo intelectual, que está estrechamente relacionado con posiciones «afectivas» de difícil comprensión, la llamada «polémica de los historiadores», en la República Federal Alemana, sobre el exterminio de los judíos por los nazis. Aquí no sólo se discute sobre el pasado nazi, sino, sobre todo, acerca del significado de la historia ilustrada, si se quiere, de la historia como Ilustración para la historiografía y el pensamiento contemporáneo. La tradición contrailustrada alemana, en este sentido, resultará decisiva para los neoconservadores alemanes; el peso de la misma ha llevado recientemente a J.B. Metz a hablar de una «segunda minoría de edad»,[8] contra la que debe caer todo el arsenal ilustrado; algo parecido ha reclamado J. Kocka contra una historia concebida como mera diversión o juego.[9] En fin, una vez más, el pensamiento crítico reivindica uno de los legados de la Ilustración: la historia como forma de Ilustración.

Desde el ejemplo que acabo de poner, parece necesario plantear la cuestión siguiente: ¿cuál es la diferencia clave entre los conservadores «contrailustrados» alemanes del siglo XVIII y los neoconservadores «historiadores» actuales? Una cuestión, a mi juicio, que se hace tanto más necesaria contestar cuanto que de ella depende, en buena medida, esta otra: ¿a qué llamamos hoy Ilustración? Pero, antes de entrar en estos aspectos, quizá convenga reseñar brevemente las notas más relevantes que puedan caracterizar la noción misma de *crítica* ilustrada, pues, como intentaré mostrar más adelante, las observaciones a esa noción serán el punto de encuentro más estrecho entre los «contrailustrados» clásicos y los «neohistoricistas» conservadores actuales.

II. La Ilustración trata de someter a crítica la noción misma de crítica, complicado ejercicio de pensamiento y de conceptualización, pero nota fundamental que ha legado la Ilustración a la reflexión contemporánea. Únicamente nos está permitido hablar de Ilustración allí donde no se cierre jamás la posibilidad y la capacidad de criticar a la crítica. Donde la Ilustración a través de su propio movimiento pueda llevar a cabo una Ilustración de sí misma. Ello requiere un proceso de justificación teórica, es decir, una investigación de las *condiciones* que hacen satisfactorio que un proceso cognitivo como «fundamento» lo identifiquemos como *Aufklärung*.[10]

Según ha resumido Schnädelbach,[11] tres son las condiciones que han de concurrir para que llamemos a un proceso de conocimiento ilustrado: *reflexividad, praxis de comunicación pública* y *posibilidad de ilustrar la propia Ilustración*. La reflexividad del proceso de Ilustración es lo que distingue a éste del progreso del conocimiento, entendido como mera adquisición adicional de información, que es lo que hace de la Ilustración un proceso dinámico y activo. Kant, según nos recuerda Schnädelbach, habla ya del «trabajo hercúleo del autoconocimiento»,[12] condición que, por lo demás, también conectaba y conecta, todavía, con la interacción en un público: la «Ilustración sólo puede realizarse en una praxis de comunicación pública».[13] Y, finalmente, relacionado con las dos anteriores condiciones, sólo podemos hablar de Ilustración allí donde al menos no está excluida la Ilustración sobre la Ilustración. Si un proceso de conocimiento intentara rehuir esta última nota sería al precio de un nuevo dogmatismo, que constituiría la causa fundamental de que la Ilustración sobre sí misma tuviera que aparecer como *contrailustración*.[14]

La Ilustración, en caso de que pudiera «definirse», sólo

puede ser vista como un *modo de proceder,* sin que ello se identifique con una metodología dogmática que se eleve por encima del propio proceso a analizar, cuestionar o criticar. Lo decisivo no es la razón como tal, como *ergon,* sino el poder que tiene ante sí misma de legitimarse, como *energeia.* A pesar de todo, permanece siempre una dificultad por resolver, que no es otra que el punto de apoyo de la *crítica,* es decir, aquel *sujeto* negador de cualquier tipo de esencia humana o histórica. Una negación, y ésta es la gran dificultad, que jamás podrá absolutizarse; éste es el único límite que impone la Ilustración a su concepto de racionalidad si ella misma no quiere caer en dogmatismo, que sería tanto como no querer reconocer los límites humanos.

En cualquier caso, no veo otra salida para la circularidad en que pudiera caer el intento de justificación del mecanismo ilustrado, es decir, de la crítica, que no sea el «mecanismo» de la intersubjetividad. Si la Ilustración no quiere confundirse con la «indoctrinación» y la «crítica ideológica» no le queda otro camino que concebirse como un proceso intersubjetivo y público; todo lo demás puede que sea «dictadura educativa» o seguimiento de ideas progresistas, pero no Ilustración.[15]

Se trata de asumir que la pretensión absoluta de la razón es imposible, porque el sujeto en el que se apoya es limitado. Y, sin embargo, hay que reconocer que la Ilustración histórica, al menos la Ilustración que nos sirve como modelo, la europea, absolutizó la naturaleza humana, al menos en su contraposición con la historia. La crítica romántica de la Ilustración demostró que la base teórica[16] de la crítica ilustrada a lo tradicional es la concepción de una naturaleza humana universal e inmutable. A partir de Moeser y Herder, la crítica romántica acentuó esa otra crítica, estimulados, por otra parte, por la falta de acuerdo de los filósofos ilustrados a la hora de definir qué era la *naturaleza universal e inmodificable del hombre.* De ahí que la Ilustración, a pesar de su interés sistemático por la historia, no tome en cuenta la posibilidad de un efecto modificador de la historia sobre la naturaleza humana.[17]

La ineficacia de la historia sobre esa difícilmente definible naturaleza humana ha llevado a negar el sentido histórico de la Ilustración, especialmente, insisto, con el movimiento romántico y con cierto historicismo. Cassirer ha demostrado que esto sería una simplificación de la Ilustración, sin embargo, parece que en «todos los ensayos histórico-filosóficos de la Ilustración las características de la naturaleza humana universal definirían condiciones históricamente inmutables de las transformaciones históricas»,[18] pero no parece que se pueda mantener lo contrario, es decir, que la Ilustración tome en cuenta la «posibilidad de un efecto modificador de la historia sobre la naturaleza humana».[19]

Con todo, la Ilustración descubrió para sí misma el mundo socio-histórico como campo de operaciones y practicó desde un principio esencialmente la *Ilustración histórica*. La conciencia histórica es algo irrenunciable para la Ilustración. Aunque, como indica finamente Schnädelbach, permanece en la Ilustración clásica el problema decisivo de que la historia no modifica la naturaleza humana, razón fundamental por la que el *historicismo* se diferencia de la Ilustración histórica, es decir: el límite de esta última con respecto al primero se refiere a que interpreta su fundamento cognitivo y normativo, sea éste considerado como naturaleza del hombre o como razón universal, como algo ahistórico e inmutable. La «historización» de este fundamento de la Ilustración señala el camino del historicismo. Este proceso resulta, sin embargo, de la tradición de la Ilustración y, al menos por ello, debemos definirlo como *Ilustración historicista*.[20]

La conciencia histórica de la Ilustración europea ha sido puesta de relieve por diversos planteamientos, y desde luego no es el menos brillante el que aquí vengo presentando de Schnädelbach. En este contexto, debería recordar la obra clásica de Cassirer; o la de Kraus, que al referirse a la Ilustración alemana comenta que ésta «no termina con el *Sturm und Drang*, sino que a través de él entra en un nuevo estadio dinámico por el cual sus metas son absolutamente cambiadas e invertidas».[21] Gadamer ha sido aún más explícito, y cuando habla de la continuidad entre la Ilustración y el Romanticismo se expresa así: «... la conciencia histórica que aparece con el romanticismo es en realidad una radicalización de la Ilustración [...]. La crítica romántica a la Ilustración desemboca así ella misma en Ilustración, pues al desarrollarse como ciencia histórica lo engulle todo en el remolino del historicismo».[22]

Sin embargo, y a pesar de las distintas defensas de la conciencia histórica de la Ilustración, uno no puede quedar satisfecho si observa el sentido enfáticamente antropológico de la misma. Esa especie de íntima confianza en la razón humana —que, dicho sea de paso, se ha convertido, paradójicamente, hoy en uno de los soportes claves del «neohistoricismo» conservador— podría acabar arruinando el proyecto ilustrado, desde el momento en que la propia razón, al ser fundamento fáctico y normativo de la Ilustración, corre el peligro de absolutización, de despotismo racional y, por ende, la sospecha que la Ilustración había lanzado contra la metafísica podría volverse contra ella.

III. Voy a tomar un texto de Hamann contra Kant que ejemplifica bien esa crítica, me refiero a la *Metacrítica sobre el purismo de la razón,* que desde su propio título duda de una razón sin supuestos. Hamann, conocido por el sobrenombre de «el Mago del Norte», del que ahora se cumple el segundo centenario de su muerte, es una figura actual porque, como destaca Schnädelbach, en cuanto crítico de la Ilustración es cualquier cosa menos contrailustrado; más bien «intenta ser una Ilustración de la Ilustración sobre sí misma». Es decir, Hamann y con él buena parte del pensamiento anti-ilustrado posterior ejercerán una crítica anti-ilustrada con los mecanismos propios de la Ilustración. Está en lo cierto Hauser cuando, al comentar la Ilustración alemana y a sus críticos, expone que «ningún grupo social puede desentenderse de ella, y mucho menos la intelectualidad alemana, ya que su tendencias antirracionalistas derivaban de la falsa comprensión de sus verdaderos intereses».[23] En definitiva, ninguno de los autores de la época puede sustraerse a ese contenido racional y normativo de la Ilustración, o mejor, los contrailustrados del XVIII utilizarán los «métodos» ilustrados contra la propia Ilustración.

Desde el punto de vista del problema de la conciencia histórica aquí planteado, Hamman es un autor decisivo porque no sólo señala su escepticismo ante una razón sin supuestos, sino porque considera que es el lenguaje el soporte de la misma. Un lenguaje que tiene su horizonte de referencia en la tradición. La crítica de Hamann al purismo kantiano se detiene en el olvido de este último de la tradición, la experiencia y el lenguaje. Una crítica que desde Hamann a la hermenéutica gadameriana ya se ha hecho clásica. Hamann es explícito: «La primera purificación de la filosofía residía en el intento, en parte mal comprendido y en parte fracasado, de hacer a la razón independiente de toda leyenda, tradición y fe. La segunda es aún más trascendente y concluye nada menos que en una independencia de la experiencia y de su intuición cotidiana [...]. El tercer purismo, ciertamente empírico y mucho más profundo, concierne al lenguaje, el único, primero y último, instrumento de la razón, sin otra garantía que la tradición y el uso».[24]

Schnädelbach ha sido muy perspicaz al comentar este texto, observando que el peso de la crítica de Hamann a Kant no resulta de señalar la impureza *fáctica* de la razón sólo en la tradición, la experiencia cotidiana y el lenguaje, sino sobre todo de que tal impureza es para Hamann el presupuesto de la propia purificación kantiana de la razón: el lenguaje es razón impura y como tal «el único, primero y último instrumento y criterio de la racionalidad». Pero razón lingüística, en la perspectiva de Hamann, no es sólo conciencia empírica, sino fundamentalmente *razón histórica,* «sin otra garantía», insisto, «que la tradición y el uso». Es decir, la historia —la tradición y el uso— es el fundamento último de la Ilustración, que es tanto como decir de la razón.

Hamann y su reivindicación de ese tipo de razón histórica marca el punto clave que distingue a los contrailustrados —se llamen éstos hermeneutas o historicistas, neoaristotélicos o hegelianos— de la Ilustración. Una razón histórica que viene a imposibilitar ir más allá de la tradición. Esta imposibilidad de trascender la tradición es el punto de «encuentro» entre los «contrailustrados» de antaño y los «neohistoricistas» de hogaño. Efectivamente, el «neohistoricismo» defiende que cualquier tipo de práctica debe justificarse desde su propio contexto, es decir, únicamente se comprenderá y se enjuiciará una práctica desde las formas de vida y tradiciones en que está inserta. Por tanto, la tradición como presupuesto intraspasable se opone a la historia ilustrada como recuerdo crítico del pasado. La historia como memoria de frustraciones da paso a la historia como mera cronología y legitimación del pasado. El neohistoricismo hace acto de presencia e instala, en sentido benjaminiano, su burdel: una «imagen eterna» e inamovible del pasado, castradora de cualquier asimilación y reelaboración de ese mismo pasado, que impide, por ende, eliminar las causas tiránicas que en él obraron.

Este neohistoricismo no comienza, desde luego, con los neoconservadores historiadores alemanes, sino que tiene su caldo de cultivo en distintas corrientes contemporáneas de pensamiento ético neoconservador, especialmente claro en el neoaristotelismo de Spaemann y Macintyre, por un lado, y en el aristotelismo ético ligado a la hermenéutica de Gadamer, por otro. El neoaristotelismo ético comparte los presupuestos conservadores y anti-ilustrados del neohistoricismo, especialmente, en su convicción de que en la fundamentación de normas morales y políticas es necesaria la referencia a un *ethos* ya vivido; ese *ethos* —o lo que se considere como tal, por ejemplo, la tradición— es descartado tendencialmente de la *crítica* filosófica.[25]

Tampoco está muy lejos Gadamer del neohistoricismo «tradicionalista» —y no me refiero ahora al enjundioso tema del lenguaje, centro de la cuestión tanto de Hamann como de Gadamer, que exige capítulo aparte— cuando considera en su grandiosa, por lo demás, revisión de la conciencia ilustrada que frente al universalismo de esta última hay que oponer la tradición: «Por problemática que sea la restauración consciente de tradiciones o la creación consciente de otras nuevas, la fe romántica en las "tradiciones que nos han llegado", ante las que debería callar toda razón, es en el fondo igual de prejuiciosa e ilustrada. En realidad la tradición siempre es también un monumento de la libertad y de la historia [...]. La tradición es esencialmente conservación, y como tal nunca deja de estar presente en los cambios históricos».[26] Si es imposible, pues, trascender la tradición, entonces queda suspendida, si no descartada, la viabilidad de que la crítica —la

Ilustración— sea capaz de seleccionar e indicar en qué y cómo puede ser continuada la ambivalencia de las tradiciones.

Frente a ello, únicamente el mecanismo ilustrado de la crítica, es decir, el universalismo que conlleva el hacer compatible su pretensión de verdad y rectitud con el resto de las demás pretensiones de formas de vida, puede «acabar» con esa especie de «sufrimiento» de las tradiciones. Con todo, el universalismo contemporáneo se enfrenta con una dificultad añadida a la hora de discutir con el tradicionalismo, a saber, los contrailustrados «a lo Hamann» utilizaban métodos ilustrados en su crítica al universalismo ilustrado, pero los actuales neohistoricistas, sobre todo los historiadores conservadores alemanes, no pasan de reivindicar una rehabilitación de la «mera narración» frente a cualquier explicación teórica. De ahí que sea realmente preocupante, como ha dicho Habermas, la «falta de reflexión hermenéutica en el método. Cuando uno pretende colocarse lisa y llanamente en la situación de los participantes, con el fin de entender a los actores y sus acciones a partir de su propio contexto, se corre el peligro de perder de vista el plexo fatal que fue ese período[27] en su conjunto [...]. No es lícito limitarse, por mor de una "comprensión" en sentido enfático, a considerar los detalles desde la perspectiva de lo próximo».[28] Mas, como el tiempo apremia, dejaré esto para otra ocasión; no sin antes mencionar que la crítica ilustrada contemporánea de la «tradición» ha dado un paso adelante con respecto a la contrailustración, al hacerse cargo de aquella «lingüistización» a la que fue sometida la razón ilustrada por parte de la contrailustración clásica (Hamann): Habermas es paradigmático, al persistir en la defensa de un nuevo concepto de razón en términos filosófico-lingüísticos en la tradición kantiana. Es decir, una razón escéptica y postmetafísica muy cercana, creo yo, a la de Hamann, pero que nada tiene que ver con el pesimismo tétrico de esa tradición: «Ich meine den Humanismus derjenigen, die in Fortsetzung der kantischen Tradition versuche, einen skeptischen und nachmetaphysischen, aber nicht-defaitischen Vernunftbegriff sprachphilosophisch zu retten».[29] De lo que ya dudo más es de los avances de contrailustrados, en clave postmoderna, aristotélica o de «narrador francés».

NOTAS

1. Kant, I.: «¿Qué es Ilustración?», p. 9, en Erhard, Geich, Hamann, Kant y otros: *¿Qué es Ilustración?* Trad. A. Maestre y J. Romagosa. Tecnos, Madrid, 1968.

2. En este contexto, no sólo me refiero al irracionalismo metafísico, sino, sobre todo, al irracionalismo metódico al que, paradójicamente, le resulta bastante difícil, ciertamente, argumentar de modo plausible sobre el carácter irracional de la esencia del mundo. Cfr. «Entrevista con H. Schnädelbach», en *El Independiente,* 60, 5 de agosto de 1988, Madrid. Schnädelbach considera que «el irracionalismo metafísico es una convicción filosófica sobre la esencia del mundo, mientras que el irracionalismo metódico es una interpretación de filosofar correctamente. Irracionalistas metafísicos, como Schopenhauer e, incluso, el mismo Klages, metodológicamente actuaron muy racionalmente; sin embargo, tal y como yo lo veo, con quien actúa irracionalmente de modo metódico no se puede filosofar en común. El irracionalista metódico ni siquiera puede argumentar convincentemente que la esencia del mundo es irracional».

3. Möller, H.: *Vernunft und Kritik. Deutsche Aufklärung im 17. und 18. Jahrhundert.* Suhrkamp, Francfort, 1986, pp. 18 y ss.

4. En este sentido, los *metarrelatos teóricos* de la Ilustración del siglo XVII están agotados. Uno de sus últimos herederos, el marxismo, se está hundiendo como tentativa global de concepción del mundo.

5. Y otros, más despectivamente, la llaman «postmodelna».

6. Kant, I., *op. cit.* p. 15.

7. Cfr. A. Maestre: *Habermas, la modernidad y la relativización de un tópico.* Memoria de Fe y Secularidad, Madrid, 1982.

8. Metz, J.B.: «Wider die zweite Unmündigkeit. Zum Verhältnis von Aufklärung und Christentum», pp. 81-90, en *Die Zukunft der Aufklärung* (Herausgegeben von J. Ruesen, E. Laemmert und P. Glotz), Suhrkamp, Francfort, 1988.

9. Kocka, *op. cit.,* pp. 91-98. Resulta altamente extraño que los historiadores neoconservadores se nieguen a entrar en cuestiones de método, a la hora de estudiar los fenómenos históricos, y únicamente pretendan una «rehabilitación de la narración» en la tradición alemana de las ciencias del espíritu del siglo XIX, como si desde entonces hasta aquí no hubiera pasado nada. Seguramente, existe otra clave de rehabilitación más progresista de la «añeja» teoría de la narración, Horkheimer y Benjamin pueden ser ejemplo, pero, de lo que no cabe la menor duda, es que no puede haber ningún intento serio, entre los análisis de los postulados de la teoría de la narración, que pueda sustraerse a esa doble lectura. Tengo la sensación de que en España eso se está olvidando, ejemplo de lo que digo es el afrancesado libro, por lo demás atractivo, del argentino Enrique Lynch: *La lección de Sherezade,* Anagrama, Barcelona, 1987, quien al aceptar, aunque sólo sea en parte, «la disolución de la voluntad de verdad de la filosofía en la autoconciencia de los contenidos narrativos de sus argumentos» (p. 255), termina olvidando su objetivo: rescatar a la filosofía «de esa mediocre condición de

metodología a la que quieren condenarla las ideologías de la ciencia» (p. 113). La reflexión hermenéutica sobre el método o métodos sigue constituyendo una tarea importante de la filosofía, sobre todo cuando se trata de estudiar el «pasado», y aquí la Ilustración no puede ceder ante una historia concebida como juego o algo similar, es decir, las pretensiones de explicación teorética no pueden ceder ante la mera exposición narrativa de los acontecimientos.

10. Maestre, A.: «Notas para una nueva lectura de la Ilustración», pp. XII y ss., en Varios: *¿Qué es Ilustración?, op. cit.*

11. Schnädelbach, H.: «Über historistische Aufklärung», en *Allgemeine Zeitschrift für Philosophie*, Francfort, 2/1979, pp. 17 y ss.

12. *Ibídem*, p. 18.

13. *Ibídem*, p. 19.

14. *Ibídem*, p. 28.

15. Schnädelbach, H.: «Was ist Aufklärung?» , p. 19, en *Metamorphosen der Aufklärung. Vernunftkritik heute* (Herausgegeben von G. Schmid Noerr). Discord, Tubinga, 1988.

16. Schnädelbach, H.: *Über historistische..., op. cit.,* p. 20 y ss.

17. Entre otras razones, porque sigue el ideal de la ciencia científico-natural, es decir, de una remisión de lo modificable y cambiante a lo inmodificable y a sus leyes, refiriéndose su base de explicación a la naturaleza humana universal e inmodificable.

18. Schnädelbach, H.: *La filosofía de la historia después de Hegel,* trad. de E. Garzón Valdés, Alfa, Buenos aires, 1980, p. 26.

19. Ídem.

20. Schnädelbach, H.: *Über historistische..., op. cit.,* p. 25.

21. Kraus, J.: *Die französische Aufklärung in der deutschen Literatur,* Akademie-Verlag, Berlín, 1963, p. 107.

22. Gadamer, H.G.: *Verdad y método,* (trad. A.A. Aparicio y R. de Agapito). Sígueme, Salamanca, 1977, p. 343.

23. Hauser, A.: *Historia social de la literatura y el arte,* (trad. de A. Tovar y P.P. Vara-Reyes), Guadarrama, Madrid, 1969, vol. 2, p. 286.

24. Hamann, J.G.: *Metakritik über den Purismus der Vernunft.* Werke, III Band, p. 284. Herder, Viena, 1951.

25. Cfr. «Entrevista con Schnädelbach», en *El Independiente, op. cit.* Cfr. H. Schnädelbach: «Was ist Neoaristotelismus?», pp. 38-63, en *Moralität und Sittlichkeit,* (Herausgegeben von W. Kuhlamnn). Suhrkamp, Francfort, 1986.

26. Gadamer, H.G.: *op. cit.,* p. 349.

27. Habermas se refiere al período nazi.

28. Entrevista con J.M. Ferry, p. 1, cito por el manuscrito. Cfr. también la nota 9 de este texto.

29. Habermas, J.: *Nachmetaphysisches Denken.* Suhrkamp, Francfort, 1988, p. 154.

SOBRE LA METODOLOGÍA
PARA EL ESTUDIO DE LA ILUSTRACIÓN

Lothar Kreimendahl

Me gustaría advertir, en primer lugar, frente a toda expectativa excesivamente elevada sobre las explicaciones anunciadas bajo este título un tanto imponente, un título que se ofrece como un bello ejemplo para la colaboración hispano-alemana y al que yo tan sólo he contestado en parte. Lo que puedo brevemente ofrecerles en tan sólo una serie de experiencias básicas adquiridas a lo largo de un proyecto concreto de investigación sobre la repercusión histórica de la obra de David Hume en la Alemania del siglo XVIII (*Hume en la Ilustración alemana. Perfiles de una recepción histórica*, Stuttgart-Bad Cannstatt, 1987). Si me plantease retrospectivamente a la pregunta «¿qué significa y con qué fin se lleva a cabo una investigación sobre una recepción histórica?» con respecto al fundamento de este proyecto, desarrollado en común con el profesor G. Gawlick, daría entonces la siguiente respuesta provisional en lo referente al período de la Ilustración.

I. La pregunta «¿qué significa una investigación de una recepción histórica?» es sencilla de responder. Se trata del estudio de una recepción y, vinculada a ella, se trata también del ejercicio de unas determinadas influencias, entendidas éstas en su sentido más amplio. Pero ¿de una acogida desde dónde y de una influencia sobre qué? Estas dos variables pueden ubicarse poco menos que arbitrariamente. Un pensador, una obra, un sistema o incluso un pensamiento pueden ser objeto de una investigación en torno a su recepción histórica en la misma media en que todo un período histórico, una época, un problema o un único motivo. Su ámbito de recepción puede delimitarse desde múltiples puntos de vista: con respecto a uno o más pensadores determinados, con respecto a un período histórico, a un ámbito lingüístico, a un país, a la literatura o a la ensayística, a determinadas disciplinas, etc. En principio es posible toda combinación de objetos y de ámbitos de influencia, y para casi todos ellos pueden aportarse ejemplos.

II. Pero ¿con qué fin se lleva a cabo una investigación sobre una recepción histórica? En mi opinión habría que considerar en la respuesta a esta pregunta cinco puntos de vista distintos.

1. Un filósofo que proceda sistemáticamente según su propio entendimiento apenas se interesará por problemas referidos a influencias históricas. Habrá hecho de «la cosa en sí» su objeto de investigación y no precisará para ello, en su opinión, de ningún hecho histórico, puesto que éstos, en cuanto tales, son siempre contingentes. Esta escasa valoración de lo histórico parece estar estrechamente vinculada con la conciencia de un nuevo comienzo en la filosofía.

Descartes es un ejemplo de ello, Kant otro y también los seguidores de la *ordinary language philosophy* de nuestro siglo piensan así, como demuestran, entre otros ejemplos, los comentarios de Jonathan Bennett a la *Crítica de la razón pura*. Parecería así que la investigación de recepciones históricas fuese una cuestión puramente histórica. Sólo quien ha realizado alguna vez una investigación de este tipo sabe cuán falsa es semejante apreciación. De hecho, muchos de los argumentos supuestamente nuevos son en realidad muy antiguos.

Así, por ejemplo, el tan alabado libro de J.L. Mackies *El milagro del teísmo* apenas contiene algún argumento con referencia a Hume que no fuese ya conocido en el siglo XVIII.

Experiencias semejantes son convenientes para rebajar la confianza en la capacidad innovadora de la propia razón y dan motivos para suponer que el arsenal de la historia podría contener numerosos argumentos y perspectivas que a uno se le han escapado. Las investigaciones sobre las recepciones históricas están, pues, desde todos los puntos de vista, en condiciones de completar las investigaciones sistemáticas y son muy del agrado de un escéptico. Se filosofa con la historia mejor que sin ella.

2. La historia de una recepción suele realizarse con referencia a una persona, e incluso más con la mirada dirigida al recipiente que a lo recibido. La importancia de Maquiavelo para Federico II, la influencia de Hume sobre Kant o la repercusión de Schopenhauer en Nietzsche son ejemplos corrientes. El objetivo puede ser mostrar la relevancia o, lo que es más raro, pero también más difícil, la ausencia de repercusión de un pensador, o bien incluirlo en una determinada corriente tradicional mostrando sus dependencias o —todavía más difícil— desvincularlo de la misma discutiendo sus influencias en él y reivindicando para él mismo una autonomía intelectual. Estos temas disfrutan de una especial discrecionalidad desde el punto de vista de la política científica y de la economía de trabajo, puesto que permiten delimitar el ámbito de influencia investigado tan amplia o exiguamente como lo exija la situación.

La importancia del objeto de investigación crece además al demostrarse su repercusión, ganando con ello también en relevancia.

3. La investigación de una recepción puede servir además, según ya he indicado, como aporte para una interpretación sistemática y puede aproximar determinados interrogantes al ámbito de una respuesta. Es precisamente en este punto donde dicha investigación constituye un útil instrumento, cuando se trata de proporcionar el «verdadero» sentido de un texto o la «auténtica» opinión de un autor, puesto que la realidad vital de los filósofos de siglos anteriores ya no se corresponde con la nuestra. Podemos —*cum grano salis*— comprenderla, pero raramente podremos volver a sentir el espíritu vital de la época. La observación de la reacción inmediata de sus

coetáneos, quienes compartieron contextos vitales y reales con el autor, permite cubrir un vacío que de lo contrario permanecería infranqueable y dolorosamente abierto, es decir, en el caso de que la interpretación mediante la reconstrucción racional y la comprobación de la coherencia lógica de los argumentos no resultase, como suele suceder, y tan sólo cupiese esperar un progreso mediante la toma en consideración de los elementos ambientales. Quizá un ejemplo resulte esclarecedor.

Desde hace tiempo es una cuestión pendiente en el estudio de Bayle si el fideísmo del que repetidamente se reconoció seguidor en su *Dictionnaire historique et critique* era sincero o constituía tan sólo la coartada bajo cuya protección se le permitía filosofar libremente y presentar al lector argumentos que objetivamente conducían al ateísmo. En el siglo de la Ilustración, y a causa de su distinto clima intelectual, se hizo difícil valorar el fideísmo de Bayle como serio y se prefirió cortar las conclusiones de sus premisas escépticas allí donde desvió éstas hacia el fideísmo. Únicamente en nuestro siglo, y en virtud de nuevo de una constelación histórico-espiritual distinta, se pudo aceptar su fideísmo como subjetivamente sincero. Entretanto se han dado muchas interpretaciones inteligentes en las que abundan los argumentos en pro y en contra del mismo, sin que se haya alcanzado una decisión definitiva sobre la cuestión. A este respecto puede ayudar la toma en consideración de las primeras reacciones al *Dictionnaire*. Un lector neutral y competente como Leibniz, quien conocía personalmente al autor, vio las consecuencias del ateísmo esbozadas en el *Dictionnaire*. Bayle, sin embargo, no reconoció aquella intención, al igual que otras mentes independientes que no confirmaron semejante juicio. Todo ello es entonces un importante indicio de que Bayle mantenía el fideísmo sinceramente. Un problema similar se plantea con Hume medio siglo después. Hume afirmó repetidamente que el presupuesto fundamental para ser un filósofo cristiano era el escepticismo. También aquí surgió la pregunta por la autenticidad de semejante aseveración, y aunque en ningún momento tuvo esta cuestión la relevancia del caso similar en Bayle, el estudio de su recepción por sus coetáneos, quienes por lo general vieron en esa «confesión» tan sólo burla y escarnio, permite dejar el tema prácticamente visto para sentencia.

4. La consideración de las primeras recepciones permite corregir el punto de vista desde el que leemos un texto de la Ilustración, puesto que a menudo el siglo XVIII sitúa los acentos en un lugar distinto al que nosotros lo hacemos. Para nosotros, lo más interesante del primer *Enquiry* es indudablemente su análisis del concepto de causalidad, y cabe suponer que fue Kant quien nos señaló esta perspectiva. Por el contrario, antes de Kant el siglo XVIII se concentró especialmente en torno al capítulo sobre los milagros, que monopolizó casi todo el interés, y prestó asimismo gran atención al capítulo sobre la asociación de las ideas, hoy apenas considerado. Semejante desplazamiento de los centros de gravedad puede advertirse con suma frecuencia, y la conciencia de ello ayuda a juzgar a la filosofía de la Ilustración desde su propio marco de comprensión y no desde el nuestro.

5. Con esto llegamos al tema de la significación que pueda tener el análisis de la historia de una determinada repercusión intelectual para el estudio de la filosofía de la Ilustración. Nosotros empleamos semejante estudio para la diferenciación y la especificación de nuestra imagen del «siècle des lumières». Para que semejante análisis pueda proporcionar tales rendimientos, su primer objetivo ha de consistir, sin embargo, en una recuperación lo más extensa posible de las fuentes. Ello consiste en acudir a la literatura primaria y secundaria, y para su realización existe ya una serie de nuevas tecnologías que, sin embargo, apenas han encontrado aplicación en las ciencias humanas.

Las razones de este retraso típico en el aprovechamiento de los avances tecnológicos en las disciplinas humanísticas son de naturaleza financiera, pero también psicológica. Está fuera de toda duda, como muestran los primeros pequeños proyectos, que el empleo de sistemas computarizados de composición y procesado de textos va a provocar una pequeña revolución y podrá además, tal y como se verá en su momento, asentar los trabajos en curso, como en el caso de la historia de los conceptos, sobre una comprensión más amplia de las fuentes. Un instrumento como, por ejemplo, el *Índice de revistas alemanas del siglo XVIII*, de Gotinga, permite vislumbrar las posibilidades que se ofrecen, y una mirada a las disciplinas de las ciencias naturales, tradicionalmente dotadas de una relación más positiva con las innovaciones técnicas, convierte la suposición en certeza. Pero aunque el empleo del ordenador en las ciencias humanas sea algo evidente de por sí, el estudioso de los procesos de recepción intelectual necesita del «trabajo manual», mediante el cual, con una combinación de los principios de causalidad y de la bola de nieve, se saca a la luz fuente tras fuente.

En todos los géneros de textos literarios pueden encontrarse rastros de influencias históricas, pero sólo se requiere un especial cuidado cuando se trata de *la* historia de su recepción, dado que lo que tomamos por tal está siempre, directa o indirectamente, vinculado a un documento escrito. Raramente un autor leyó sin recurrir a su vez a la pluma. En las tertulias y discusiones de las sociedades ilustradas tenían lugar discusiones sobre pensadores y obras que tan sólo pudieron influir en los participantes y en su obra respectiva de una manera apócrifa, aunque no por ello menos importante. Decidir sobre semejantes fuentes ocultas, innombradas, es por su propia naturaleza particularmente difícil. El propio status de una mera cita puede ser discutible. ¿Se refleja en ella el lenguaje genuino del autor o puede retrotraerse éste a alguna otra fuente? Los ejemplos concisos y las metáforas cobran una significación especial para la decisión en semejantes casos, pero cuando incluso la propia cita cuestionada aparece de una forma vagamente reconocible en la fuente a la que se quería retrotraer, se hace visible entonces el límite en el que la sólida investigación de las influencias amenaza con mudarse en arbitrariedad filológica. En torno a esta cuestión sobre lo que pueda señalarse en cada caso como influencia manifiesta hay que suponer que no podrá alcanzarse siempre la unanimidad. Este riesgo de falseamiento por exceso de celo es algo a lo que está expuesta toda empresa de este tipo. La investigación de una influencia histórica se ve, por lo tanto, amenazada desde dos frentes. Por un lado existe la preocupación constante de no haber comprendido adecuadamente las fuentes más importantes; por otro, pervive el temor a admitir erróneamente como tales las filiaciones reconocidas. El historiador debe buscar su rumbo entre estos dos escollos del exceso y el defecto como entre Escila y Caribdis.

De lo antedicho se desprende que el realce extensivo de los materiales fuente no constituye un fin en sí mismo. Tan sólo puede ser el presupuesto de una valoración cualitativamente diferenciadora de las influencias estudiadas. En este contexto hay que tener en cuenta lo siguiente:

a) La traducción de una obra a la lengua del país no se corresponde a menudo con la importancia que tiene una edición francesa, dado que este idioma tendió a sustituir al latín en el pasado. Las traducciones francesas de la obra de Hume desempeñaron un papel tan importante como las alemanas para la transmisión de su filosofía en la Ilustración alemana, especialmente para los hugonotes que vivían en Prusia, quienes constituyeron el principal grupo portador de ésta.

b) Las revistas filosóficas poseen una importancia inmensa, puesto que se convirtieron con sus recensiones en un importante vehículo del repertorio teórico ilustrado. Durante los años setenta y ochenta del siglo XVII se fundaron el *Journal des Savants* en París, el *Acta Eruditorum* en Leipzig y las *Nouvelles de la république des lettres* de Bayle. Estos órganos fueron pronto consideramos ejemplares y encontraron numerosas imitaciones nacionales. Revistas de este tipo ensombrecieron a menudo ciertas obras, y existen motivos para suponer que algunos filósofos tuvieron conocimiento de determinados autores fundamental o exclusivamente a través de esos medios. J.P. Pittion ha demostrado esto último con gran plausibilidad en lo que se refiere al conocimiento de Bayle por parte de Hume. Hamann se sitúa por delante del joven Kant. Él, Hamann, debe su conocimiento de los textos al estudio de los originales y no, como Kant, a la lectura de revistas. De hecho algunos autores citan una obra no por el original, que era a menudo difícil de obtener, sino por la recensión en, por ejemplo, el *Göttingischen Gelehrten Anzeigen,* cuyas críticas literarias eran consideradas particularmente objetivas.

c) Algo similar ocurre con las historias de la filosofía.

Remitiéndonos de nuevo a Kant, quien no aparece muy favorecido en lo que respecta al estudio de los originales, hace ya tiempo que se demostró que todo su conocimiento de Platón se debe a la historia de la filosofía de Brucker.

d) Los diccionarios poseen igualmente un gran valor multiplicador, en especial si gozaron de tanto éxito como el *Dictionnaire* de Bayle, al que se ha denominado la «Biblia de la Ilustración» y que en muchas bibliotecas alemanas tan sólo podía consultarse tras una larga espera en las listas de solicitudes. Los trabajos más recientes sobre la recepción de Spinoza en la primera Ilustración alemana han demostrado que la mala imagen que se tenía de él en Alemania hay que retrotraerla al artículo inamistoso de Bayle sobre él. La razón de ellos es quasieconómica. Las obras de Spinoza estaban prohibidas, por lo tanto eran escasas y resultaban caras. El *Dictionnaire* de Bayle, que por deseo de su autor debía sustituir a toda una biblioteca, cubrió ese hueco en el mercado editorial y satisfizo de una forma pretenciosa las necesidades informativas del lector.

Pese a todo esto hay que realizar algunas matizaciones. Tan sólo resulta posible cuantificar la repercusión de una determinada fuente de una manera aproximada. Esto vale también para las opiniones de los coetáneos, quienes, incluso si se llaman Mendelssohn y Lessing, tan sólo poseyeron una visión de su propio ámbito de vida, con lo que tales opiniones tienen, consiguientemente, una importancia limitada. No es raro que sus suposiciones sobre la distribución de una obra demuestren la necesidad de una revisión. Cuando se sabe que el *Hamburgische unpartheyische Correspondent* tenía el volumen, verdaderamente gigantesco para el siglo XVIII, de 21.000 ejemplares frente al escaso 10 % de esa cifra que editaban los *Gothaischen gelehrten Zeitungen* por las mismas fechas, hay que sopesar entonces la repercusión de esas opiniones.

La comprobación de las cifras de distribución no es el único objetivo de las investigaciones sobre procesos de recepción intelectual. Cuando se trata de demostrar el arraigo de un autor en una determinada tradición mediante la revelación de sus filiaciones, las consideraciones cuantitativas no desempeñan entonces ningún papel. El indicio oculto en una remota fuente se hace decisivo sólo cuando se lo ha mostrado sin ninguna duda como capaz de ejercer una influencia. Quisiera referirme brevemente, ya para terminar, a un caso semejante en el marco de mi actual trabajo sobre la historia del desarrollo filosófico de Kant.

El seguimiento de la recepción de Hume en Hamann llevó a la identificación de una traducción del *Treatise* de Hume hecha por aquél y que fue publicada en el año 1771. Las investigaciones lo habían considerado hasta entonces como un texto genuino de Hamann. Este hecho se tornó clave para la identificación de otros testigos de Hamann, hasta entonces apócrifos, que situaban la interrupción del «sueño dogmático» de Kant en la lectura del *Treatise* de Hume. Kant había escrito el texto básico en alemán con ese fragmento de traducción, desconocido por los investigadores e imprescindible para semejante tarea, puesto que Kant no sabía inglés. Con ello resultó posible resolver un problema desde siempre virulento en las investigaciones sobre Kant: cómo dar cabida a los dos momentos desencadenantes del desarrollo trascendental de su filosofía reconocidos repetidamente por Kant como tales, es decir, la «memoria de David Hume» por una parte y el problema de las antinomias por otra, dotando a uno de ellos con una interpretación de las afirmaciones y de los datos presentes en los textos que coincida con la historia de su desarrollo. De esta manera, la investigación de las influencias intelectuales es capaz también de aportar soluciones a cuestiones vinculadas con el desarrollo filosófico de un pensador, lo que tiene a su vez consecuencias para su interpretación sistemática, puesto que Kant aparece ahora como un filósofo anclado más fuertemente en la tradición empirista de un Hume que en la tradición racionalista de un Leibniz. Un reciente estudio canadiense ha confirmado esta conclusión a partir precisamente de investigaciones sobre la recepción histórica de las ideas. Con ello, no obstante, nuestra imagen global de la Ilustración se ve corregida en un punto. El empirismo no tenía, en realidad, en Alemania, durante el siglo XVIII, apenas ninguna repercusión. Sin embargo, a través del *Treatise* de Hume el empirismo ejerció en Kant la influencia decisiva que habría de llevar a una revolución de toda la filosofía anterior. Por eso posee el empirismo en Alemania un carácter más innovador que el racionalismo, cuya influencia sobre las cabezas pensantes de la Ilustración ha sido sobrevalorada durante mucho tiempo.

Descubrimientos de la naturaleza del descrito no son, obviamente, previsibles, pero únicamente tienen lugar si se rebusca entre archivos y bibliotecas. La labor de desescombro en las investigaciones sobre procesos de recepción intelectual es inmensa, pero a veces se encuentran pequeñas pepitas de oro que resarcen de tan larga y costosa búsqueda.

[Traducción: Francisco Colom González]

LA CRÍTICA HEGELIANA DE LA ILUSTRACIÓN

Reyes Mate

I. Una Ilustración frustrada

«La Ilustración, esta vanidad del entendimiento, es la adversaria más encarnizada de la filosofía; ella tiene a mal que la filosofía muestre la razón (que hay) en la religión cristiana, que muestre que el testimonio del espíritu o la verdad en su significado más abarcador han sido formulados en la religión. Por eso en la filosofía se trata de mostrar la razón de la religión.»[1] Este texto de un Hegel ya maduro (escrito en 1824) sigue, sin embargo, siendo fiel a la intuición de su juventud: la desconfianza ante la Ilustración dominante porque no ha sabido resolver la relación entre razón y religión. Esa Ilustración sólo puede ser consecuentemente una Ilustración frustrada.[2]

Para ejemplificar su crítica Hegel acude reiteradamente a una comparación entre la caída del Imperio Romano y el fracaso de la Ilustración. El derrumbamiento del primero se produce «cuando dioses y todo lo que valía como verdadero en el mundo griego y romano (habían llegado) a manos de los hombres».[3] Pues bien, la «Deslustración» (*Ausklärung*) u oscurecimiento de la Ilustración se consuma cuando al desaparecer «la unidad universal de la religión» se frustra la posibilidad de «una política universal». La profanación, en un caso, y el cuarteo y ulterior privatización de la religión en el segundo, están en la base de la caída de los imperios.

La misma comparación le había servido años antes[4] para protestar contra la aparente victoria de la Ilustración sobre la religión. Es una victoria pírrica, venía a decir, porque la razón victoriosa, al igual que los pueblos bárbaros vencedores, acaban sucumbiendo culturalmente a sus enemigos. Lo cual al ilustrado Hegel no le sirve de consuelo ya que, al final, «lo que ha quedado de la gran victoria de la razón ilustrada sobre la fe es que ni la religión contra la que luchaba, ni la ilustración vencedora tienen nada que se parezca a la razón».

La caracterización de las consecuencias de esa «Deslustración» varían conforme evoluciona el centro de gravedad del pensamiento hegeliano. Así, al joven Hegel que comparte el ideal romántico de la religión como *Geist* del pueblo y principio inspirador de la moralidad pública, es decir, para quien la religión es «la fuerza que desarrolla y puede hacer valer los derechos que la razón imparte»,[5] tanto la *ortodoxia* como la *religión racional* le resultan insoportables. La primera porque su positividad o recurso a la revelación para fundar su verdad resulta inaceptable a un pensamiento ilustrado que no puede volverse atrás del *selbständigen Denken*. La segunda porque su verdad, como la de toda la Ilustración, es abstracta, incapaz de interesar al corazón y al pueblo. Ambas tienen en común reducir la religión (y la verdad) a un asunto privado: la ortodoxia separa a la religión de la vida pública y la Ilustración sitúa a la religión en una abstracción extraña a la vida real.[6]

El Hegel maduro de las *Lecciones sobre filosofía de la religión* relaciona el estado de postración en que se encuentra la filosofía de su tiempo con el tratamiento que la misma hace de la religión. Tres son los males que aquejan a la filosofía contemporánea. En primer lugar, dar por hecho que el hombre no puede conocer la verdad. El pensamiento ilustrado (*der aufklärende Verstand*) se proponer liberar al pensamiento de toda autoridad extraña a sí mismo. Es un sano principio. Lo que ocurre es que el desarrollo de ese principio «conduce a considerar toda determinación y todo contenido como finitud, con lo que se arruina la forma y la determinación de lo divino. Ocurre entonces que la verdad objetiva —que tendría que ser el objetivo a alcanzar— se reduce a la nada y eso es lo que la filosofía kantianan eleva a conciencia, en cuanto determinación del objetivo de la razón».[7]

Hace bien la filosofía —dice Hegel irónicamente— en conceder a ese entendimiento el título de incapacidad para reconocer la verdad. Pero al concebir a ese *Verstand* como al *Geist* aboca a la conclusión de que el hombre nada puede saber de Dios, es decir, lo que es en sí.

El segundo principio de la moderna sabiduría consiste en afirmar que el espíritu tiene que habérselas con manifestaciones, no con la esencia.[8] Es una consecuencia del primer postulado: cuando el conocimiento renuncia a conocer la verdad tiene que contentarse con sus manifestaciones. Finalmente, el prejuicio de que la esfera de lo divino o el lugar del anhelo por la verdad es el sentimiento. Si resulta que el vasto mundo de las manifestaciones es todo lo que da de sí lo que es actualidad para el espíritu, teniendo que huir a un vacío más allá lo que es y para sí, es decir, lo sustancial, se explica que sea el sentimiento el lugar en el que «lo sustancial se encuentre, venga a él lo eterno y él acceda a la unidad, es decir, a la certeza y disfrute de la misma».[9] Esta miseria del tiempo no es digna de llamarse filosofía.[10] No hay otra forma de salir de esta miserable situación que reconocer a la filosofía y a la religión hermanadas en la misma búsqueda de un contenido objetivo de la verdad. Es asunto de la filosofía, de la filosofía ilustrada por supuesto, ya que Hegel acepta como indiscutible el descubrimiento moderno de que el *Denken* es condición indispensable de lo que deba reconocerse como verdadero y tenido por tal. Es decir, sin libertad del espíritu pensante no hay religión posible.[11] Por otro lado, Hegel proclama el contenido de la religión como *wesentlich ein Gegenwärtiges*, es decir, impregnando tan esencialmente su tiempo que «sólo en su conocimiento racional puede el espíritu proceder a reconocer los restantes aspectos de la actualidad, conocimiento al que le empuja su insaciable necesidad de pensar».[12]

Sin religión la razón no puede desplegar sus exigencias,

dice el primer Hegel. Sin filosofía de la religión no hay posibilidad de religión ni de filosofía, concluye el Hegel maduro. En todo este proceso hay un testigo de excepción: el pueblo. La Ilustración margina al pueblo del convite del progreso porque desprecia su voz, que no es racional sino simbólica. Pero sin pueblo no hay Ilustración porque no hay totalidad ética. Por eso Hegel se esfuerza en aunar razón y símbolo, cabeza y corazón. Abundan los lugares en los que contrapone la satisfacción de los ilustrados —ya sean teólogos o filósofos— a la insatisfacción del pueblo.[13] Esa sensibilidad no le abandona nunca. Lo que ocurre es que a medida que transcurre el tiempo y toma cuerpo el sistema hegeliano, Hegel toma también conciencia de su fracaso: la reconciliación que él propone sólo es parcial; puede interesar a la comunidad de filósofos pero no al pueblo: «La filosofía es parcial —un estamento sacerdotal aislado—, un santuario. Despreocupada de cómo le pueda ir al mundo; no puede coincidir con él».[14] El pueblo se siente abandonado de sus maestros, dice en otro lugar. También por él.

En esta evolución de un entusiasmo sin fisuras por el pueblo que puede y debe tener su sitio en la Ilustración a la resignación de una solución que le deja fuera, se dibuja un itinerario de la crítica hegeliana de la Ilustración.

II. Superación de los límites de la filosofía en la religión

Si es verdad que Hegel asocia constantemente la crítica de la Ilustración y la denuncia de su fracaso al tratamiento que la misma hace de la religión, podemos establecer como hipótesis de trabajo que esa relación es sustancialmente distinta en el joven Hegel y en el Hegel maduro. En el primero hay una clara supeditación de la filosofía a la religión; en el último, de la religión a la filosofía. Tratemos de ilustrarlo brevemente.

1. *Preeminencia de la religión sobre la filosofía*

«Esta elevación del hombre, no de lo finito a lo infinito (puesto que éstos son producto de la mera reflexión y en cuanto tales su separación es absoluta), sino de la *vida* finita a la *vida* infinita, es religión».[15] Con estas palabras caracteriza el Hegel del *Systemfragment* a la filosofía como reflexión. La filosofía tendría entonces la tarea asignada de reflexionar sobre representaciones en conceptos. Esta tarea de aislar unos conceptos de otros se desarrolla en un triple plano: aislando el pensar de lo que no es pensar; distinguiendo lo pensado del pensante; separando los conceptos enfrentados. El límite de la filosofía es la definición, la separación, no la unión.

Frente a ella está la religión que no es reflexión —un pensar delimitado— sino unión de opuestos. «...Esta condición de lo viviente de ser una parte se supera en la religión; en ella la vida limitada se eleva a lo infinito y sólo por esto, porque lo finito es en sí vida, lleva consigo la posibilidad de elevarse a la vida infinita.»[16] Lo finito e infinito pueden elevarse a una unidad si es una elevación de la vida finita a una vida infinita. En eso consiste la religión y en eso se diferencia de la filosofía. La filosofía no puede hacer más que considerar aisladamente el concepto de finito y de infinito: la religión, sin embargo, puede unir y reconciliarlos porque se refiere a la vida finita e infinita. Y puede lograr esa reconciliación «porque la verdadera vida en sí misma es reconciliación de opuestos».[17] La vida es el todo y como tal no es pensable; de ahí la preeminencia de la religión sobre la filosofía. A lo que el joven invita es a liberarse del pensar en trozos y elevarse hasta lo que está por encima de la finitud. Ese todo ilimitado tiene que ser asido no por la reflexión sino por la religión.

¿Pero a qué filosofía y a qué religión se refiere Hegel?

Cuando habla de filosofía se refiere a la filosofía de la Ilustración, es decir, al principio de la subjetividad celebrado como principio de liberación, ya que se emancipa de todo tutelaje metafísico o religioso. El empeño de Hegel en *El espíritu del cristianismo y su destino* es señalar que libera, pero no tanto. La subjetividad ilustrada también conlleva represión.

En el citado escrito arriesga Hegel la opinión de que entre los chamanes de los tunguses y el imperativo categórico del ciudadano ilustrado no hay diferencia de grado en asunto de libertad. La única diferencia es que «los primeros tienen a su señor fuera de sí, mientras que el segundo lo lleva dentro, siendo al mismo tiempo su propio esclavo».[18] Al plantearse radicalmente las exigencias de la subjetividad en el sentido de liberarla de toda «positividad» o dominio, Hegel desplaza a la propia Ilustración —sobre todo al kantismo— a la otra orilla, a la de la «positividad». Esto es nuevo ya que en los escritos de Tubinga, Hegel, siguiendo en esto a Kant, oponía, por ejemplo, «la religión de la autonomía» (o poder libre de la convicción moral representada en Jesús) a la «religión de la heteronomía» (o dominio de los sacerdotes sobre las conciencias, representado en el judaísmo).[19] Ahora, sin embargo, Kant hace compañía al judaísmo, en oposición a la relación de la autonomía, aunque con matices. El destino de Israel está en las antípodas de la subjetividad: «El destino del pueblo judío es el de Macbeth, que, al abandonar los mismos vínculos de la naturaleza, se alió con seres ajenos y que, al pisotear y destruir, en el servicio de los mismos, todo lo sagrado de la naturaleza humana, tenía que ser abandonado por sus dioses (puesto que éstos eran objetos y él su siervo), estrellándose en su misma fe».[20]

Otra cosa es la moral kantiana que arraiga en una fuerza del hombre, su razón, la facultad de universalidad que, al ser autoactividad, explica que sus mandatos pierdan parte de su *positividad,* al ser el propio poder quien reina sobre nosotros. Lo que quiere señalar Hegel, sin embargo, es que la positividad no desaparece totalmente en este proceso. Subsiste un núcleo indestructible[21] de represión: de la razón contra la sensibilidad, de la regla contra la inclinación, del concepto contra la vida. Esto es lo que emparenta a Kant con la religión de la heteronomía. Pensar radicalmente la subjetividad implica superar el punto de vista citado y avanzar hacia un nuevo concepto que reconcilie al subjeto moderno con la positividad que necesariamente genera.

En *El espíritu del cristianismo y su destino* esa búsqueda se produce analizando el cristianismo, más exactamente, el destino de Jesús, y de su comunidad. El punto de partida es un doble juicio sobre los intentos kantianos: hay ahí un punto fuerte y otro débil. Lo sólido es el reconocimiento de una absoluta autonomía en el hombre, que encuentra su expresión máxima en la razón práctica. Es la herencia ilustrada que Hegel recibe y a la que no renuncia. El punto débil es la rígida oposición entre lo uno y universal y lo múltiple o particular. El sujeto moderno no conoce lo absoluto más que bajo la forma de esa oposición.

La nueva moral tiene que ser unificación de la separada. Eso es la religión, la religión de Jesús, vivencia de la unidad del espíritu humano con el divino. Jesús es aquí un caso particular pero que ejemplifica la manifestación del espíritu divino en el humano. «Y esta unidad de ambos es elevada a conciencia en la religión de Jesús.»[22] Desde estas nuevas bases acomete Hegel la superación del punto débil de la subjetividad moderna, desde ella misma. En el fragmento tercero, titulado «Ley y castigo»[23] expone Hegel la recomposición de la totalidad ética rota por el criminal. En el castigo sobre el criminal se proyecta una positividad que se convierte en piedra angular de una explicación de la subjetividad que supere la positividad kantiana.

El punto de partida es el reconocimiento de una sociedad «ética» (*sittlich*), es decir, una sociedad en la que cada individuo satisface todas sus necesidades sin dañar a los demás. El criminal rompe la convivencia, las relaciones éticas, atentando contra la vida de otro. La sociedad reacciona imponiéndole un castigo, es decir, haciéndole sufrir hasta el punto de que reconozca en la vida destruida su propia negación. En esta causalidad del destino de su acción, el criminal toma conciencia de que ha roto la totalidad ética al experimentar que ha quedado seccionado de la misma. La totalidad escindida sólo puede recomponerse cuando el criminal anhele la otra vida como una vida de la que ya depende la suya.

El criminal rompe la amistad y experimenta, en las consecuencias no queridas de su acto, que la represión de la vida ajena es un atentado consigo mismo. La causalidad del destino —se habla de «destino» porque la vida suprimida hace valer unos poderes reales— sólo puede ser neutralizada y la relación ética restaurada, si los contendientes reconocen *a*) que su actual enfrentamiento es el resultado de una ruptura (la del contexto común de sus vidas) y *b*) hacen la experiencia de que el fundamento común de su existencia sólo se recompone en la relación dialéctica del reconocimiento, del conocerse en el otro. Habermas saca la conclusión de que la dialéctica de la vida ética no es un camino de rosas (una «intersubjetividad sin coacciones») sino la lucha contra unas relaciones rotas en busca de su restañamiento. La dialéctica de la vida ética es la historia de su represión y restablecimiento. Por eso habla el joven Hegel de la causalidad del destino.[24]

Lo importante de este planteamiento es mostrar que el proceso de reconciliación escapa al principio de la subjetividad. El criminal rompe la totalidad, es decir, la simetría entre él y la víctima. La reconciliación es un acto intersubjetivo pues depende del restablecimiento de las relaciones simétricas en el seno de la comunidad. La positividad consiste en la absolutización de un ser condicionado que se erige en incondicionado (al disponer de la vida de otro). La superación de la positividad no es un acto de arrepentimiento como si el subjeto reconociera que ha superado los límites de su subjetividad, sino de intersubjetividad: depende del otro, de anhelar la vida del otro como principio de su propia vida.

Habermas señala[25] que con este planteamiento Hegel se escapa de la trampa de la modernidad que pretende superar la positividad que la subjetividad crea recurriendo al mismo principio que la origina. El ilustrado crítico, por el contrario, *a*) opone a una razón centrada en el sujeto, con inevitables secuencias autoritarias, la fuerza conciliadora de la intersubjetividad, y *b*) ese desplazamiento es posible en un modelo de totalidad ética inspirado en la religión de Jesús y en la *polis* griega. En el cristianismo, según Hegel el principio del amor se opone al de justicia. La justicia vive «del sentimiento de la desigualdad», es decir, supone una desigualdad que hay que deshacer mediante un deber ser.[26] En el amor, sin embargo, «cada cual es igual al otro con quien se confronta. Su ser distinto del otro es pues su ser igual a él y es saber por tanto que para él su enfrentamiento con el otro se convierte en igualdad».[27] El deber-ser de la justicia crea positividad en el objeto de la misma. Todo conflicto en el seno del amor, sin embargo, se resuelve en una acción intersubjetiva. Este principio inspira la explicación hegeliana de la reconciliación intersubjetiva en el caso del castigo.

2. *El fracaso de la reconciliación en el «destino del cristianismo»*

Ahora bien, el quinto fragmento del *Espíritu del cristianismo y su destino* anuncia ya el fracaso del modelo subyacente. En él estudia el destino del Jesús y el de su comunidad.

a) El destino de Jesús: «Jesús apareció entre los judíos con el valor y la fe de un hombre divinamente inspirado, a quien se le suele llamar soñador entre gente razonable. Apareció como algo nuevo, con un espíritu propio; el mundo delante de él era, en su mirada, tal como debía ser después de su transformación y la primera relación que entabló con ese mundo fue intimarlo a que cambiara».[28] Jesús es presentado como el prototipo del hombre libre y racional que sólo anuncia «la fe en la santa ley de vuestra razón».[29] Esta identificación de Jesús con la realidad libre lleva consigo la eliminación de toda diferencia entre religión y realidad mundana. Sin embargo, Jesús no es aceptado por el pueblo judío con lo que la previsible identificación se convierte en diferencia.

En efecto, la esperanza que Jesús había puesto en su misión no se vio cumplida. «El espíritu divino no habló en su prédica.» La masa judía se mostró indiferente. Así fue naciendo en Jesús una amargura creciente contra su época y su pueblo. Hasta que renuncia a cambiar el destino de su nación. Se separa de ella y decide dedicarse a unos pocos. Al comportarse pasivamente respecto al destino de su nación pierde «una multitud de relaciones activas, de relaciones vivas». Consecuencia de esa automarginación es que los ciudadanos de Dios se convierten en personas privadas que se excluyen del Estado, aunque no pueden suprimirlo. A la vista del rechazo Jesús podía, o bien, unir su destino al de su pueblo, pero, eso sí, sacrificando las exigencias derivadas de su conexión con lo divino, o bien, desentenderse y apartarse del destino de su pueblo. Jesús elige esto último y lo mismo pide a sus seguidores.

El destino final de Jesús es un fracaso porque no puede llevar a cabo la reconciliación entre opuestos, finito e infinito, religión y profanidad, más que en su propia persona.

b) El destino de la comunidad: no fue por completo el de Jesús. El principio de cohesión de la primitiva comunidad lo constituía «tanto la separación como el amor entre sí y estas dos cosas están unidas necesariamente. Este amor no debía y no podía ser una unión de las individualidades, sino la unión en Dios y únicamente en Dios; únicamente aquello se puede unificar en la fe que opone una realidad a sí misma, que se divorcia de ella. Así, esta oposición, se ha fijado, se ha transformado, en una parte esencial del principio de su ligazón y el amor deberá mantener para siempre la forma de (ese) amor, la fe en Dios, sin transformarse en amor viviente, sin manifestarse en configuraciones de la vida».[30] En este texto resume Hegel la originalidad de esta comunidad: no es una unión de individualidades que se quieren, sino un encuentro que se produce fuera de ellas, en Dios. Por eso entre sí sus relaciones sólo tienen la *forma* del amor, pero no son amorosas. Por otro lado, ese punto de encuentro de todos en Dios es la fe que, bien vista, es negación del mundo («en la fe sólo puede unirse lo que se opone a una realidad», decía el texto anterior). La fe es una forma de miedo a la vida. Cuanto mayor era el alejamiento del mundo, mayor el anhelo por subrayar el *ideal* de unión de la comunidad. De este modo la primitiva comunidad alumbró la objetivación de ese ideal: el divinizado Jesús. En la conciencia de la comunidad cristiana Jesús es elevado a la categoría de Dios, convirtiéndose al mismo tiempo en la objetividad de su ideal de amor —«el amor plasmado»—, un objeto de adoración.

Ahora se puede entender la diferencia que establece Hegel entre amor y religión, diferencia clave para comprender la disparidad de destino (el de Jesús y el de la comunidad cristiana).

Lo que la religión añade al amor es la objetivación del ideal del amor. ¿Por qué ese paso? Ya lo hemos anunciado: como el amor de la comunidad no se transforma en vida, necesitaba una simbolización de ese amor, otro vínculo que uniera a la comunidad. Este nuevo vínculo «era la igualdad en la fe, la igualdad en haber recibido la misma enseñanza, en haber tenido un maestro común».[31] Conviene, pues, aclararse sobre el grado de objetividad de la religión: la configuración divina de Jesús es la manifestación del amor que unifica a la comunidad. Dicho de otra manera, es obra de la fantasía de la comunidad que ante una vida (de la comunidad falta de amor) simboliza en la figura divina de Jesús la igualdad y unidad de que carece.

Ahora bien, la sustitución del espíritu, de la vida, por un sucedáneo tenía consecuencias. La principal consistía en que el vínculo de la comunidad que crea efectivamente la objetivación del ideal del amor porque no siente la vida de la comunidad. Ocurre entonces que ese vínculo de la comunidad con el ideal objetivado es una relación de dependencia. Para subsistir la comunidad necesita de algo que no es suyo. Y Hegel saca una terrible conclusión: «En esa comunidad de la dependencia, en esa comunidad a través de un fundador común, en esta intervención de algo histórico, de algo real en su vida la comunidad reconoció su vínculo real, la seguridad de su unión, que no podía llegar a sentirse en el amor falto de la vida».[32] Lo divino sólo existe en la conciencia, no en la vida. En la medida en que la comunidad cristiana se acerque a la vida, por la fuerza de su desarrollo sociológico, se alejará del culto de lo divino y si intensifica los lazos del culto, si intensifica las señas religiosas de su identidad, se alejará de la vida.

El destino de la comunidad tiene algo de la situación aporética que caracteriza a la tragedia griega: la comunidad que persigue el ideal de un amor impoluto (no contaminado con la mundanidad) desemboca en la religión, que no es algo divino (es fruto de la fantasía), ni es amor (sino simbolización del ideal del amor).

El destino de Jesús y el de su comunidad da al traste con el modelo de totalidad que parecía inspirar una primera mirada al cristianismo. El proyecto de Jesús daba pie para la confianza, pero el destino, es decir, el desarrollo histórico de él y su comunidad, está lejos de la reconciliación entre religión y realidad, entre pueblo e Ilustración. Una interpretación crítica de la modernidad desde la inter-subjetividad —que Habermas sitúa en la racionalidad subyacente a la interpretación hegeliana de la reconciliación del criminal con la comunidad ética— se agota en sí misma.

El primer intento hegeliano de superar las deficiencias de una Ilustración, caracterizada por la escisión entre razón y religión y, consecuentemente, por una interpretación privada y abstracta de la razón, acaba en fracaso. La pretensión de recomponer la realidad —la totalidad ética— desde un modelo religioso omnicomprensivo que subsume a la filosofía, no llega a una conclusión definitiva. El destino de Jesús y el de su comunidad permite pensar en una reconciliación parcial. La comunidad cristiana primitiva no resulta un modelo tan sólido como Hegel inicialmente pensaba.

A esa conclusión llega Hegel mediante el análisis del cristianismo, tal y como queda patente en *El espíritu del cristianismo y su destino.* Pero a juzgar por lo que escribe en su etapa de Jena (1801-1807, año en que se va a dirigir «die Bamberger Zeitung») también pesaron otras dos líneas de reflexión. Una la encontramos en las primeras líneas del *Wissen und Glauben,* cuando reconoce que los tiempos han cambiado tanto que hay que plantearse la oposición entre filosofía y religión desde los postulados de la propia filosofía ilustrada. La otra tiene que ver con sus lecturas de economía política y el descubrimiento de la «sociedad civil» que cuestiona seriamente otro de los pilares o modelos de la eticidad apuntada en sus primeros escritos: la *polis* griega. Hegel se ve obligado a reflexionar sobre sus intuiciones de partida, a las que no renuncia, pero incorporando nuevos elementos de análisis.

III. La quiebra del modelo griego de reconciliación o la aproximación a una filosofía de la reflexión

El otro modelo subyacente a la crítica hegeliana de la ilustración o, si se quiere, que sirve de base a su modelo de racionalidad, es el concepto político de la *polis* griega. En la tradición aristotélica el concepto de política englobaba Estado y sociedad. Ahora bien, este concepto no vale para la sociedad moderna que vive de la diferencia entre esfera política del Estado y sociedad. Esta escisión cuestiona igualmente el concepto hegeliano de *Sittlichkeit* que se nutre de la concepción aristotélica según la cual la participación en la vida pública es elemento definitorio de la identidad moral. La preocupación de Hegel, del de Jena, es cómo actualizar el núcleo sustancial de la *Sittlichkeit* teniendo en cuenta las nuevas condiciones de la modernidad. Se refiere, en primer lugar, a la aparición de un ámbito público distinto del Estado en el que los individuos persiguen sus propios fines sin que se les pueda relacionar entre sí en base a un objetivo común y general. Es lo que Hegel llama, en la *Filosofía del derecho,* «sociedad civil». Otra novedad con la que hay que contar es la aparición y señorío del principio de la autonomía del individuo (que también llama en la *Filosofía del derecho* «principio de la conciencia», aludiendo así a su raíz religiosa).[33]

El primer ensayo de actualización del concepto clásico de *Sittlichkeit* lo ofrece el escrito *Uber die wissensch. Behandlungsarten des Naturrechts* (1802). Por primera vez incluye en el desarrollo del concepto de *Sittlichkeit* —que en última instancia se identifica con el pueblo, fiel a las raíces platónico-aristotélicas del concepto—, una esfera cuyo contenido «constituye el sistema de la llamada economía política» y que está compuesta por necesidades trabajo,[34] tal como explica en el citado trabajo.

Hegel analiza este nuevo elemento desde dos puntos de vista:

a) Relación de la esfera del trabajo y de las necesidades con la eticidad general. Se relaciona como *das reale Negative*, es decir, como un elemento opuesto, negador de las pretensiones de absolutez de la *Sittlichkeit*. Pero, al mismo tiempo, como un momento necesario para que la pretendida totalidad ética llegue a ser tal. Este planteamiento anuncia complicaciones: ¿cómo se integra lo particular en lo general sin disolverlo?, ¿cómo se comporta el Estado, en cuanto totalidad ética, frente a un ámbito que tiende a negarle sus competencias generales? Hegel responde con el teorema de la «naturaleza inorgánica de lo ético» o la «teoría del sacrificio».[35] Es decir, la totalidad ética que es pura naturaleza orgánica, sacrifica un poco de su pureza para reconciliarse con la inorganicidad de la esfera del trabajo y de las necesidades. El resultado es la naturaleza inorgánica de lo ético, es decir, el reconocimiento de que lo particular forma parte de la totalidad ética como su *das reale Negative*.

b) Desde la relación del estamento trabajo y necesidades con otros estamentos. Hegel, como los clásicos, distingue entre estamentos que son expresión transparente de la eticidad viva y otros que atentan a la misma. Lo que caracteriza a los primeros es el «sostenimiento del conjunto de la organización ética». El segundo estamento —«de los no libres»— compone el ámbito de trabajo y de las necesidades (labradores, propietarios, comerciantes). Es el ámbito, pues, del principio del derecho y de la propiedad cuyo fin es defender lo suyo frente a otros miembros de la sociedad. Hegel opone a la «generalidad abstracta» de ese principio la «generalidad concreta» de la verdadera eticidad. La práctica de los miembros de los estamentos «no libres» es *un-politisch*, es decir, apolítica activa, negadora de la totalidad ética. Desde estos supuestos Hegel rechaza frontalmente el moderno jusnaturalismo. Este pretende derivar toda relación ética (social o estatal) del concepto de individuo aislado y soberano. Eso en terminología hegeliana quiere decir que el particular tiene en su mano la capacidad de convertirse en universal. Esa capacidad arruina el punto de partida hegeliano según el cual lo «general concreto» funda lo particular y establece el marco en cuyo seno el individuo puede ser considerado sujeto en las relaciones éticas, es decir, sociales y políticas.[36]

La preeminencia del principio jusnaturalista según el cual lo particular se proyecta hasta lo universal es inaceptable porque nivela la sociedad y el Estado (es ésta una crítica que se asemeja a la que dirige contra la Restauración), y porque la parte se toma por el todo: «es como si el hígado quisiera hacer de órgano rector; entonces llevaría todo el organismo al caos».

Pero Hegel reconoce que el jusnaturalismo individualista no ha aparecido por arte de magia: tiene un fundamento *in re*. El principio formal consistente en que lo individual se erija en general representa bien la realidad social de la modernidad.

Esta doctrina temprana de la relación entre esfera del trabajo y de la necesidad y una totalidad ética vital pone de manifiesto que el punto neurálgico para la actualización de una teoría política, inspirada en los antiguos, reside en la integración de las esferas particulares en lo general. Para poder entender el desarrollo de Hegel hay que tener en cuenta que el concepto de *Allgemeines* tiene una doble significación: por un lado, es *eticidad absoluta* i.e. la organización vital que abarca todas sus manifestaciones; por otro es *positives Allgemeine*, i.e. forma concreta junto a otras formas concretas, sólo que frente a las demás se presenta como general. Es el Estado.

El Estado no es, pues, la eticidad absoluta pero está obligado a pretenderlo para poder mantener su generalidad frente a las otras formas concretas. En *El sistema de la eticidad*, utiliza las fórmulas *allgemeine Regierung* y *absolute Regierung*, que responden de alguna manera a las recientemente citadas *absolute Sittlichkeit* y *positivies Allgemeine*.[37] Digo sólo de «alguna manera» porque *die abs. Regierung* es por un lado la realidad de la eticidad absoluta y como tal reside en el mismo pueblo, pero en cuanto *Regierung* se opone a lo particular, acude él mismo a una forma particular y por tanto no puede ser el alma absoluta de lo viviente, que es el pueblo.[38]

Aunque esta división no resuelva pues la relación entre *Regierung* y *Staat* sí que rompe las rígidas fronteras entre la esfera del trabajo y de las necesidades y la eticidad. Y las rompe al considerar a esa esfera de lo particular como una *eticidad determinada*. El problema ya no es la oposición entre totalidad ética y naturaleza inorgánica, sino entre el Estado entendido como forma (*Gestalt*) particular de la eticidad absoluta y los estamentos, como formas relativas de eticidad. Ambos constituyen ahora *das sittliche Ganze* como unión de la individualidad y de lo general. El Estado es lo general pero bajo la forma de la individualidad.

La primacía del Estado se basa en el hecho de que sólo lo general que reúne en sí las determinaciones particulares, es decir, que es una unidad determinada, está en condiciones de superar las aporías que anidan en la esfera civil de la *Sittlichkeit*: sólo desde lo general que recoge y acoge los intereses particulares se puede neutralizar las querencias disolventes del individualismo latente. A este planteamiento subyacen, como bien se ve, dos convicciones: que lo verdadero general, representado por el Estado, es más que la suma de sus individualidades (incluyendo individuos, familia, *Stände*). De esta guisa Hegel se enfrenta a los planteamientos restauracionistas subrayando el sí del Estado; y en segundo lugar, que sin el papel delimitador del Estado frente a las tendencias centrípetas de la sociedad, ésta no sólo arruinaría al Estado sino a la propia sociedad civil. Sería la guerra de todos contra todos.[39] Pero este razonamiento, viene a decir Habermas, tiene truco.[40] En efecto, no es lo mismo neutralizar las tendencias individualistas de la sociedad civil que demostrar la racionalidad de la preeminencia del Estado sobre la sociedad. La denuncia razonada de los peligros de la sociedad no tiene por qué legitimar racionalmente un sometimiento sin fisuras al Estado. Está pues por determinar la relación entre sociedad civil, a la que se reconoce una racionalidad relativa, y el Estado, que no es la totalidad ética, por más que su relativa racionalidad sea superior a la de la sociedad.

Pero desde el punto de vista de Hegel esto tiene su lógica. Puede dar por finiquitado el modelo de la polis griega y no renunciar, sin embargo, al ideal de la totalidad ética; puede, por tanto, concebir un tipo de Estado en el que se realice la subjetividad individual pero manteniendo la unidad sustancial del Estado. Según Habermas, esto lo puede hacer el Hegel de Jena, pero no el de Francfort, porque entretanto ha variado el modelo de absoluto: se ha pasado de un modelo organicista, intersubjetivo, a otro propio de la filosofía de la reflexión. En este último la unidad entre individualidad y lo general es obra de una subjetividad bifronte: por un lado es un sujeto general que se enfrenta al mundo que sólo es materia y objeto de sus posibles conocimientos; por otro, es un yo individual que se encuentra en el mundo como una entidad más. Mediante el conocimiento el sujeto general, enfrentado al mundo, vuelve a sí enriquecido con todos los objetos de conocimiento. En ese proceso de reflexión el sujeto general tiene preeminencia sobre el sujeto individual, es decir, domina la subjetividad del Estado sobre la del sujeto individual.[41]

Una filosofía solipsista de la reflexión toma el relevo de otra filosofía, la de la intersubjetividad, apuntada en los primeros escritos.

Decía que en el primer Hegel habría una clara supeditación de la filosofía a la religión. El planteamiento se apoya en la vigencia de dos modelos subyacentes: el del cristianismo primitivo y el de la polis griega. Hemos visto cómo el desarrollo de los mismos apunta ya a la necesidad del cambio. Tanto el destino de Jesús como el de su comunidad anuncian ya la dificultad de una reconciliación entre fe y razón. La disputa de Jacobi, Kant y Fichte viene a demostrar que la reconciliación entre fe y razón no tiene nada que ver con una repristinación del espíritu original del cristianismo (Semler). La escisión entre religión y razón pasa a ser un asunto interno de la filosofía.[42] Es la razón ilustrada la que impone las reglas de juego y no al revés.

En las reflexiones religioso-estéticas aparece con claridad esta evolución. En el *Primer programa* de un sistema del idealismo alemán mantiene que la religión tiene que entregarse al arte para devenir religión del pueblo. En efecto, mientras las ideas no se hagan estéticas, es decir, mitológicas, carecen de todo interés para el pueblo; y al revés, mientras la mitología no se haga racional, el filósofo se avergonzará de ella.[43] Ahora bien, en el *Differenzschrift* de 1802 pone en duda la razón de ser de la utopía estética. Todo debe, más bien, someterse a la filosofía, que es la auténtica fuerza absoluta de la unificación.[44] Más aún: puesto que la filosofía ha tomado, desde Kant y Fichte, la forma de una filosofía de la reflexión, hay que partir de ella incluso para proceder críticamente contra la modernidad.

Ese camino se lo propone Hegel sin renunciar, por tanto, a sus intuiciones críticas sobre la Ilustración. Es decir, seguirá pensando que la emancipación ilustrada se trueca en opresión porque la reflexión ha roto las ligaduras con todo, al proclamarse soberana, y porque esa filosofía sólo concibe la reconciliación como subjetividad, es decir, como dominio del sujeto sobre el objeto o de sometimiento del objeto al sujeto. Hegel busca el mirlo blanco: una filosofía del sujeto reconvertida en medio para superar una razón centrada en el sujeto. Se trata de una razón entendida como autorreferencialidad del sujeto, es decir, no como una fuerza (*die absolute Macht der Subjektivität*) que al conocer se impone al otro, sino que se impone a todas las absolutizaciones o positividades que genera. En lugar de la oposición abstracta entre finito e infinito, Hegel opone ahora la autorreferencialidad de un sujeto que lleva en sí la diferencia de lo infinito y finito.

Su estética ejemplifica lo que se pretende decir. Hegel toma partido entre los clasicistas, convencidos de la insuperable perfección de los clásicos, y los modernos, que proclaman la primacía de los contemporáneos. Schiller da la clave: los *reflexivos* poetas de la modernidad nunca alcanzarán la *ingenua* perfección de los clásicos. Pero eso tampoco lo pretenden los modernos: el arte moderno persigue el ideal de una unidad mediatizada con la naturaleza. Renuncian a la identificación sensible, inmediata con la naturaleza. Y renuncian porque reconocen en lo sensible un límite a la representación absoluta. Ese absoluto es una idea que media entre el moderno y la naturaleza. En esto es superior la modernidad (el romanticismo). Y se puede hablar de un *nach der Kunst*.[45] Esta explicación de Schiller, que Hegel conoce, le sirve para exponer su concepción actual del espíritu absoluto: como en el arte, el espíritu encuentra en lo sensible materia y límite de su actividad; como en el arte moderno, el espíritu se realiza cuando el objeto es la idea que él se hace de la realidad. El objetivo es su idea.

Schiller y Hegel oponen a la limitación de la naturaleza, propia de los artistas clásicos y cuya maestría se acepta ya como insuperable, un acto de libertad y de reflexión, propios del arte moderno. El ideal del arte no se encuentra ya en el arte (en la materia del arte) sino en algo que lo trasciende. Ese más allá del arte es la idea.

El mismo procedimiento es aplicable al análisis de la religión, con lo que se consuma el reinado de la religión sobre la filosofía. Hablar de religión es referirse a la religión de su tiempo (*die Religion die da ist*).[46] Pues bien, la religión contemporánea está pasando por un tipo de crisis semejante a la del arte clásico. Hubo una época anterior, en la que se produjo la total reconciliación de la religión con la mundanidad. En efecto, el protestantismo, al superar el dualismo del monacato y de la teocracia medieval, hace coincidir realidad mundana con comunidad religiosa. Ahora bien, esa «absoluta interioridad» es cuestionada radicalmente por la Ilustración proclamando la escisión profunda entre religión y conciencia mundana. «Ya no preocupa lo más mínimo», dice Hegel, «a nuestra época no saber nada de Dios; vale, más bien, la opinión de que ese conocimiento es sencillamente imposible».[47]

¿Significa esto que la religión ha muerto igual que hubiera muerto un arte separado de los cánones clásicos? Moriría si no interviniera la reflexión que reconoce una distancia equidistante de la fe sustancial con respecto a la indiferencia y a la sensibilidad piadosa. La reflexión es capaz de extraer del ateísmo el contenido de la fe. Basta con separar a ésta de sus formas. Ocurre entonces que la religión no tiene más contenido que la filosofía.

Llegados a este punto podemos preguntarnos si Hegel no ha logrado su propósito de comprender toda la modernidad —incluidos sus fracasos— desde el propio principio de la subjetividad. Es decir, desde un concepto del absoluto que contiene en sí y consiste en un proceso infinito del sujeto incondicionado que vuelve así cargado con toda la finitud que encuentra en su devenir y que halla con frecuencia erigida en vanas absolutizaciones.

La respuesta a esta pregunta debe darse recordando la idea que inicialmente Hegel se hacía de la *Volksreligion* y lo que ahora queda de ella tras este *Aufhebung* de la religión en la filosofía.

Estamos lejos de aquel entusiasmo inicial que veía en la religión el principio vital capaz de reconciliar lo finito con lo infinito, mientras que la filosofía no podía ir más allá de la mera definición de conceptos. Ahora la filosofía toma la delantera y se convierte en el lugar de la reconciliación entre la sensibilidad religiosa del tiempo y las teorías negadoras de la religión. Pero esa reconciliación es sólo parcial, la que puede producirse en el seno de la comunidad bienpensante. De esta suerte, se le quita al pueblo la posibilidad de hacerse racional y a los filósofos, de tener sensibilidad. Los maestros han vuelto a traicionar al pueblo.

En las *Lecciones sobre filosofía de la religión* aparece claramente expuesta una filosofía de la religión planteada desde la hegemonía indiscutible de la filosofía sobre la religión. Es un planteamiento radicalmente distinto del que aparece en sus primeros escritos. Común a ambos, sin embargo, es buscar en esa relación entre filosofía y religión la salida a una Ilustración frustrada. Pero ese asunto desborda los límites de esta ponencia.

NOTAS

1. Hegel, *Lecciones sobre filosofía de la religión,* 3, Madrid, 1988, 167.
2. Una visión general en W. Ollmuller, *Die unbefridiegte Aufkläurung,* Nördlingen, 1969, 240-290.
3. Hegel, *Lecciones,* 3, 92.
4. Hegel, vol. 1, 287.
5. Hegel, vol. 1, 103.
6. Habermas, «Hegels Begriff der Aufklärung», en *Der Phil. Diskurs der Moderne,* Frankfurt, 1985, 37.
7. Hinrichs, *Die Religion im innern Verhältnis zur Wissenschaft,* Berlín, 1822. Prólogo de Hegel, XII.
8. Hinrichs, *O.C.,* XIV.
9. *Ibíd.,* XVI.
10. *Ibíd.,* XXII.
11. *Ibíd.,* XXIII.
12. *Ibíd.,* XXV.
13. Spinoza, *Tractatus theologico-politicus,* Madrid, 1987, cap. XV, 309.
14. Hegel, *Lecciones* 3, 94.
15. Hegel, *Escritos de juventud,* FCE, 1978, 84.
16. *Ibíd.,* 402.

17. W. Schulz, *Der Gott der neuz. Metaphysik,* Pfullingen, 1957, 88.
18. Hegel, *Escritos de juventud,* 308.
19. Dilthey, *Hegel y el idealismo,* FCE, 1978, 84.
20. Hegel, *Escritos de juventud,* 302.
21. *Ibíd.,* 308.
22. Dilthey, ob. cit., 92.
23. Hegel, *Escritos de juventud,* 318-335.
24. Habermas, *Technik und Wissenschaft als Ideologie,* Frankfurt, 1969, 17. También Mc Carthy, *La teoría crítica de Jurgen Habermas,* Taurus, 1987: «En las lecciones de Jena Hegel vuelve a desarrollar esta idea en la "lucha por el conocimiento". Aunque los detalles son diferentes, se mantiene el esquema de conjunto. La "autoafirmación abstracta" de individuos que "exageran su singularidad hasta suplantar a la totalidad" pone en marcha como venganza la causalidad del destino. La "destrucción" de la "autoafirmación que se desgaja de sí misma de la totalidad ética" hace posible una interacción "basada en el reconocimiento recíproco", esto es, basada en el conocimiento de que la identidad del yo sólo es posible a través de la identidad del otro que me reconoce a mí, identidad que a su vez depende de mi reconocimiento», 52.
25. Habermas, «Hegels Begriff...», 42.
26. Hegel, *Escritos de juventud,* 313-314. También G. Amengual, «Del ideal de comunidad popular al concepto de espíritu», en *Estudios filosóficos,* enero-abril 1987, 59-109.
27. Habermas, *Technik und Wissenschaft als Ideologie,* 16.
28. Hegel, *Escritos de juventud,* 336.
29. *Ibíd.,* 377.
30. Dilthey, ob. cit., 124.
31. Hegel, *Escritos de juventud,* 377.
32. *Ibíd.,* 377.
33. Rolf Horstmann, «Über die Rolle der burgerlichen Gesellschaft in Hegels politischer Philosophie», en *Hegels-Studien* vol. 9, 1974, 209-214.
34. Hegel, vol. 4, 467.
35. Horstmann coloca los antecedentes de esta «teoría del sacrificio» desarrollados en *Naturrechtsaufsatz,* en *das Systemfragment* de 1800. Ver Horstmann, 217.
36. Horstmann, ob. cit., 220.
37. Hegel, *El sistema de la eticidad,* Madrid, 1983, 172 y 173.
38. Hegel, *Ibíd.*: «la idea de la que aquí se habla significa gobierno, es decir, se opone a particular, el alma absoluta y positiva de la que vivo se encuentra en el todo del pueblo mismo», 176.
39. Horstmann, ob. cit., 238.
40. Habermas, «Hegels Begriff», 52, nota 42.
41. Habermas *ibíd.,* 53.
42. El ensayo de Hegel, *Glauben und Wissen,* comienza así: «La cultura se ha elevado tanto en los últimos tiempos por encima de la antigua oposición entre fe y razón, filosofía y religión positiva, que este enfrentamiento polar de la fe y el saber ha adquirido un sentido enteramente distinto, y se

ha trasladado al interior mismo de la filosofía». Ver W. Kaufmann, *Hegel*, Madrid, 1985, 90 y ss.

43. «Hablaré aquí primero de una idea que, en cuanto yo sé, no se le ocurrió aún a nadie: debemos tener una nueva mitología, pero esta mitología tiene que estar al servicio de las ideas, tiene que transformarse en una mitología de la *razón*. Mientras no transformemos las ideas en ideas estéticas, es decir, en ideas mitológicas, carecerán de interés para el *pueblo* y, a la vez, mientras la mitología no sea racional, la filosofía tiene que avergonzarse de ella». Hegel, *Escritos de juventud*, 220,

44. Hegel, vol. 2, 23.
45. Habermas, «Hegels Begriff», 47.
46. T. Rendtorff, *Kirche und Theologie,* Gütersloh, 1966, 66-115.
47. Hegel, vol. 16, 43.

II
LA ILUSTRACIÓN EN ESPAÑA

LA FIGURA DE *LUCRECIA LA ROMANA* VISTA POR LA ILUSTRACIÓN ALEMANA Y ESPAÑOLA

Manfred Tietz

I

Hasta los años cincuenta del siglo XX se negaba dentro y fuera de España, aunque por motivos distintos, la existencia de una auténtica Ilustración española. El hispanismo alemán, fruto tardío del romanticismo conservador, tiene su parte de culpa en esta situación histórica. Buscó durante mucho tiempo en la cultura y literaturas españolas no una realidad histórica sino la visión de una alternativa ideológica susceptible de ser opuesta al racionalismo y al liberalismo postilustrados que dominaban la vida intelectual de la Alemania de aquel tiempo. Así, los románticos alemanes crearon la imagen de una España caballeresca, defensora generosa de una fe y una religión idealistas, identificada precipitadamente con la España de los Austrias, el llamado Siglo de Oro. Desde esta perspectiva (1767-1845) negó rotundamente la existencia de una Ilustración española al constatar —evidentemente sin grandes conocimientos de la España dieciochesca— que el siglo XVIII los españoles se lo habían pasado durmiendo (*In ihrer etwas insularischen Existenz haben sie das achtzehnte Jahrhundert verschlafen, und wie konnte man im Grunde seine Zeit besser anwenden?*).[1] Cuando el mismo Schlegel tuvo noticia —a pesar de su desconocimiento más o menos enciclopédico de la Ilustración española— del *Delincuente honrado* de Jovellanos (obra que conoció a través de la traducción publicada en Berlín, en 1796) lamentó el hecho de que en España también existieran piezas teatrales de tipo ilustrado que polemizaban tal y como lo hacían muchos autores europeos contra la tortura, la injusticia y los prejuicios, en vez de seguir exaltando el mundo abigarrado de la comedia de capa y espada que a Schlegel le gustaba confundir con una realidad histórica que tampoco en España había existido nunca.

Sin embargo, en la época del hispanismo naciente hubo también autores alemanes que tenían buenos conocimientos del siglo XVIII español. Basta con mencionar los nombres de Friedrich Justin Bertuch (1747-1822) y Hermann Baumgarten. Aunque este último escribió estudios importantes sobre Jovellanos y las Cortes de Cádiz, la corriente dominante dentro del hispanismo alemán del siglo XIX siguió ignorando —casi se diría intencionadamente— la existencia de una Ilustración española. Su interés por España no dejaba de estar orientado hacia la Edad Media y el Siglo de Oro, buscando e identificando todos los rasgos nacionales —tanto los valores religiosos como políticos— en el gran teatro de Calderón, que ha sido y sigue siendo uno de los objetos preferidos de los estudios hispanísticos en Alemania.

Evidentemente no tengo que exponer aquí las razones políticas e históricas que obstaculizaron también en España una investigación adecuada del movimiento ilustrado español. Estas razones han sido explicadas detalladamente por varios autores,[2] incluso con algún testimonio personal bastante interesante.[3] Hoy en día esta situación ha cambiado profundamente y existe no sólo en España sino también en Alemania un buen número de especialistas que se dedican al estudio del siglo XVIII español.[4] Entre ellos —pero también entre el gran público interesado por la historia y la literatura españolas— ya no se pone en tela de juicio la existencia de un movimiento ilustrado español durante el siglo XVIII. Sin embargo los dieciochistas se ven enfrentados con un nuevo problema de enfoque más bien comparativo y europeo. Se trata de determinar los rasgos esenciales de la «Ilustración española» y de contrastarlos con lo que se llama *la* «Ilustración europea» para llegar así a definir lo típicamente español del movimiento ilustrado en el siglo XVIII hispano. Dentro de estos intentos se ha hablado de «Ilustración insuficiente», de «Ilustración católica» bajo la tutela de la Inquisición, de una «Ilustración importada» que no sería un hecho genuinamente español sino la copia diluida de la Ilustración francesa.

Todos estos intentos de definición no parecen muy satisfactorios y llegan generalmente a rebajar el valor del movimiento ilustrado español. Todos ellos tienen además un defecto fundamental: intentan comparar la vida intelectual española de todo un siglo (cosa de por sí difícil de definir) con lo que se llama con muy poca razón «*la* Ilustración europea», considerando este movimiento polifacético y muy complejo como un bloque monolítico que sin embargo no existió nunca como tal unidad. Al contrario, asistimos actualmente a un re-examen de las grandes visiones globales de «la Ilustración» tal como las habían presentado Cassirer,[5] Hazard[6] o Valjavec.[7] Resulta, por ejemplo, que ni siquiera es posible identificar todo el pensamiento de Kant con lo que definió como «Ilustración» en su famoso artículo «Beantwortung der Frage: Was ist Aufklärung?», publicado tan sólo en 1784, cuando Kant tenía ya sesenta años de edad. El movimiento ilustrado europeo se presenta cada vez más rico y más variado de modo que es prácticamente imposible reducirlo a una sola definición. Tanto más imposible resulta entonces todo intento de dar una definición contrastada de la ilustración española y europea —por lo menos en el estado actual de nuestros conocimientos— tanto del siglo XVIII europeo como del siglo XVIII español.[8] Si estas comparaciones globales nos parecen faltas de bases empíricas, no lo parecen menos los juicios valorativos que ellas implican, como por ejemplo el contraste entre «el gran movimiento ilustrado alemán» y la «ilustración insuficiente» de España o la constatación desilusionada por parte española de que «no tenemos ningún Kant» para decir que el siglo XVIII español no merece un estudio filosóficamente serio.

Sin embargo, este estado de la cuestión no tiene que llevarnos al escepticismo total. Hay trabajos comparativos que sí se pueden realizar desde ahora y a base de nuestros conocimientos actuales para llegar de esta forma a enfocar algo mejor la especificidad de «la Ilustración española» analizando sus centros de interés, sus procedimientos, sus fuentes e intenciones, su coincidencia con los demás movimientos ilustrados en Europa o su distancia intelectual o formal frente a ellos. En este sentido voy a analizar en este trabajo la recepción e interpretación que tuvo en la literatura española, francesa y alemana una de las figuras ideológicamente más destacadas de la realidad histórica y de la mitología política de la Roma antigua. Se trata de la figura de Lucrecia, dama de la nobleza romana, símbolo de la virtud pagana en los tiempos más remotos de la historia de Roma, cuya muerte voluntaria dio motivo para denunciar la tiranía de los antiguos reyes y legitimó moralmente la instauración de la república romana. No es sorprendente la presencia de la figura de Lucrecia en el pensamiento ilustrado si se tiene en cuenta la dimensión moral (justifica el suicidio condenado por la Iglesia) y política (legitima el tiranicidio) de su vida. Lo que sí podría sorprender es el hecho siguiente: la figura de Lucrecia está presente también en el pensamiento y la literatura de España, de aquella España llamada católica, no ilustrada o ilustrada insuficientemente, cuyo retraso cultural se ha subrayado tantas veces.

II

No es necesario recordar aquí detalladamente la forma y el contenido del tema literario «Lucrecia la romana». Hans Galinski ha estudiado con mucho detenimiento la recepción de esta temática en la literatura occidental.[9] Sin embargo, aunque tiene en cuenta también fenómenos de la literatura española, Galinski se refiere sobre todo al Siglo de Oro y no menciona los textos del XVIII que son de interés para nuestra argumentación, es decir, algunas referencias en Feijoo y Jovellanos y, sobre todo, dos tragedias con el título de *Lucrecia*, una de Nicolás Fernández de Moratín (1737-1780) y otra de Joan Ramis i Ramis (1746-1819), esta última escrita en catalán.

Dentro de nuestro contexto, sólo hay que recordar que la figura de Lucrecia está presente en la literatura y en el pensamiento occidentales desde la época romana hasta nuestros días. Esta «omnipresencia» se explica sin duda alguna por el «contenido atemporal» de esta figura femenina ejemplar[10] cuyo valor argumentativo se explicará más adelante.

Recordemos brevemente los acontecimientos más importantes de la historia de Lucrecia tal y como los encontramos en su primera versión literaria (Tito Livio, *Ab urbe condita*, liber I, 57-59): Sexto Tarquinio, hijo ocioso del séptimo rey romano, Tarquinio el Orgulloso, se enamora de Lucrecia, esposa de Colatino, modelo de virtud y fidelidad matrimonial. Aprovechándose de la ausencia del marido (que está asediando la ciudad de Ardea con los demás príncipes romanos) intenta seducir a Lucrecia. Al resistirse ella, el joven príncipe (que además es pariente de Colatino) recurre a un chantaje muy sutil para lograr su fin. Dice a Lucrecia que si no cede a sus deseos la matará no solamente a ella sino también a un esclavo suyo y que colocará a este esclavo desnudo junto a ella en la cama para así hacer creer que la joven esposa cometió un adulterio monstruoso. Para salvar su *honor* Lucrecia tiene que sacrificar su *virtud*. Pero al día siguiente confiesa libremente a su padre, marido y amigos que ha sido violada por Tarquinio y se suicida con un puñal en presencia de ellos. A este acontecimiento *privado*, Bruto, amigo íntimo de la familia, le da una dimensión y consecuencia *públicas*: amotina al pueblo denunciándole la perversidad sexual del príncipe que da a entender como manifestación de otra perversidad más importante, la tiranía *política*. El pueblo rebelado libera a Roma del yugo de sus tiranos. Se suprime la monarquía y se establece la república, cuyos primeros cónsules serán Bruto y Colatino, el marido de Lucrecia.

En la historia del pensamiento europeo se han destacado sobre todos los aspectos de la historia, más mítica que real, de Lucrecia:

1. Una *interpretación privada*. Para ella, Lucrecia es el modelo de la mujer casta, virtuosa, una especie de «santa

pagana» que no cede a la seducción ni siquiera de un príncipe y que, una vez acorralada, como por fuerza mayor, y violada, intenta borrar su deshonra por medio de un suicidio expiatorio. Dentro de esta corriente interpretativa el nombre de Lucrecia llegó a ser sinónimo de «esposa virtuosa» —por lo menos en la Antigüedad pagana y, en tiempos modernos, dentro de un pensamiento más bien secularizado, como el de la Ilustración.

Por el contrario, el cristianismo de los primeros tiempos, particularmente san Agustín (354-430), había sometido esta visión positiva de Lucrecia a una crítica destructora, basada en reflexiones psicológicas. Su punto de partida había sido el hecho del suicidio —un hecho que el paganismo de tipo estoico aceptaba sin problema, mientras que el cristianismo lo consideraba como el mayor de los pecados—. En una situación histórica muy concreta —el suicidio masivo de jóvenes cristianas violadas por soldados romanos paganos, suicidios que precisamente se autorizaban con el ejemplo de Lucrecia— san Agustín analizó con una psicología denunciatoria el comportamiento de Lucrecia. Llegó a la conclusión de que su suicidio no había sido resultado de la castidad, paciencia y humildad ejemplares de la heroína pagana, sino la confesión apenas velada de un consentimiento tácito en el estupro. En su *De civitate Dei* (1.1, cap. XIX) formula su denuncia en la siguiente pregunta:

> Quid is enim (quod ipsa tantummodo nosse poterat) quamvis iuvini violenter irruenti etiam sua libidine inlecta consensit idque in se puniens ita doluit, ut morte putaret expiandum?

Esta visión negativa de Lucrecia (que en san Agustín implica una visión negativa de la mujer en general, siendo todas ellas hijas sensuales de su primera madre Eva) tendrá una repercusión muy grande en la valoración negativa de la figura de Lucrecia y de su virtud en toda la literatura occidental y en el pensamiento de la teología moral hasta principios del siglo XVIII, donde será refutada por Pierre Bayle.[11]

2. Una *interpretación pública o política*. Esta visión subra-

ya el aspecto indudablemente político de la historia de Lucrecia. Su muerte violenta (considerada como suicidio forzado) fue el motivo inicial para la reconquista de la libertad cívica por parte de los romanos y la transformación de la tiranía (sexual y políticamente perversa) en la república (moral y políticamente virtuosa). Parece, pues, muy lógico que esta interpretación haya tenido un eco importante en las épocas de transición ideológica y política, como son el Renacimiento y el siglo XVIII, donde tuvo que adquirir cierta virulencia.

III

Las dos interpretaciones que acabamos de esbozar se encuentran efectivamente con bastante frecuencia en el siglo de la Ilustración y se dan no solamente en autores franceses, ingleses, italianos y alemanes sino también —y perfectamente al compás con los demás países europeos— en varios autores españoles. Vamos ahora a destacar brevemente algunos textos. Lo haremos sin pretender establecer filiaciones o fuentes, ya que esto sería una tarea bastante difícil puesto que faltan todavía estudios detallados sobre la imagen de Lucrecia de España durante las épocas anteriores a la Ilustración. Baste constatar una omnipresencia de Tito Livio y, naturalmente, de san Agustín en la España de aquel entonces.

La interpretación privada o moral la encontramos, por lo menos en forma de eco lejano, en el *Teatro crítico universal* del padre Feijoo, y precisamente en el discurso sobre las «Glorias de España». Es curioso constatar que el monje benedictino que era Feijoo no mencione la interpretación teológica y negativa de san Agustín cuando se refiere a la figura de Lucrecia. Al contrario, cita a la dama romana como modelo del comportamiento femenino. Y revaloriza con su ejemplo la figura de la hija del conde Don Julián, Florinda, que había sido violada ella también y que la literatura y la historiografía española habían calumniado tanto.[12] En este breve párrafo, Feijoo pasa por alto el suicidio de Lucrecia, elemento tan importante dentro de la argumentación y la condena por parte de san Agustín. No me parece improbable que

Feijoo se haya inspirado en el famoso *Dictionnaire* de Pierre Bayle, que conocía perfectamente, y donde encontramos un artículo apologético sobre Lucrecia. En él, Pierre Bayle interpreta el suicidio de la dama romana no como confesión velada de una culpa sino como expresión de una autonomía moral completa, posible también fuera de todo contexto cristiano. Pero, evidentemente, si Bayle se había servido del ejemplo de Lucrecia para probar frente al cristianismo omnipresente de su tiempo que una moral perfecta es posible fuera de todo contexto teológico, ya que una dama pagana de la Antigüedad pudo comportarse irreprochable y modélicamente, el padre Feijoo, a pesar del rechazo implícito de la postura rigorista de san Agustín, no quiso insistir en ningún tipo de discusión de principios. Se limitó a dar una visión positiva de Lucrecia sin discutir el juicio negativo de san Agustín o el del jesuita Juan de Torres que la había condenado sin reticencia ninguna en su *Philosofía moral de príncipes* (Burgos 1596;[2] 1602), obra ésta contra la cual polemizó Pierre Bayle. Evidentemente el texto de Feijoo es tan sólo un punto de referencia. Pero hace ver que en España ya no se seguía incondicionalmente la autoridad teológica de san Agustín.

IV

Si el aspecto privado o moral del tema literario de Lucrecia se discutía en la Europa de entonces por medio de textos ensayísticos que evidentemente se prestan a la debida reflexión filosófica, el aspecto público o político —la rebelión del pueblo contra la autoridad establecida y degenerada— se presentó al público más bien en obras teatrales, que lejos de favorecer la reflexión serena de principios éticos se prestan a una mayor emocionalización del receptor, efecto irracional muy útil dentro de la manipulación política.

Efectivamente, se conoce buen número de obras teatrales de todas las épocas cuya protagonista es la figura de Lucrecia. En la Alemania y la Francia del siglo XVIII se conocen —aparte de ciertas óperas— cuatro obras (o proyectos) teatrales cuya protagonista femenina es Lucrecia. La figura de la dama romana se prestaba particularmente bien a expresar las aspiraciones políticas de la burguesía ilustrada contra la monarquía existente y la realidad del despotismo ilustrado: ya que Lucrecia es la encarnación misma de la *virtud* (valor que la burguesía naciente consideraba como elemento constitutivo de su propio ser, oponiéndose de esta forma a la nobleza identificada con el vicio, tal y como lo encontramos expuesto, por ejemplo en forma novelística, en *Les liaisons dangereuses* de Choderlos de Laclos). Su historia es la de una mujer casta y virtuosa violada por un noble perverso que abusa de su poder político para satisfacer sus deseos inmoderados y que no tiene en cuenta los sagrados lazos de la familia, otro valor muy exaltado por la burguesía. Interpretada de esta forma (y pasando por alto el hecho de que Lucrecia también era de la alta nobleza) esta historia podía transformarse fácilmente en un argumento político muy eficaz, puesto que en ella toda una reflexión y argumentación políticas se sustituyen por el escándalo y la emoción inmediata capaces de poner en marcha también a unos espíritus menos politizados.

Esta potencialidad política o incluso revolucionaria explica quizá un hecho bastante curioso: de las cuatro obras teatrales sobre Lucrecia en Alemania y en Francia, tan sólo una llegó a realizarse completamente y a representarse. Es una tragedia de R. Piquénard, *Lucrèce ou la royauté abolie,* publicada en Brest en 1793. Es decir, se trata de una obra escrita y representada después del comienzo de la Revolución Francesa e incluso después de la muerte de Luis XVI, guillotinado el 21 de enero de 1793. De las otras tres tragedias que se habían concebido antes de la Revolución sólo quedaron fragmentos. Así, Johann Elias Schlegel (1719-1749) desarrolló con bastantes detalles, en 1740, una tragedia (en prosa) con el título *Lucrecia* que, sin embargo, no llegó a concluir. Algunos años más tarde, precisamente en 1754, según nos relata en sus *Confesiones* Jean-Jacques Rousseau mismo, de vuelta en su ciudad natal de Ginebra y «lleno de entusiasmo republicano» tuvo la idea de redactar una tragedia sobre Lucrecia,[13] de la que tan sólo nos han quedado los dos primeros actos.[14] Finalmente, en 1756, Gottfried Ebrahim Lessing (1729-1781), que ya se había ocupado del tema de Virginia (contaminado muchas veces con el de Lucrecia), al traducir una parte de la obra del autor español Montiano y Luyando[15] esbozó una tragedia con el título *Das befreite Rom (Roma liberada)* cuya protagonista era Lucrecia. Este proyecto también quedó como fragmento o mero *canevas* de unas dos páginas.[16] Pero hay que añadir que Lessing volvió a retocar la temática de Virginia (y Lucrecia) al escribir su *Emilia Galotti* (tragedia en cinco actos empezada en 1757 y terminada definitivamente en 1771-1772).

Los textos de los dos fragmentos alemanes tienen una intención política muy marcada. Así, por ejemplo, en la tragedia de Schlegel (que tiene la particularidad de empezar con la acción dramática sólo después de la violación de Lucrecia, lo que el autor justifica en su prólogo por razones estéticas) tanto las mujeres como los hombres le dan a Sexto Tarquinio repetidas veces el título injurioso de tirano, califican su comportamiento de crimen, denuncian sus vicios, su *Mordlust* (sed de matar) e interpretan sus excesos sexuales como indicio siniestro de su futuro abuso del poder político, llegando incluso a identificarlo con todos los detentadores de poder en general.[17] El mismo protagonista subraya este aspecto, cuando pone de relieve su condición de príncipe, mientras los fragmentos de la tragedia silencian la condición de noble que tiene también Lucrecia. En ella Schlegel hace resaltar tan sólo su eminente virtud y su gran sentido de la familia, conceptos que —como ya se ha dicho— la burguesía había logrado «ocupar» en el siglo XVIII. De esta forma se crea en la tragedia de Schlegel una oposición entre la nobleza y la burguesía que como tal conflicto social no existe en la historia de la Antigüedad romana. Toda la simpatía del autor y del lector está dirigida hacia la protagonista, a la que se califica de *allerunglücklichste auf dem Erdboden* (la mujer más infeliz sobre la faz de la tierra). Se nota en Schlegel el intento de dar un alcance general al destino de Lucrecia cuando hace decir a Servia, madre de la protagonista «[...] beweine die Keuschheit aller Römerinnen. Diese Tyrannen, welche unsere Männer zu Schlachtopfern machen, machen unser Geschlecht zu Sklavinnen ihrer Laster [...]»[18] (llora la castidad de todas las romanas. Estos tiranos que sacrifican a nuestros maridos en las batallas hacen de nuestro sexo las esclavas de sus vicios). Al decir esto se establece una relación íntima entre el abuso sexual de una mujer y la falta de libertad de los hombres. Bruto, el vengador de Lucrecia y de todos los romanos, resume esta visión negativa del príncipe y de todos los poderosos, justificando con ella la rebelión contra la monarquía establecida:

> Durch wen sind wir unglücklich, als durch unseren König? Wollen wir seinen Tod erwarten; so wird ein andres Ungeheuer an seine Stelle treten. [...] Du mußt den Tarquin nicht weiter herrschen lassen, Collatin. So hast du deinen Schimpf zu deiner Ehre gekehrt; so hast du dich gerochen; so hast du die Tugend gerettet.[19]

> (¿Quién nos hace infelices sino nuestro rey? Si queremos esperar hasta su muerte, otro monstruo se presentará en su lugar. [...] Colatino, ya no puedes tolerar que siga reinando ese Tarquinio. [Matándole] transformas tu oprobio en tu honor; así te habrás vengado, habrás salvado tu honor.)

En frases como ésta, la rebelión, crimen muy grave bajo el despotismo ilustrado, se convierte en un hecho meritorio al servicio del valor supremo de la virtud. Ya estamos bastante cerca de la justificación del «derecho a la resistencia» y del tiranicidio en el *Guillermo Tell* (1804) de Friedrich Schiller.

Evidentemente, dentro de esta interpretación política de la historia de Lucrecia ya no se discute moral o teológicamente su suicidio. Éste queda perfectamente justificado por la tiranía del príncipe. La obra de Schlegel termina con la exaltación de la «utopía burguesa» del siglo XVIII alemán: «(Rom!). Setze dich in Freyheit! Verjage deine Tyrannen und beherrsche dich selbst!»[20] (¡Roma! ¡Ponte en libertad! ¡Echa fuera a los tiranos y gobiérnate a ti misma!).

La misma justificación del asesinato de Sexto Tarquinio la encontramos en el fragmento mucho más corto de Lessing. Allí la llamada a la venganza se pone en escena con un dramatismo mucho mayor —lejos de las reglas neoclásicas de la decencia que Schlegel quiso respetar—. En Lessing, Lucrecia misma informa directamente al pueblo sobre su afrenta y se suicida delante de la masa popular lanzándole el puñal con el grito «A mi vengador».[21]

Para el lector del siglo XVIII que estaba acostumbrado a ver en la historia romana un comportamiento modélico para su propia conducta, las obras de Schlegel y Lessing son —o, dado su estado fragmentario, hubieran podido ser— una justificación del tiranicidio o incluso del regicidio, puesto que los límites entre el rey criminal y el rey *tout court* no se destacan en los dos textos. Es bien evidente que dentro del legitimismo dieciochesco con su idea del «rey por la gracia de Dios» (principio político defendido tanto por la religión católica como por la protestante), un ataque tan directo contra el principio monárquico era apenas posible. No es, pues, ninguna sorpresa que las dos obras hayan quedado como fragmentos. Parece que los dos autores renunciaron a redactar un texto definitivo al ver la imposibilidad de una publicación o de una representación. También es posible que se hayan sometido a una autocensura previa. Se prohibieron a sí mismos «pensar el regicidio» y, con esto, la posibilidad de una libertad burguesa fuera del despotismo ilustrado. Esta interpretación no parece del todo improbable. Se sabe que Lessing volvió a la temática de la virtud perseguida por un príncipe despótico. Lo hizo en su *bürgerliches Trauerspiel* («drama *trágico* burgués» —no se trata de ninguna obra triunfal de la burguesía—) *Emilia Galotti,* obra esta vez completa que se publicó y se representó en 1772. En esta tragedia el modelo de la protagonista ya no es Lucrecia, víctima directa de la tiranía de los reyes, sino Virginia, joven romana asesinada por su propio padre para sustraerla a las persecuciones de un *decemvir* romano, es decir de una instancia política inferior. Además, en esta obra (cuya interpretación sigue siendo muy controvertida en la crítica),[22] Lessing ha hecho todo lo posible para no poner de relieve el aspecto público de la temática, es decir, la conquista de la libertad política, aspecto contenido sin embargo en la fuente antigua. Al contrario, Lessing ha despolitizado completamente el problema —por lo menos en la argumentación «exterior» del texto—. En *Emilia Galotti,* el padre de la protagonista mata a su hija (tal y como lo hace el héroe romano), pero no provoca ningún escándalo público con reivindicaciones políticas. Va hasta someterse al poder judicial del príncipe —amenazándole solamente con la venganza divina en el Juicio Final—. Lessing incluso pone en tela de juicio la motivación psicológica de la muerte por parte de la misma protagonista (¿Pidió a su padre que la matara porque temía no poder resistir a los intentos de seducción del príncipe?). De esta forma Lessing vuelve casi a la postura de san Agustín, que explicó la muerte de la protagonista más bien por la conciencia de culpabilidad de ésta, evitando así todo razonamiento político.

Parece ser que Lessing se daba cuenta perfectamente de que no era posible —en la Alemania (más o menos) ilustrada, con sus diferentes príncipes despóticos, de la segunda mitad del siglo XVIII— escribir y representar una obra teatral en cuyo centro se encuentra la denuncia de los abusos del poder por parte de reyes o magistrados perversos. Por eso renunció conscientemente al «aspecto público» de la temática de Lucrecia/Virginia y se concentró casi exclusivamente en el «aspecto privado» de este asunto, limitándose a la dimensión psicológica de la materia romana. Lo confiesa claramente en una carta que escribió a su amigo Nicolai el 21 de enero de 1758. En ella dice, al esbozar su visión reduccionista de la temática hablando de sí mismo en tercera persona: «Sein jetziges Sujet ist eine bürgerliche Virginia, der er den Titel Emilia Galotti gegeben. Er hat nämlich die Geschichte der römischen Virginia von allem dem abgesondert, was sie für den Staat interessant machte; er hat geglaubt daß das Schicksal einer Tochter, die von ihrem Vater umgebracht wird, dem ihre Tugend werther ist, als ihr Leben, für sich schon tragisch genug, und fähig genug sei, die ganze Seele zu erschüttern, wenn auch gleich kein Umsturz der ganzen Staatsverfassung darauffolgte».[23] (El sujeto que trata actualmente es una «Virginia burguesa», a la que ha dado el título de «Emilia Galotti». Ha eliminado de la historia de la Virginia romana todo lo que la hacía interesante para el Estado; ha creído que el destino de una hija asesinada por un padre para quien su virtud tiene más valor que su vida ya es de por sí lo suficientemente trágico y será capaz de estremecer toda el alma, aunque no lleve consigo una subversión total de la constitución del Estado).

V

Si es, pues, verdad que fracasaron o no se realizaron las obras teatrales sobre Lucrecia que autores alemanes o franceses habían proyectado en el siglo XVIII, parece tanto más llamativo un hecho innegable: en la España dieciochesca se escribieron dos tragedias completas (y no sólo fragmentos) sobre el tema de Lucrecia. Se trata de la *Lucrecia* de Nicolás Fernández de Moratín (1737-1780) de 1762[24] y de la *Lucrècia* de Joan Ramis i Ramis (1746-1819)[25] de 1769, obra escrita en catalán. Superficialmente hablando y sin un previo examen detenido de los hechos, se podría concluir que por lo menos en este caso muy concreto el tópico del supuesto «retraso cultural» de España no se halla confirmado y que, al contrario, los dos autores españoles adelantaron y superaron a sus congéneres franceses y alemanes.

Sin embargo, antes de llegar a conclusiones de tanta envergadura conviene examinar brevemente los dos textos españoles. De la lectura de las dos tragedias resulta inmediatamente que Moratín y Ramis no tienden hacia una visión teológica de la figura de Lucrecia. El aspecto destacado por san Agustín no parece interesarles aunque en una réplica de Sexto Tarquinio en la obra de Moratín se nota todavía un eco lejano del Padre de la Iglesia cuando el rey romano reprocha a la joven:

> *Ya sé tu altanero*
> *Pensamiento cual es; al venidero*
> *Tiempo dejar pretendes fama heroica;*
> *[...]*
>
> [IV, 5]

Sin embargo, sería erróneo concluir que la *Lucrecia* de Moratín esté centrada totalmente en el «aspecto público» de la materia.[26] En el texto de la tragedia se nota desde el principio el intento sistemático del autor de disculpar a Sexto Tarquinio. Evidentemente, en esta obra también, el hijo del rey ha forzado a la casta esposa de uno de sus súbditos. Pero Moratín le da al violador mismo la posibilidad de explicar su comportamiento. Y éste se declara no verdugo sino víctima del acontecimiento. Lo hace sirviéndose de los tópicos de la mejor tradición petrarquista o raciniana cuando dice:

> *Mi amor me trajo al más funesto estado*
> *Que arrojar á un amante pudo el hado.*
>
> [I, 5]

Dentro de este sistema explicativo el joven Sexto Tarquinio no actúa con capricho, ni mucho menos por vicio, ni abusando de su poder político. Es un joven enamorado, como otro cualquiera, que como *ultima ratio* de un «loco amor» recurre a la fuerza ya que es incapaz de refrenar su libido. Para hacer todavía más evidente la inocencia del hijo del rey (y del poderoso político) Moratín ha introducido en su texto el personaje de Mevio, consejero del joven potentado. Mevio representa el papel clásico del *adulador* que los innumerables «Espejos de príncipes» consideran como el mayor peligro para el príncipe inexperto. Ya en el inventario de los *dramatis personae* Moratín le da a Mevio este título denunciador, llamándole varias veces «infame lisonjero». Es Mevio y no Sexto Tarquinio quien defiende el principio de un despotismo a ultranza cuando dice a su señor:

> *Al príncipe, señor, lícito es todo*
> *cuanto gustare.*
>
> [I, 5]

El antagonista de Mevio, Epurio Lucrecio, representa el papel del «buen consejero». Pero Mevio, que halaga los instintos juveniles de Sexto Tarquinio, se impone. De esta manera el hijo del rey queda más o menos desculpabilizado. Moratín aumenta todavía más esta impresión de inocencia en el culpable: Sexto Tarquinio acaba por recobrar su independencia moral para con Mevio, reconoce su culpa delante de los parientes de Lucrecia e incluso está dispuesto a aceptar la muerte expiatoria:

> *Despechado*
> *Me arrojo ya a morir desesperado;*
> *Digno soy de la muerte. Ea, matadme.*

[V, 6]

En la tragedia de Moratín no se pasa verdaderamente de la esfera privada del asunto a la esfera pública. El pueblo romano no está auténticamente presente en la escena. Todos los protagonistas pertenecen a la nobleza; no se nota ninguna oposición social entre el príncipe opresor y el pueblo o las libertades oprimidas. Aunque en esta obra también se habla de tirano y de tiranía (si bien es verdad que sólo pocas veces), no se establece en el fondo una relación clara entre la honra perdida de Lucrecia y la falta de libertad de los romanos. En última instancia la tragedia de Moratín tematiza el crimen (o el desliz) de un joven potentado, crimen que, en el fondo, podría arreglarse «en familia» —sin que el problema se transforme en político y llegue incluso a provocar una revolución de todo el sistema—. Tan sólo al final de la última escena (V, 7) no se desculpabiliza a Sexto Tarquinio. Al contrario, se le da muerte y los últimos versos de la tragedia pronunciados por Bruto podrían quizás justificar una lectura política de la obra entera:

> *Vámonos pues, y de la infame raza*
> *No quede al mundo grande ni pequeño,*
> *Y antes que las exequias de Lucrecia*
> *Se celebren con regio fausto y pompa,*
> *No quede gota de malvada sangre*
> *Que no se vierta con furor violento*
> *Porque sirva á los siglos de escarmiento.*

Se ha intentado relacionar esta actitud anti-despótica (y no anti-monárquica) con la subida al trono de Carlos III y la posición menos «rebelde» que Moratín adoptó en *Hormesinda*, obra escrita después del motín de Esquilache (1766). Pero en su conjunto, la *Lucrecia* de Moratín no parece ser una obra política con un programa bien definido de crítica al sistema monárquico de la época, tal y como se encuentra en la *Raquel* de García de la Huerta.

René Andioc opina incluso que la intención de Moratín al escribir *Lucrecia* era meramente moralizadora. Cree que el autor quería proponer a las mujeres españolas en la figura de Lucrecia el modelo de la mujer «casada, casta y fiel» —cosa al parecer poco común en la España de la segunda mitad del siglo XVIII—.[27] Allí reinaba como forma de los «usos amorosos» de la época el cecisbeo, es decir, una forma institucionalizada de la infidelidad matrimonial, tolerada por la sociedad e incluso por la Iglesia.[28] Al reprochar en su *Sátira a Ernesto* a las mujeres españolas su poca fidelidad amorosa, Jovellanos recurre también a la figura de Lucrecia como modelo de la «perfecta casada», al estilo de la obra de Fray Luis de León cuando dice:

> *Matronas*
> *Castellanas, ¿quién pudo vuestro claro*
> *Pundonor eclipsar? ¿Quién de Lucrecias*
> *En Lais os volvió?*[29]

Esta intención moralizadora (que se sirve de ejemplos de la Antigüedad pagana y ya no recurre a los Diez Mandamientos de la Iglesia) se encuentra también en la tragedia de Moratín. Esta intención es más que evidente (y no dista mucho de la ridiculez) cuando Claudia, al relatar los detalles de la muerte de Lucrecia, dice:

> *[...] y ella muriendo*
> *Aun cuidadosa á su decencia atiende;*
> *Con débil mano ya la falda estiende,*
> *Pues ni allí faltar quiere a la modestia.*

[V, 4]

A pesar de esta reducción de una «Lucrecia política» a otra «Lucrecia moralizadora», la tragedia de Moratín no logró representarse en el siglo XVIII. Andioc opina con razón que las clases pudientes de la fase inicial del reinado de Carlos III (1759-1788) —que eran idénticas a los círculos ilustrados españoles y a los grupos de literatos que fomentaban el neoclasicismo— querían rechazar de antemano incluso la sospecha de una crítica del monarquismo que se podría sino leer en la tragedia de Moratín por lo menos deducir de ella.[30]

Esta ambigüedad entre una temática tradicionalmente antimonárquica, el rechazo de toda crítica sistemática de los reyes y una orientación hacia una visión moral ya no se encuentra de manera tan diluida en la *Lucrècia* de Joan Ramis i Ramis.[31] Esta tragedia se había redactado en 1768 (cuando el autor tenía 23 años de edad), poco después del motín de Esquilache (1766), que se puede considerar como el último intento serio de protesta contra el despotismo ilustrado español. Es cierto que dicha tragedia (neoclásica como la de Moratín) tiene un «lenguaje político» más claro y subraya la envergadura política del comportamiento de Sexto Tarquinio. Ramis i Ramis establece una relación ideológica muy clara entre la virtud de Lucrecia, su violación, la falta de libertad de los romanos y el abuso del poder (tanto sexual como político) por la casa real de los Tarquinios. El joven Sexto Tarquinio no actúa como persona privada. Cuando Lucrecia se resiste a sus intentos de seducción quiere convencerla con un argumento político: «Obeir al príncep vostro es sentiment millor» (III, 3).

A lo cual Lucrecia le contesta, también a nivel político, llamando al joven príncipe «tirano» (*tirà*).

También la última réplica de Bruto parece políticamente más clara puesto que no emplea una terminología vagamente moralizadora sino unos términos jurídicamente bien definidos, como por ejemplo la referencia a las leyes:

> *Anem, pues, cavallers, prenim un nou valor*
> *[...].*
> *Preparam als tirans la mort i la ruïna.*
> *Vengem a los romans, vengem a esta heroïna.*
> *I, si Lucrècia morta ensenya los humans,*
> *que encara la virtut habita ab los romans,*
> *la sua mort venjada avisarà los reis*
> *a detestar el vici, a respectar les lleis.*
>
> [V, 3]

Parece, pues, indudable el alcance político de la *Lucrècia* de Ramis i Ramis. Sin embargo hay que preguntarse si la obra tuvo un eco en el público español de la época. En este contexto conviene constatar en primer lugar que la tragedia está escrita en catalán, lo que de por sí reducía la posible difusión de la obra en la España ilustrada, para la cual el castellano era la lengua oficial. En segundo lugar hay que subrayar que Ramis i Ramis había escrito su *Lucrècia* en Menorca, que en aquel entonces (hasta 1783) estaba bajo dominio inglés. Finalmente cabe constatar que la obra no ha sido publicada —ni en catalán ni en castellano— durante todo el siglo XVIII.

La *Lucrècia* de Ramis i Ramis en su conjunto da la impresión de ser ante todo un ejercicio de estilo de un autor joven e impetuoso que protestó con esta obra no contra el monarca legítimamente instaurado, sino contra el monarca inglés considerado con razón como usurpador y por ello tirano. Bajo esta cautela se puede aceptar el juicio emitido por el editor moderno de la obra que la califica de «*abrandada defensa de la llibertat i un rebuig de la tirania, que lliguem amb l'esperit de la Menorca d'aquells anys*». De todas formas Ramis i Ramis no se manifestó contra la monarquía absoluta después de la reunificación de la isla de Menorca con el estado centralista de la época.

VI

De este breve análisis del tema literario «Lucrecia la romana» y de su empleo en la literatura ilustrada en Francia, Alemania y España, se pueden sacar tres conclusiones:

1. En cuanto a la vitalidad y al empleo de la temática se refiere, la Ilustración española estaba al tanto de la discusión europea. Por lo menos en este punto quedaba ya lejos de aquellas antiguas discusiones de teología escolástica a las que muchos autores europeos (no sólo) del siglo XVIII querían limitar la vida intelectual española. Incluso es algo sorprendente tener que constatar la ausencia de san Agustín dentro de la discusión española acerca de Lucrecia.

2. El hecho de que en España existan dos tragedias completas sobre la figura de Lucrecia, mientras que en Alemania estas obras quedaron en estado fragmentario no se puede interpretar como resultado de una «España más progresiva que Alemania». Al contrario, hay que constatar, después del análisis de los textos españoles, que frente al hecho social común —el despotismo ilustrado— tanto los autores españoles como los alemanes (e incluso los franceses) no quieren o no pueden tematizar a fondo y llevar a la *Öffentlichkeit* (Habermas) en el medio de sus obras teatrales el problema del abuso y de la limitación del poder por parte de los súbditos (que todavía no se consideran «ciudadanos») y de un eventual derecho al tiranicidio. Tanto en Lessing como en Moratín constatamos que el «aspecto público» del tema de Lucrecia se reduce a una problemática más bien de tipo privado y que la discusión político-revolucionaria queda sustituida por una discusión psicológica y moral. Si esta renuncia a lo político se ha denunciado en Lessing, especialmente en su *Emilia Galotti,* como expresión de la «miseria alemana» (donde el individuo se hace verdugo de sí mismo en vez de rebelarse contra el opresor), hay que constatar que los ilustrados españoles comparten por lo menos esta «miseria».

3. Si bien el tratamiento del tema de Lucrecia parece haberse efectuado de forma paralela en España y Alemania alrededor de los años sesenta del siglo XVIII, tiene uno la impresión de que el desarrollo ulterior de la temática del poder absoluto, de su abuso por parte de los poderosos y del derecho a la resistencia del oprimido sigue pautas divergentes. En España los autores tienden a abandonar por completo toda crítica, incluso la más moderada, del despotismo para llegar a una exaltación incondicional del poder absoluto.[32] El mismo Moratín, cuya *Lucrecia* ofrecía todavía atisbos de antimonarquismo, declara en su *Hormesinda* (escrita en 1770, sólo algunos años después del motín de Esquilache) que los vasallos «no a sus reyes / Sólo veneran, sino al tirano» (IV, 4). Un autor como García Malo se identifica con esta postura, exagerándola hasta el límite cuando hace confesar a la protagonista de *Doña María Pacheco* (1778):

> *Por ser leal vasallo yo no escucho*
> *los gustos que me da naturaleza.*

Es decir, el vasallo ideal renuncia total e incondicionadamente a todo tipo de autonomía política y moral.[33]

Por el contrario, en Alemania parece ser que no se siguió hasta tales extremos esta renuncia a la autonomía del individuo y del «ciudadano» frente al poder establecido. Quizás se deba esta divergencia a un hecho de sociología literaria. En Alemania una fuerte corriente entre los ilustrados ocupa un lugar socio-político distinto al de sus congéneres españoles: muchos autores alemanes —tales como Schiller o los del «Sturm und Drang»— se alejaban cada vez más del poder fáctico (los numerosos príncipes en los pequeños Estados típicos de la Alemania de la época), mientras en España los autores seguían mayoritariamente al lado y al servicio de la poderosa monarquía centralista.

Pero esta conclusión nos lleva ya mucho más allá de la modesta y necesaria comparación de temas literarios y plantea el problema mucho más amplio de un estudio marcadamente sociológico del movimiento ilustrado, tanto en Alemania como en España.

NOTAS

1. «Vorlesungen über dramatische Kunst und Literatur», en: *Sämtliche Werke,* ed. E. Böcking, t. 6, Leipzig, 1846, 399.

2. Cito tan sólo los estudios de Carlos Rincón («Reseña de los estudios sobre el siglo XVIII español», en *Beiträge zur Romanischen Philologie* 5, 1966, 37-65), Iris M. Zavala («Hacia un mejor conocimiento del siglo XVIII español», en *NRFH* 20, 1971, 341-360) y Manfred Tietz («Zur Polemik um die spanische Aufklärung», en *Archiv für das Studium der neueren Sprachen und Literaturen* 132, 1980, 75-92.

3. J.M. Caso González, «Fortunas y adversidades de un investigador dieciochista en los años cincuenta», en *Actas del I Symposium del Seminario de Ilustración Aragonesa,* Zaragoza, 1987, 9-16.

4. Véase el artículo «La Ilustración española y la investigación alemana», una bibliografía comentada por M. Tietz en *Dieciocho* 4, 1981, 34-50.

5. *Filosofía de la Ilustración,* México, 1943 (Orig. alemán Tubinga, 1932).
6. *La crisis de la conciencia europea (1680-1715),* Madrid, 1941 (Orig. francés, 1935) y *El pensamiento europeo en el siglo XVIII,* Madrid, 1964 (Orig. francés, 1946).
7. *Historia de la Ilustración en Occidente,* Madrid, 1964 (Ed. alemana 1961).
8. Es sorprendente tener que constatar que no sólo en España sino también en Alemania quedan todavía muchos textos por (re)editar y analizar. Véase la contribución de H. Kreimendahl en este tomo.
9. *Der Lukretia-Stoff in der Weltliteratur.* Diss. Breslau, 1932.
10. Para el trasfondo mítico de la temática de Lucrecia véase el interesante estudio de Helmuth Petriconi, *Die verführte Unschuld. Bemerkungen über ein literarisches Thema.* Hamburgo, 1953, 14-31.
11. «La morale païenne jugée par les chrétiens au XVIIe siècle: le personnage de Lucrèce, l'illustre romaine», donde M. Tietz estudia las implicaciones ideológicas de la figura de Lucrecia. En: M. Tietz/V. Kapp, *La pensée religieuse dans la littérature et la civilisation du XVIIe siècle en France.* Actes du Colloque de Bamberg, París-Seattle-Tubinga, 1984, 299-321.
12. *Obras escogidas* (BAE, 56), Madrid, 1952, 202. Feijoo menciona a Lucrecia también en sus *Reflexiones sobre la Historia,* § 26 «Sexto Tarquinio y Lucrecia», *ibíd.,* 170.
13. *Les confessions,* 1. 5, Ed. de la Pléiade, París, 1959, p. 394. Allí Rousseau dice: «Je meditois [...] un plan de Tragedie en prose dont le sujet qui n'étoit pas moins que Lucrece ne m'ôtoit pas l'espoir d'aterrer les rieurs, quoique j'osasse laisser paroitre encor cette infortunée, quand elle ne le peut plus sur aucun Theatre françois».
14. Publ. par Th. Dufour in *Annales Jean-Jaques Rousseau* 2, 1906, 218-144.
15. La versión alemana de Lessing está basada en la traducción francesa de Hermilly. Son altamente interesantes (e ilustrativas para el estado de los conocimientos hispánicos en la Alemania de la época) las palabras introductorias con las que Lessing presenta su texto al público alemán: «Die Schriften der Spanier sind diejenigen, welche unter allen ausländischen Schriften am wenigsten unter uns bekannt werden. Kaum daß man einige ihrer jetzt lebenden Gelehrten in Deutschland dem Namen nach kennt, deren nähere Bekanntschaft uns einen ganz anderen Begriff von der spanischen Litteratur machen würde, als man gemeiniglich davon zu haben pflegt». («Las obras de los españoles son las que peor se conocen de toda la literatura extranjera entre nosotros. Apenas se conocen en Alemania algunos de sus eruditos contemporáneos. Sin embargo, un mejor conocimiento de ellos nos daría una visión completamente distinta de la que tenemos generalmente de la literatura española»). En el mismo texto elogia a Montiano llamándole el más grande de los poetas españoles contemporáneos. *G.E. Lessings sämtliche Schriften.* Ed. por K. Lachmann. t. 6, Stuttgart, 1890, 70.
16. *Werke,* t. II, Darmstadt, 1971, 466-468.
17. Véase el texto alemán en *Werke.* Zweyter Theil. Kopenhagen und Leipzig 1773, 15-44 (hay edición facsímil, Francfort, 1971). El único

estudio de conjunto sobre la obra dramática de Schlegel (P. Wolf, *Die Dramen Johann Elias Schlegels. Ein Beitrag zur Geschichte des Dramas im 18. Jahrhundert*, Zürich, 1964) no toma en consideración los fragmentos del autor.

18. *Werke*, 32.
19. *Werke*, 43.
20. *Werke*, 44.
21. *Werke* II, 466.
22. La literatura crítica sobre Lessing es extremadamente rica. Para orientarse rápidamente es de gran utilidad el tomo *Lessing. Epoche-Werk-Wirkung*, ed. W. Barner, G.E. Grimm, H. Kiesel, M. Kramer, Munich, 1987. A la relación bastante importante de Lessing con España no se dedica ninguna de las contribuciones en *Nation und Gelehrtenrepublik. Lessing im europäischen Zusammenhang*, ed. Barner y A.M. Reh, Munich, 1984.
23. *Sämtliche Schriften*, ed. K. Lachmann, t. 17, p. 133. Cito según el estudio muy útil de W. Barner *Produktive Rezeption. Lessing und die Tragödien Senecas*. Munich, 1973, donde se califica a *Emilia Galotti* de «modernisierte Virginia». Cf. también el interesante artículo de Klaus-Detlet Mutler «Das Virginia-Motiv in Lessings *Emilia Galotti*. Anmerkungen zum Struktuwandel der Öffentlichkeif», en *Orbis Litterarum* 42, 1987, 305-316.
24. «Obras de Don Nicolás y Don Leandro Fernández de Moratín», Madrid, 1944 (*BAE*, 2), 102-117.
25. Francesc Fontanella/Joan Ramis i Ramis, *Teatre barroc i neoclàsic*, ed. M.M. Miró y J. Carbonell, Barcelona, 1982, 153-191.
26. En su monografía sobre *Nicolás Fernández de Moratín* (Boston, 1979, TWAS) D.Th. Gies no ha estudiado con particular detenimiento la *Lucrecia*.
27. *Sur la querelle du théâtre au temps de Leandro Fernández de Moratín*, Tarbes, 1970, 238 y ss.; véase también el excelente resumen de sus tesis que Andioc da en su contribución para la *Historia de la literatura española*, ed. por J.M. Díez Borque, t. III, Madrid, 1980, 230 ss.
28. Véase el libro de C. Martín Gaite, *Usos amorosos del dieciocho en España*, Madrid, 1972 y el capítulo «Gessellschaftlichkeit und Geselligkeit im Spanien der Aufklärung» de W. Krauss, en *Die Aufklärung in Spanien, Portugal und Lateinamerika*, Munich, 1973, 43-48.
29. *Sátira primera. A Arnesto*, v. 97-100. G.M. de Jovellanos, *Obras completas*. t. I. *Obras literarias*, ed. J.M. Caso González. Oviedo, 1984, 224.
30. *Sur la querelle*, 240 y ss.
31. No existe ningún estudio de conjunto sobre el autor. Sirvan de primera orientación las páginas introductorias de la edición citada en la nota 25.
32. Esta visión positiva se debe al naciente patriotismo de la Ilustración que exaltó a los reyes de la Reconquista, fundadores de la patria. Andioc, *Sur la querelle*, 244 y ss.
33. Andioc, *Sur la querelle*, 253 y ss.

LOS ANTI-ILUSTRADOS ESPAÑOLES

Teófanes Egido

Comencemos por algo muy propio de la escolástica anti-ilustrada: por la *explicatio terminorum*, aunque sea *lato sensu*, con algunas connotaciones negativas, y sin atarnos demasiado al género próximo y a la última diferencia puesto que más que de definiciones el análisis histórico trata de personas. Al hablar de anti-ilustrados no nos referimos a la inmensa mayoría de los españoles del siglo XVIII que permaneció tan tranquila e inmóvil en sus comportamientos heredados, en su cultura llamada «popular», sorda a unas elites ilustradas y fracasadas en el empeño estéril de aculturar a quienes estigmatizaron, no sin ira, como «vulgo ignorante, fanático y supersticioso».

Nos referimos a otro sector, muy presente en aquella España, bullicioso y minoritario también, con un discurso elaborado y capaz de enfrentarse al de los ilustrados. Ensalzados estos anti-ilustrados por los posteriores reaccionarismos, integrismos, conservadurismos y otros linajes hermanos, desde los antinovatores hasta mucho después (cuando se reinventa el siglo XVIII), fueron denostados por las posiciones o ideologías que enlazarían —o creyeron enlazar— con la Ilustración. Ariscos al encasillamiento, con sus contradicciones a cuestas cual los ilustrados, al parecer mucho menos enraizados en la tradición que éstos, serán los protagonistas de la confrontación, profunda y sonora, que entre las élites del pensamiento, entre dos mentalidades irreconciliables, tendrá lugar en la crisis prolongada del Antiguo Régimen con todos los ajustes y desajustes consiguientes.

I. Quiénes fueron

Los nombres de los que hablaron y escribieron se conocen en buena parte aunque quizá no huelgue advertir que no han sido estudiados en profundidad, y esto a pesar de las páginas de Menéndez Pelayo en su *Historia de los heterodoxos* y a pesar de la obra de Javier Herrero, que no aporta mucho más que don Marcelino vuelto al revés.[1] Más luz arrojan F. López, A. Elorza o monografías que saben superar el escaso atractivo de este capítulo para tratar de alumbrarlo desde planteamientos más acordes con el complejo contexto histórico que lo produce y lo explica.[2]

Más que los nombres importa conocer los motivos e intereses de las actitudes, si no se quiere reducir a la anti-ilustración los infolios de los apologetas. Y tras los intereses se mueven grupos de extracción social varia, que no justifican que se hable sin más de ideología común, pero coincidentes en su aversión a lo que signifique novedad, cambio, al amparo de filosofía, Ilustración, Siglo ilustrado, reformas o lo que sea.

Simplificando descaradamente la realidad, los anti-ilustrados proceden de viejas aristocracias que perciben, reflexiva o instintivamente, que la secular organización señorial y estamental pierde el soporte difuso, pero enraizado, que le proporciona el aristotelismo aborrecido por los ilustrados. Estas aristocracias —no decimos nobleza sin más— asimilan espíritu nuevo a formas de gobierno y a gobernantes que no son los suyos y a programas que secundan la idea ilustrada de la inutilidad de la sangre, de la herencia, del conjunto de valores de un árbol seco ya y válido sólo para leña, como dijeran *El Censor* y tantos otros. Su resistencia a las nuevas ideas (y prácticas) se traducirá en oposición política al gobierno de gente «vil», desde el francés de primera hora hasta el del «Choricero de Castuera». No es díficil detectar a lo largo de todo el siglo la agitación de una especie de «partido español» o «castizo», empeñado en recuperar el poder perdido, ni es ningún secreto que en este denuedo su resorte fundamental fue el de atacar las medidas reformistas de los nuevos gobernantes, más en sintonía con los proyectos e intereses burgueses.

Más combativo fue el sector anti-ilustrado clerical por la sencilla razón de que los programas ilustrados se centraron en su reforma con indudable predilección. Reforma que, en principio, no oculta la decisión desamortizadora como punto de partida. Desamortización que no debe circunscribirse a las tópicas riquezas acumuladas por su creciente «espiritualización». No porque el siglo XVIII estuviese desprovisto de ideas (cual las de Campomanes o Jovellanos, por citar a los más conocidos)[3] ni de episodios que irían preparando los mecanismos a las operaciones del XIX, sino porque la desamortización que obsesiona a los ilustrados es la de las personas, la del excesivo número de clérigos (regulares, se sobreentiende), improductivos e inútiles. Con una finalidad más demográfica que económica el «querer minorar los ministros del Señor, la tribu de Leví», cuya realidad tanto alegraba a los redactores del censo de Floridablanca, fue un motivo de exasperación constante para los frailes anti-ilustrados (que no lo eran todos).

No fueron éstos los únicos —quizá ni los más importantes— estímulos para combatir a la Ilustración, cuyo estilo, sus puntos de partida y de llegada, desarbolaban el sustentáculo ideológico (dígase tomismo, suarismo, agustinismo, escotismo) de la escolástica, con más aplicaciones sociales de las que comúnmente se suelen percibir. En su combate por la escolástica batían armas para perpetuar monopolios en la enseñanza, para mantener las respectivas clientelas con todo el cortejo de prestigio y de poder multiforme que acompañaba al, para nosotros incomprensible pero violentísimo, *odium theologicum*. Por eso los intentos frustrados de reforma universitaria se vieron como vías sinuosas de introducción de la herejía, de todas las herejías. Incluso el lenguaje de la Ilustración, el castellano, se interpretó no sólo como el recurso a un vehículo más adecuado de las ideas, sino como todo un símbolo de una mentalidad nueva, incompatible con la secular, tradicional, arraigada y latina. Es comprensible que en la contienda por la lengua vulgar se vertieran tantos argumentos apasionados sin tener que esperar a finales del siglo con motivo de la Biblia y la liturgia. Lo mismo se puede pulsar en tiempos de los novatores: el menosprecio que derrama el padre Luis de Losada hacia ellos por recurrir para cuestiones de altura a la lengua «de los iletrados y de las mujeres»,[4] manifiesta su no errada percepción de que los cambios reclamados no se reducían a alardes intrascendentes sino al relevo de todo un mundo sacralizado, clerical, por otro secularizado, con hombres nuevos y, además, seglares que osaban adentrarse en sus dominios indiscutibles.

Y como la Ilustración española redujo muchas veces su crítica a la cuestión religiosa, nada más normal que estos sectores, con todas sus clientelas de colegiales mayores, de «terciarios» y adictos (más entusiastas a veces que las propias aristocracias y que el clero), respaldasen sus resistencias con argumentos de orden teológico, orden que invadía prácticamente todo (lo económico, lo social, lo científico, lo político, los ademanes y los gestos) a despecho de los ilustrados.

II. Instrumentos de los anti-ilustrados

En el enfrentamiento de estos dos universos, cada uno de los frentes utilizó los medios de acción a su alcance para universalizar sus posiciones respectivas.

Es bien sabido que novatores, preilustrados, ilustrados, con todos los matices que se quiera, dispusieron de centros que no podían ser los hostiles tradicionales de la universidad, colegios mayores y afines, sino los más nuevos y humanistas de academias, colegios, sociedades económicas. Y como cauces, los relacionados con la lectura, es decir, los libros —que también se ilustran por obra de impresores sensibles— y, más aún, la prensa periódica. Como portavoces también de la Ilustración en su transmisión y percepción audio-oral-visual habría que aludir a las artes plásticas, a la imagen, al teatro y al sermón «laico». Por sermones laicos entendemos los «discursos» y los «elogios» en honra de los ilustrados, más los pronunciados desde púlpitos no de la iglesia sino de las instituciones seculares.

Los anti-ilustrados disponen de un arsenal más y mejor provisto, quizá también más penetrante. Siguen afincados en la universidad incluso después de las fracasadas reformas de Carlos III y —hasta su desaparición— en los colegios mayores, fábricas de elites de poder. La prensa periódica en buena parte es un medio de difusión de los apologetas. Los libros son los «Centinelas», las «Refutaciones», la *Falsa filosofía* del P. Zeballos (1775), convertido en manual voluminoso, el *Philoteo* del P. Antonio José Rodríguez (1776), los *Desengaños filosóficos* (1787) del canónigo Fernández Valcarce, el *Soldado católico en guerra de religión* del P. Diego José de Cádiz (ya con Carlos IV), las *Causas de la Revolución en Francia* (1794) de Hervás y Panduro y, ya al final del proceso, en el siglo XIX, las aceptadísimas diatribas del «Filósofo Rancio».

Entrar a discutir si fueron más leídos éstos —y otros muchos— anti-ilustrados que Feijoo, Campomanes, Montengón o Jovellanos, es un esfuerzo inútil mientras no se disponga de análisis bibliométricos no circunscritos sólo a la relación de títulos sin medir cuantitativamente su circulación y, más aún, su penetración social. Lo otro no pasaría de mera presunción.

De todas formas, el libro y la prensa periódica fueron predio de minorías privilegiadas en la España de Carlos III, a pesar de los progresos —parece que comprobados— de la alfabetización, de los leyentes y lectores.[5] Hay otros medios, exclusivos de los anti-ilustrados, cuya acción penetra las densas barreras del analfabetismo y que tienen que ser oídos prácticamente por todos en aquella sociedad sacralizada. Uno de ellos es el de las «cartas pastorales», leídas obligatoriamente en las misas, también obligatorias. Pudieron ser, no hay duda, un conducto fundamental de la Ilustración religiosa en tiempos de Carlos III, cuando las pastorales parten de obispos como Rubín de Celis, Tavira, Climent y Felipe Bertrand, por aludir a los mejor estudiados. Pero todo cambia con la coyuntura, y constituye un espectáculo singular la torrentera de pastorales lanzadas en la guerra contra la Convención, cuando se identifica de manera decisiva Revolución, regicidio, con irreligión foránea, con contubernios de fuerzas oscuras cual frutos naturales de una «filosofía», de una Ilustración, que los agoreros habían previsto ya como ataque al Estado y a la Iglesia, al trono y al altar, es decir, a todo el orden social heredado y, por eso mismo, bueno.[6]

En esta circunstancia, como es de sobra conocido, el poder político y el inquisitorial se unieron a las voces anti-ilustradas, y el viejo aparato policial del Santo Oficio dio señales de vida nueva. La Inquisición, de hecho, y a pesar de la relativa domesticación por los gobiernos de Carlos III, fue siempre un arma de la anti-ilustración. No sólo por el acoso a reformistas como Macanaz, por tantas hogueras como se encendieron entre 1725 y 1735, por autos de fe en los que comparecen novatores como Zapata o por autillos simbólicos como el de Olavide; sino más por la persecución constante, agudizada a fines del siglo, del libro, del verbo, de la imagen. Más aún, por la eficacia, tan evidente como difícil de medir, de sus «edictos» y «anatemas». No se ha insistido suficientemente en la capacidad publicitaria de estos edictos y anatemas, leídos, predicados y publicados año tras año, prácticamente en todas las iglesias, en tiempos especiales, con escenografía apropiada y formidable, con procesiones y gestos orientados a provocar el miedo y a proclamar la presencia del Tribunal. Pues bien, lo que allí se publicaba «a campanas tañidas y matando velas» era la obligación de vivir atentos a cualquier vestigio que delatara «la ley de Moisés, la secta de los moros, la del heresiarca Lutero y sus secuaces». Después se añadirían los alumbrados en los anatemas, por fin los francmasones y, en capítulo aparte, los libros prohibidos. No es difícil imaginar el universo de rechazos que se grababa en la memoria colectiva por este aparato irreconciliable con la lectura, con la tolerancia, con la Ilustración.[7] Estas asociaciones bastan para comprender que los apologetas siguieran escribiendo anacrónicos tratados contra judíos, contra Mahoma, contra la secta luterana hasta comienzos del siglo XIX al menos.

Ninguno de los instrumentos aludidos puede compararse en presencia, frecuencia y efectividad con el sermón, el medio de comunicación más apto en sociedades analfabetas. No es necesario insistir en la presencia del predicador, en la crecidísima demanda social de los sermones inevitables en todas las situaciones y en cualquier momento del Antiguo Régimen. Las ciudades —en este particular el campo es menos conocido, y de todas formas no contaba con tantas oportunidades—, clericales de por sí, estaban dominadas por los ecos y el poder de los predicadores. En los tiempos fuertes de las cuaresmas, con más intensidad en los de misiones, el equipo de frailes era el dueño indiscutible de la vida urbana.[8] Uno de los motivos del empeño ilustrado por reformar los sermones radica en la conciencia que se tenía de las posibilidades de estas plataformas de propaganda y de dominio de la opinión pública. Al margen, claro está, de miras más directamente pastorales.[9]

Prescindiendo de otros aspectos interesantes, hay que insistir en que los predicadores aprovecharon todas las ventajas a su alcance, y que convirtieron el sermón en fermento movilizador, desde la guerra de sucesión en los dos bandos, en los momentos más agrios de las relaciones Iglesia-Estado, en las invectivas del padre Calatayud contra los «usureros» vizcaínos, en los contornos de la expulsión de los jesuitas. El riesgo de motines acompañaba a las apocalípticas, antirregalistas y anti-ilustradas invectivas del padre Diego José de Cádiz allá por donde pasaba: por Málaga en 1782, por Sevilla en 1784, y nada se diga de las inquietudes zaragozanas de 1788 cuando la tomó contra las «herejías» de la Sociedad Económica, como veremos, ni de los servicios que sus sermones y escritos prestaron en la guerra total contra la Convención.

Estos sermones debeladores de las «novedades», que en la España de Carlos III y de Carlos IV reproducían en su género penetrante los esquemas, ideas y palabras de la *Falsa filosofía* con su furor anti-ilustrado, exasperaban a críticos como *El Censor*: «Ahora no se oye sino clamar contra el ateísmo y la incredulidad» pero no contra el otro «enemigo cierto y muy temible de la superstición».[10]

Las arengas encendidas de los predicadores anti-ilustrados suelen coincidir con otro instrumento que se manejó con generosidad desbordante durante el siglo XVIII, heredero en esto de una larga tradición: la sátira. Prescindo del análisis de las virtualidades de un género como éste, a medio camino entre la lectura y lo oral, transmitiendo en papeles y composiciones de fácil memorización, apto para la comunicación de boca en boca, para el comentario en tertulias y mentideros. Para convencernos de su poder demoledor baste recordar la persecución legal y policial de que fue objeto y el pánico provocado en los responsables del orden público.[11] Utilizada por unos y otros, la sátira se esgrimió con más frecuencia como instrumento de queja y de subversión y como portavoz de los enemigos de la filosofía, de los ilustrados y de los poderes que los respaldaban.[12]

Libros de elites, pastorales, edictos y anatemas, panfletos, sermones y sátiras, coinciden en su paternidad colectiva, en sus objetivos, así como en los resortes que manejan.

III. Resortes y momentos de la anti-ilustración

1. *Misoneísmo, xenofobia y ortodoxia*

Dentro del cúmulo de resortes que se esgrimen por los anti-ilustrados resaltaré aquellos que tienden en alguna medida a conectar con la opinión pública. Me refiero, en concreto, al misoneísmo, a la xenofobia y a la ortodoxia.

Los episodios —creemos que reveladores— a los que nos ceñimos privilegiarán o aislarán lo uno o lo otro a tenor de los intereses del momento: no es lo mismo vapulear a Esquilache para conseguir su caída que anatemizar a las sociedades económicas. Mas siempre, o casi siempre, puede percibirse la asociación mental que esquematiza y simplifica lo condenable por nuevo, por venido de fuera y, por tanto, con forzoso sabor a herejía.

Los historiadores de la penetración, a veces vergonzante, de la ciencia moderna en España ofrecen muestras sobradas de estas asimilaciones. Así, en 1700, la Universidad de Sevilla anda concitando el plebiscito de otras universidades para lograr el «exterminio» de la Sociedad novatora de Medicina. Está alarmada —aunque esto lo calle— por la posible competencia, pero lo está aún más por el horror ante la amenaza del desplazamiento de Aristóteles (identificado con el catolicismo escolástico), de Galeno, por doctrinas «modernas, cartesianas, parafísicas» llegadas de Holanda e Inglaterra; es decir (y obsérvese la identificación mental de lo nacional con la ortodoxia), que son novedades, «doctrinas practicadas sólo por herejes». Poco después el P. Polanco (1714) en su obra sistemática contra los novatores, los asocia, por «monstruos de las novedades», con lo herético. Hacia mediados de siglo el P. Luis de Flandes, en su apología misoneísta del *Antiguo académico contra el moderno escéptico o dudoso,* vuelve a hablar del veneno herético por el hecho de llegar del norte contaminado de «Lutero, Calvino y demás modernos heresiarcas»; Bacon es el responsable principal de «esta nueva máquina herética» de la experimental filosofía contra el catolicísimo Estagirita.[13]

Todas las asociaciones mentales de misoneísmo, xenofobia y ortodoxia se irán agolpando en plena Ilustración, en otros campos más amplios que el de la teología y la filosofía, para combatir la visión del mundo, del hombre y de la vida que ofrecen los ilustrados. Al final del siglo, cuando se han integrado ya los elementos del compuesto anti-ilustrado y cuando la Revolución Francesa propicia la ocasión, el obispo santanderino Menéndez de Luarca, cual balance de todo el proceso, culpa a «el atheísta, diabólico, infernal philosophismo, llamado el siglo de las luces», de haber convertido la tierra entera en «el lugar de tinieblas que es el infierno». Antes (1788) había creado su bélica cofradía «milicia cristiana» como oferta de «un verdadero antídoto contra el veneno importado de Francia». Tan convencido estaba de la realidad de este veneno extranjero que, hacia 1790, ante la precisión de importar granos, manifiesta la razonada convicción de que los trigos del norte lleguen mezclados con el tóxico destructor de la Iglesia, y ordena:

> [...] pena de excomunión mayor a los que en ello intervinieren, y a los sacerdotes *sub paena praestiti iuramenti,* no

se hagan ostias de la referida harina ni de otra alguna que no sea de trigo molido dentro del recinto de este obispado, de donde se sepa en el modo más posible que no se mezcló con otro grano u otra cosa alguna.

En plena guerra contra la Convención se identifica a Francia con la envenenadora y transmisora de la «pestilencial doctrina» de la Ilustración extranjera en acción de permanente contagio, más temible desde 1789. Porque

> ¿Quién no sabe que por aquel entonces llovían acá corredores panegiristas de aquellos desacordados acuerdos y que en los forros de los sombreros, en los reloxes, en los abanicos, en los pañuelos de narices, en los zapatos, en todo y por todo, se hallaban sermones de irreligión y de perfidia con el sobreescrito de libertad y igualdad?[14]

Baste con este testigo, no muy conocido hasta la interesante monografía de Maruri Villanueva, para recrear la percepción de la crisis aguda que sufrió la Ilustración en los últimos años del siglo XVIII y que ha ocupado la atención de los historiadores. Menéndez Luarca no hace sino reproducir el ambiente de los anti-ilustrados con visiones y argumentos presentes en tratados, pastorales, sermones, sobre todo en sermones incendiarios y encendidos de misoneísmo, xenofobia y ardor cruzado por la ortodoxia.

Lo que el «reaccionarismo» más elaborado engarza con rigor dialéctico, en la sátira suele reducirse a enunciados, a la distorsión deliberada de la imagen y de la realidad, de las personas (Ilustración, ilustrados, gobiernos que los apoyan), a todos los recursos imaginables para tocar las fibras de la sensibilidad «popular», para conseguir el ridículo y la caricatura burlesca, fin al que subordina todo lo demás.

En esta expresión satírica nos vamos a fijar, limitándonos a los tiempos de Carlos III, es decir, a lo que suele entenderse por Ilustración plena, y a algunas expresiones concretas de la anti-ilustración.

2. *La herejía del «jansenismo»*

El del jansenismo español es un problema que preocupa a la actual historiografía española. Los escritos de Appolis, de Tomsich, de Saugnieux, valiosos por otra parte, prueban lo contrario de lo que pretenden: la inexistencia de un jansenismo teológico por mucho que se quiera alargar este concepto. Más correcto —históricamente— sería pensar en comportamientos, en talantes religiosos ilustrados, respaldados en el reformismo, en el regalismo antañón, en el episcopalismo, en una especie de espiritualidad erasmiana que resurge al amparo del despotismo ilustrado.

No obstante, en la España de Carlos III se habló mucho de jansenismo y se tildó también a muchos de jansenistas. La Inquisición entabló sonados procesos, más políticos que otra cosa. Hay momentos en que parece que la «peligrosísima herejía» se ha apoderado de España, de la Iglesia y del gobierno en pleno, hasta trocarse en uno de los integrantes del universo mental anti-ilustrado, en otro enemigo formidable del altar y de todo el orden social, porque resultaba que el llamado jansenismo por estos lares no iba contra el trono sino que dimanaba de él. «Todos —afirma Miguélez— hablaban de jansenismo; diríase que andaba por el aire corrompiendo la atmósfera».[15]

El jansenismo se utilizó como arma de combate contra todo lo que no fuera jesuita, entendiendo por tal no sólo al profeso en la orden de san Ignacio sino a todos —y eran muchos— cuantos participaban en su causa. Los jesuitas, al decir del enemigo cordial Campomanes, acusaban de jansenista con la mayor facilidad a todo aquel que no coincidiera con la Compañía. Jansenista y jesuita se convirtieron en descalificaciones que escondían muchos resentimientos con una profunda tradición detrás y consecuencias decisivas delante. Baste con leer la documentación que precedió y acompañó a la expulsión de 1767 para percibir estas realidades.

Poco antes de que esto sucediera, por los ambientes de los motines madrileños circularon sátiras bastante copiadas. La más conocida fue la titulada *Gemidos de España,* que en uno de sus ejemplares conservados lleva por subtítulo: «Octavas que se suponen, según el asunto, compuestas por un jesuita».[16] Poco importa que la autoría material fuese de algún padre de la Compañía. Los contenidos responden a las posiciones de la orden, que en vísperas de la inesperada expulsión está luchando en soledad exasperada por recuperar poderes perdidos desde la caída del padre Rávago.

Los *Gemidos* son un llanto por la ruina de la nación y una instigación a solucionarla de forma expeditiva cambiando de gobierno, incluso de monarca. La causa de la ruina y la urgencia del relevo gubernamental es, sencillamente, la invasión jansenista:

> *¡Ay de ti, España! Que, a lo que imagino,*
> *cuando tienden sobre ti la vista*
> *mirarán una España jansenista.*

Los regulares identifican la Iglesia, la nación y la ortodoxia con su causa, en un mecanismo habitual y fácil de explicar si no se olvida cuanto se ventilaba entonces en las luchas de escuelas, en el violentísimo y aludido *odium theologicum*. Se asimila, de esta suerte, las otras doctrinas con la herejía: los agustinos, los textos que se van imponiendo en teología, son todos ellos jansenistas. Se recuerdan «los errores de Agustino», y no falta, no podía faltar, el amargo recuerdo de que

> *Lutero, también fraile agustino,*
> *en España establece su Reforma,*
> *y ya enseña la escuela agustiniana*
> *las sectas calvinista y luterana.*

La sátira llora por esa España «tomista» que mima los «centones de Cano», que celebra al «hereje rigorista» Concina,

> *y alaba a Tomás, nadie lo ignora,*
> *aunque saque a la Virgen pecadora.*

La otra orden que se enfrentó con los jesuitas fue la de los carmelitas descalzos. Habían cuidado éstos la edición de las obras del venerable Palafox y Mendoza, cuya aprobación pontificia supuso la desautorización de la Compañía, tan fustigada en algunos escritos del obispo «jansenista». Y ahora, al alimón con el gobierno, andaban empeñados en la beatificación del primer comentarista de las cartas de Santa Teresa. La sátira los fustiga manejando con intencionado anacronismo el origen natural del obispo y oscuros y sonados procesos inquisitoriales no muy lejanos:

> *¿Si será Palafox algún retoño,*
> *de los frailes y monjas de Logroño?*

El gobierno es el responsable de todo, y contra él se dirigen los dardos de la oposición política. Primero, porque no es un gobierno de naturales (aristócratas): porque falla «la cabeza/si a España no manda su nobleza». En segundo lugar, y a probarlo se dirigen todas las invectivas, porque es un gobierno de herejes (con Esquilache, «de sangre villana»; Campomanes, «fiscal cruento»; con el confesor [franciscano], «introductor de la herejía en nuestra España» que, en tándem con Roda, exige a todo pretendiente «ser tomista/o un acreditado jansenista»). Y si el gobierno es hereje y, como se afirma en otra sátira de linaje parecido, «el rey Carlos fancmasón»,[17] es llegada la hora de recurrir a la doctrina probabilista del tiranicidio.

En efecto, la sátira se cierra con la incitación —retórica, naturalmente, aunque Campomanes lo interpretara a la letra— a «quitar con veneno tantos males», a «matar por una causa tan sagrada»,

> *pues matar al tirano no es locura,*
> *que es opinión probable muy segura.*

En su alegato para justificar y exigir el extrañamiento de la Compañía, Campomames esgrimió el ardor de las sátiras antigubernamentales y el probabilismo como agentes de los motines madrileños. El fiscal del Consejo de Castilla, muy en su papel, exageraba: a pesar de su diligencia, lo que resta de aquellas pesquisas secretísimas que se realizaron no prueba lo que querían Roda y Campomanes. Mas las invectivas, de otro talante, caldearon el clima de amotinamiento.

3. *Los motines contra Esquilache*

Es uno de los acontecimientos más estudiados, lo que no quiere decir mejor conocidos aún, del tiempo de la Ilustración. Los de Madrid constituyeron un episodio clásico de oposición política y de lucha por el poder. La sátira actuó como expresión de las reivindicaciones de la aristocracia desplazada, de parte del clero quejoso, al igual que actuara como fermento subversivo y de conexión de estos grupos con el pueblo. La opinión se agitó por invectivas contra los altos precios, pero no sólo por eso. Porque aquellos motines de Corte fueron espoleados también por una oleada de misoneísmo, de xenofobia y por oscuros —o demasiado claros— sentimientos de ortodoxia.

Es sabido que la política ilustrada de Esquilache y Grimaldi afectó a zonas no respetadas por los Austrias y que tocaban la amortización, la inmunidad fiscal del clero y la detracción del complejo decimal por el concepto de novales. Poco costaba asimilar tal política a la sistemática persecución de la Iglesia, identificada con el clero, insinuando culpabilidades del Ministerio al que había que derribar aunque fuese atribuyéndole falsas responsabilidades, como se hace con Esquilache:

> *Él inventó los novales*
> *y la Iglesia perseguía*
> *como aquel que no tenía*
> *de religioso señales.*

Hay otras manifestaciones, más sutiles en su significado, en la primera fase de los motines. La acción cruenta de los amotinados recuerda forzosamente los autos de fe sumarísimos que vuelven a encender las hogueras inquisitoriales contra los guardias valones, asimilados a herejes por su condición de extranjeros.

Relaciones manuscritas y clandestinas frescas relatan que

aquella acción directa se realizaba por «viejas, mozuelas y muchachos de los arrabales inmediatos; gente que, en oyendo extranjeros, a los más tienen por judíos y herejes». Las protagonistas eran «amazonas arrabalescas, quienes parecía ofrecer a Dios un gran sacrificio en quemarlos, porque todos estaban persuadidos que los valones eran judíos o herejes, y entre ellos corrió la voz de que uno de éstos tenían rabo, y hubo viejas que juraron haberlos visto, y los muchachos lo iban diciendo a voces por las calles». Como los vengadores se preocupan de que los valones semimuertos reciban los últimos sacramentos, cualquier gesto se interpreta como heretical sacrilegio: «Llegó un sacerdote y le dijo que se confesase, y el valón escupió al sacerdote, regañándole, y al punto la gente se enfureció y le acabaron de matar echándole dos peñas encima»; «a uno de ellos sacaron Su Majestad para dársela en viático, y éste escupió la santa forma, y al ver esto le mataron y lo llevaron a quemar a la Puerta de Toledo».

Estos sentimientos misoneístas y xenófobos con sus implicaciones religiosas se manipulan por la oposición a las novedades y a sus ejecutores, en este caso a los italianos Grimaldi, Esquilache, Sabattini y Gazzola, incluso antes de 1766. Cuatro años antes la sátira aprovecha la inquietud por las malas cosechas para impopularizar los empeños sanitarios (las célebres y griegas), de los que la capital andaba tan necesitada:

—¿Que Madrid se ha de limpiar?
—Sí, señor.
—¿Y cómo ha de ser?
—Quitándonos de comer
y dexando de cagar.

Y ya por las vías de las y griegas y de lo soez, tan explotado por el género, se atacará al gobierno de Carlos III satirizando lo que se vio siempre como comportamiento sexual italiano:

Italiano había de ser
(allá va sin disimulos)
el que con mulas y mulos

> *ha subido a tanta alteza,*
> *que ha dado con la cabeza*
> *en los hispánicos culos.*

Las excusas —que no las causas— de los motines dieron cebo sobrado a las invectivas. La excusa decisiva, como se sabe, fue la proporcionada por la reforma del traje. Disquisiciones de historiadores muy serios han trivializado el alcance de aquellas medidas, decisivas no tanto por su trascendencia intrínseca cuanto por la ocasión que prestaron para manipular sentimientos profundos y a flor de piel de misoneísmo y xenofobia, prontos a estallar ante sugerencias hábilmente dirigidas. Y la sugestiones fluyeron en torrentera. Se convirtió en nacional, en algo de siempre, el traje de capas largas y sombreros gachos que era muy reciente:

> *Prueba es que acá resucita*
> *de otra esclavitud señal,*
> *pues el traje nacional*
> *que nuestros padres usaron,*
> *después que nos subyugaron*
> *se declara criminal.*

Sombreros tricorniados, capas levantadas, dieron pábulo sobrado a la nutridísima sátira que volvía y revolvía sobre los cuernos y los hispánicos culos, que, se decía, tanto entusiasmaban a los italianos. El honor nacional se sintió herido por la agresión de las tijeras que ejecutaban drásticamente aquel bando —hubo otros muchos antes— del «fiero calabrés» Esquilache, empeñado en «mudar a todos de los pies a la cabeza»:

> *Sin respeto a un soberano,*
> *sin Dios, sin razón y sin ley,*
> *haciendo alcahuete al rey,*
> *nos fornica un italiano.*
> *Sufra el honor castellano*
> *la opresión que nos provoca,*
> *pues sólo traer nos toca,*
> *por andar la Corte inquieta,*

*las lenguas en la bragueta,
los virotes en la boca.*

Todo el artificio del motín matritense se dirige a forzar la caída del gobierno y al relevo de ministros, en este caso extranjeros, por los aristócratas «españoles». Los demás se subordina a este objetivo, proclamado de todas las maneras posibles, cantado por los amotinados en las seguiriyas gozosas que siguieron a la capitulación del monarca:

> *Viva Carlos Tercero,
> muera Esquilache,
> y que a los extranjeros
> nos los despache.*
>
> *Dicen los españoles
> regocijados:
> ya tenemos ministros
> castaños claros.*[18]

4. *Anti-ilustración y oposición política*

Esquilache cayó, mas el partido «castizo» no consiguió derribar al primer ministro Grimaldi en beneficio de la aristocracia. La oposición al gobierno ilustrado, que intensifica y acelera las reformas tras el motín, siguió en su acoso, más conscientemente anti-ilustrado y xenófobo. La Ilustración se identifica con lo extranjero, con lo antiespañol y, de paso, con lo antirreligioso. El hostigamiento alcanzó su punto culminante hacia 1775, año de los más frondosos en la actividad satírica, que se encuentra con el detonante envidiable del desastre de Argel y de la brillante armada comandada por O'Reilly, el general irlandés. En otros lugares hemos insistido en la selva de sátiras que pululan al amparo de esta circunstancia y en la conciencia de que el género es un medio de comunicación más fiable que las ocultaciones políticas del *Mercurio* y de la *Gazeta*.[19] Y el objetivo de tanta actividad es el de siempre: manipular el descontento para forzar la deposición del Secretario de Estado Grimaldi y de su equipo:

> *Váyase la cuadrilla*
> *de cagatintas de Estado,*
> *con su Secretario al lado,*
> *donde fue el Padre Padilla.*

Como presupuesto inevitable y sempiterno se magnifica la ruina de España, en este caso su deshonra, debida al hecho de estar gobernada por extranjeros:

> *Pobre España, llora, llora*
> *ver manchados los blasones*
> *de tus armas y bastones*
> *porque un loco te desdora.*
> *A mandar tu tropa ahora*
> *se destinan irlandeses;*
> *te gobiernan los franceses,*
> *te desfrutan italianos,*
> *te vencen los africanos,*
> *y mofan los portugueses.*

Entre el material exuberante, y entre tantas piezas antológicas, llama la atención, además de por su factura por su actualidad, la parodia de las sociedades económicas de amigos del país que precisamente en aquel año comienzan a multiplicarse estimuladas por las sugerencias de Campomanes.[20] Es un simulacro de poema épico, con el equipo de Grimaldi por contrahéroes, convocados en la noche de Inocentes (1775) para la creación de *La Sociedad antihispana de enemigos del país*, «donde el honor de la nación se abata». Todo respira xenofobia en esta fingida Sociedad, «sólo de gente ultramontana», desde Grimaldi hasta su mentor el «abate» Pico de la Mirandola, con O'Reilly y su desastre omnipresentes, con españoles de baja prosapia (entre los cuales sólo se salva Roda por «antagonista de todo ultramontano y extranjero»), «modernos, sin mérito de cuna», porque, dice Grimaldi a los suyos:

> *El suelo que pisáis no es enemigo,*
> *aquí los extranjeros son los patrios.*

No hay reforma ni proyecto ilustrados que no sean invención de estos torvos ingenios a la extranjera: construcción de canales e invención de la lotería; colonizaciones con «seis mil familias de extranjeros vagos»; reformas de trajes, de estudios; los arbitrios «del grande corrosivo y sublimado Campomanes»; la política de atracción de técnicos extranjeros; espionaje industrial; apoyos a ediciones del Derecho Patrio; la embajada de Floridablanca («un conde tan florido como nuevo,/que por antijesuista fue ensalzado»), etc., etc.

Los «Estatutos» de la fingida Sociedad son el mejor resumen de la aversión a todo lo ilustrado, es decir, a lo extranjero, a lo nuevo, y, por ello, irreligioso y anticristiano:

> 1. *El Socio, por capítulo primero,*
> *antes debe probar ser extranjero.*
> 2. *Podrán gozar, no obstante, sus derechos*
> *aquellos españoles contrahechos,*
> 3. *y aquéllos que han viajado*
> *y por allá su idioma se han dejado*
> *olvidando doctrina y mandamientos.*
> 4. *Prestará de olvidarlos juramento*
> *toda social persona,*
> *sin reservar a los que traen corona.*
> 5. *En lugar del Astete, sin recelo,*
> *se seguirá al Voltaire y al Machiavelo.*
> 6. *A nadie de esta Liga*
> *a confesar por Pascua se le obliga,*
> *pues nuestro gran canciller, egregio,*
> *dispensa a todos este privilegio.*
> *[...]*
> 8. *Todos han de tener dama en palacio,*
> *y de esta obligación no relevamos*
> *ni a los capones ni a los italianos.*
> 9. *El «Dios te guarde» para saludarse*
> *se tiene por exceso;*
> *de hoy en más el saludo será un beso.*
> 10. *Por excitar a todos al trabajo*
> *se ofrece una pensión, visto el efecto;*
> *al que haga contra España algún proyecto,*
> *y si a muchos arruina y les abruma,*
> *se ofrece el premio en duplicada luna.*
> 11. *Procure cada cual con mil cautelas*

> *tener ganadas a las covachuelas.*
> 12. *Por último ordenamos*
> *que aquél que consiguiere algún empleo,*
> *sirva con él al jefe, y «laus Deo».*[21]

También cayó Grimaldi —no sólo por el fracaso de su política exterior de alianza «familiar» con Francia sino también por la acción del frente de oposición interna—. Pero no accedió el partido castizo al poder, confiado a Floridablanca, «hombre bajo, de corazón torcido y tan perverso», como se apresuró a calificarle la sátira.[22] Sátira que seguirá arreciando incansable y al alimón con la literatura reaccionaria: la Ilustración se ha convertido en «secta» perversa, con sus orígenes en Caín (Zeballos) o en Judas (J.A. Rodríguez), y con el único programa de destruir la religión y subvertir el orden sacrosanto social (la vinculación aristocratizante es indudable) con los señuelos de libertad, igualdad, oposición a la tortura, a la Inquisición y con tantas novedades más, odiosas por nuevas.

5. *Sociedades económicas y heterodoxia*

La aversión al siglo ilustrado y a todas sus novedades puede saltar de planteamientos más o menos teóricos cuando el ambiente difuso se concreta ante circunstancias que permiten la coincidencia del sermón y de la sátira coadunados.

Es lo que acontece en Zaragoza a fines de 1786 en un episodio en el que François López descubre las dimensiones de sociodrama en cuanto revelador de antagonismos que trascienden de lo personal para manifestar posiciones colectivas y permanentes. Los sucesos, sonoros y conocidos, se desencadenaron ante las enseñanzas que en la cátedra de Economía de la Sociedad Económica de la ciudad se permitía impartir el ilustrado Lorenzo Normante. La documentación confirma que allí no se decía nada del otro mundo: eso sí, se mantenía la utilidad de operaciones con interés («usura») y el lujo como estímulos de la actividad económica, y quizá se insinuaba algo muy corriente, la evidencia de la excesiva población clerical.

La reacción no se hizo esperar, y es posible que no hubiera trascendido de algún sector del clero o del mundo universitario de no haber concurrido con las misiones del ardiente predicador Diego José de Cádiz, síntesis andante de la antiilustración combatiente. Sus sermones encendieron al pueblo, y relaciones de los hechos hablan del riesgo de nuevos motines temerosos. El misionero lo distorsionó todo al parecer, y transfiguró ideas moderadas, aunque ilustradas, en furibundos ataques contra el celibato y en herejías consumadas. No conocemos el texto de estos sermones, sí lo esencial de sus contenidos, pero François López, es un estudio modélico, ha dado con sátiras, trasunto de las prédicas y, a la vez, incitación más que retórica a la represión en aquel ambiente hostil.

Las sátiras establecen la premisa de la Sociedad (Normante) como personificadora de la Ilustración y de la identidad de ésta con lo herético, bien apoyado todo por el gobierno («el veneno en una Flor»-idablanca):

> *¡Ah, Sociedad, Sociedad,*
> *que en tu materia y tu forma*
> *eres la madre y la norma*
> *del error y libertad!...*
>
> *¡Ah, doctores ilustrados,*
> *que con nombre de doctores,*
> *resucitáis mil errores*
> *de los herejes pasados!*

Las alusiones al celibato van centrando la herejía en la de Lutero:

> *¡Ah, Sociedad; ah, serpiente;*
> *Ah, dragón; ah, monstruo fiero!*
> *Di, por el Dios verdadero,*
> *¿Tienes el diablo en la pluma?*
> *¿O si pretendes en suma*
> *resucitar a Lutero?*

Como contrapunto de la Sociedad emerge la figura del capuchino,

> *[...] soldado,*
> *que con valor verdadero,*
> *acabará con Lutero*
> *y con el Siglo Ilustrado*

Los vivas al misionero contrastan con la vaticinada derrota de la Ilustración, no sin clamar porque «la Inquisición ponga cruz a los que enseñan error». Se presenta al «apóstol andaluz», al debelador del mal intrínseco de la Sociedad por ilustrada, como merecedor de la eterna gratitud zaragozana:

> *Démosle con mucho amor*
> *gracias incesantemente*
> *Grite el pueblo, diga fino:*
> *¡Viva el padre capuchino,*
> *santo, sabio, eternamente!*[23]

Reflexión final

Hay tonos bélicos en las sátiras y en los sermones de Zaragoza. El miedo a la Revolución Francesa y la ruptura armada con la Convención regalaron la excusa anhelada para probar la maldad de la filosofía en su últimas consecuencias y para convertir en guerra santa de verdad lo que hasta entonces apenas había trascendido de enfrentamientos dialécticos. De nuevo el padre Cádiz[24] será protagonista y alentador de la titánica batalla contra la secta terrible de filósofos, jansenistas y calvinistas, corifeos de las pésimas libertad e igualdad y que, ya con los francmasones, integrarán el contubernio empeñado en la destrucción del Estado, de la sociedad y de la religión. Porque todo eso es la Francia, contra la que, entre tanta invectiva, circulaban hacia 1792 las coplas:

> *Pregunta:* ¿*Qué maestros enseñaron*
> *tan horrible desafuero?*
> *Respuesta:* *Voltaire, Calvino y Lutero.*
> *Pregunta:* ¿*Quién a las vírgenes puras*
> *violó con pérfidas manos?*

Respuesta: *Los franceses luteranos.*
Pregunta: *¿Quién ha muerto cardenales,*
              obispos y sacerdotes?
Respuesta: *Los franceses hugonotes...*
Pregunta: *¿Cómo quedará París*
              de aqueste infeliz vaivén?
Respuesta: *Como otra Jerusalén.*[25]

Ilustración y anti-ilustración, incluso a fines del siglo XVIII, son actitudes limitadas a elites reducidas. En el siglo XIX, por no aludir al XX, cuando llegue la hora de universalizar tales posiciones minoritarias, los españoles, en su mayoría, ¿conectarán con los ilustrados reformadores, con los anti-ilustrados, o seguirán por las vías de la a-ilustración? La cuestión no es nueva en su planteamiento. Dar con la respuesta resulta incitante. Pero eso trasciende del ámbito de esta reflexión.

NOTAS

1. J. Herrero, *Los orígenes del pensamiento reaccionario español*, Madrid, 1973.

2. F. López, *Juan Pablo Forner et la crise de la conscience espagnole au XVIIIᵉ siècle*, Burdeos, 1976. Más directamente en el capítulo «La resistencia a la Ilustración: bases sociales y medios de acción», y «El pensamiento tradicionalista», en *La época de la Ilustración,* vol 31/1 de *Historia de España* (Menéndez Pidal), Madrid, 1987, pp. 767-851. A. Elorza, al margen de trabajos más amplios, «Las ideas políticas: Ilustración y anti-ilustración», en *Historia 16,* Extra-8, diciembre 1978, pp. 69-86, donde resume contenidos más ampliamente tratados en su obra: *La ideología liberal en la Ilustración española*, Madrid, 1970.

3. Cf. M. Avilés Fernández, «Delación a la Inquisición y otras reacciones de los lectores del tratado de la Regalía de amortización de Campomanes», en *Hispania Sacra,* 36 (1984), pp. 43-69.

4. Véase F. López, l.c., «El pensamiento», p. 826, más ampliamente expuesto y con más datos.

5. Cf. J. Saugnieux, *Les mots et les livres. Études d'histoire culturelle,* Lyon, 1986.

6. Relación de bastantes pastorales, en E. Salvador, «La guerra de la Convención en un periódico español contemporáneo», en *Cuadernos de Investigación Histórica* 3 (1979), pp. 339-341.

7. Todo este ceremonial, en sus documentos, véase en M. Jiménez

Monteserín, *Introducción a la Inquisición española,* Madrid, 1980, pp. 499-562.

8. F. Aguilar Piñal, «Aragón en el siglo XVIII: predicación y mentalidad popular», en *Actas del I Symposium del Seminario de Ilustración Aragonesa,* Zaragoza, 1987, pp. 31-39.

9. J. Saugnieux, *Les jansénistes et le renouveau de la prédication dans l'Espagne de la seconde moitié du XVIIIe siècle,* Lyon, 1976. A. Mestre, «La reforma de la predicación en el siglo XVIII», en *El mundo intelectual de Mayans,* Valencia, 1978, pp. 273-330.

10. Cit. por G.M. Tomsich, *El jansenismo en España,* Madrid, 1972, p. 121.

11. L. Domergue, *Censure et lumières dans l'Espagne de Charles III,* París, 1982, cap. dedicado a «Satire et censure», pp. 111-146.

12. Hemos estudiado más detenidamente este problema en «La sátira política y la oposición clandestina en la España del siglo XVIII», en *Histore et clandestinité du Moyen-Âge à la Première Guerre mondiale, Colloque de Privas (mai 1977),* Albi, 1979, pp. 257-272.

13. F. López, «El pensamiento tradicionalista», pp. 818-825.

14. R. Maruri Villanueva, *Ideología y comportamientos del obispo Menéndez de Luarca (1784-1819),* Santander, 1984, pp. 91, 100-101.

15. Cf. «La religiosidad de los ilustrados», t. cit. de *Historia de España* (Menéndez Pidal), pp. 395-435.

16. Aparecieron simultáneamente dos estudios sobre este asunto y con interpretación similar: R. Olaechea, «Resonancias del motín contra Esquilache en Córdoba (1766)», *Cuadernos de Investigación* 4 (1978), pp. 75-124, y T. Egido, «Oposición radical a Carlos III y expulsión de los jesuitas», *Boletín de la Real Academia de la Historia* 174 (1977), pp. 529-545.

17. En este contexto hay que incluir la sátira que no perdona al Papa:

> ¿Qué es el Papa?
> —Un fiero hereje.
> —¿Y el rey Carlos?
> —Francmasón.
> Pues aquesta es la razón:
> porque a Palafox protege.

En el l.c. «La religiosidad ilustrada», p. 429.

18. Más datos que prueban lo mismo, en el artículo: «Madrid 1766: "motines de Corte" y oposición al gobierno», en *Cuadernos de Investigación Histórica* 3 (1979), pp. 125 y 153.

19. Sobre la abundancia y significado del ciclo satírico de 1775-1776, cf. *Sátiras políticas de la España Moderna,* Madrid, 1973, pp. 270-290.

20. No se escapa al género vapulear a Campomanes por la adquisición obligatoria de su «Discursos» y «Apéndices» por la administración civil y eclesiástica a costa del Erario: «sus libros populares/a costa de los propios publicados».

21. La sátira, muy copiada y con ejemplares en la Biblioteca Nacional

de Madrid y en el British Museum, ha sido estudiada en el lugar cit. «La sátira política y la oposición clandestina».

22. *Junta de la Sociedad Anti-hispana* es el título intencionado. BN de Madrid, Ms 18.470, f 6v.

23. La sátira íntegra, en el trabajo mecanografiado de F. López, *Un fait divers à la fin du règne de Charles III: l'affaire Normante*, s.f. Con más detenimiento: G. García Pérez, *La economía y los reaccionarios*, Madrid, 1974.

24. M.V. López Cordón, «Predicación e inducción política en el siglo XVIII: fray Diego José de Cádiz», en *Hispania* 38 (1978), pp. 71-119.

25. En A. Elorza, l.c., p. 84, donde capta perfectamente la ideología ilustrada de uno de los copistas de los coplones, cuando apostilla y responde a quién violó a las vírgenes: «carmelitas corellanos»; y al cómo ha de quedar París: «¿Cómo ha de quedar? Muy bien».

ESPAÑA, ¿UN PAÍS SIN ILUSTRACIÓN?
Hacia una recuperación de una herencia reprimida

Siegfried Jüttner

¿Es España, señoras y señores, un país sin Ilustración? Esta pregunta podrá irritarles. Si bien para el experto este hecho es un lugar común hace tiempo superado, la persona culta, no especializada, para quien el país tras los Pirineos es más familiar como baluarte del celo católico, recibirá el mensaje del especialista sobre la participación de España en el espíritu reformador de la Ilustración, en un principio, con bastante escepticismo. Y su sorpresa irá en aumento cuando escuche a su monarquía y gobierno en las vísperas del bicentenario de la muerte de Carlos III convocar a la celebración de «tan rico período de la historia española» y referirse con reverencia al «fecundo fenómeno de la Ilustración».

De reconciliación con lo injustamente olvidado, de testimonio de la propia modernidad, se habla en el decreto real de organización en 1987. Se habla de que la eficiencia de los ilustrados españoles documenta la pertenencia de la nación a Europa, así como la posición directora de España en todo el ámbito hispanoamericano. De que por eso hay que estar agradecidos a los historiadores de todas las especialidades, a los pacientes investigadores de los archivos, a la investigación sobre la Ilustración en su conjunto por servir de puente de enlace con el presente.

Este decreto real es de hecho un síntoma significativo del cambio operado en la cultura política de la España de hoy; es también una despedida de las muchas veces recurrida ideología de la especificidad española, del arrogante eslogan «España es diferente» de la era franquista. Y esta vez quedarán sin sufragio las opiniones de la España eterna, para la que la Ilustración siempre se había presentado como una epidemia infecciosa de los bárbaros del norte, contra la cual el belicoso erudito católico Menéndez y Pelayo inoculó tan duramente a sus compatriotas. También parece superada la discusión traumática de la postguerra sobre España —el problema de España—, las reflexiones históricas sobre la identidad española de Américo Castro, Claudio Sánchez Albornoz y Menéndez Pidal, en las que éstos se saltaron la época de la Ilustración en la definición de los rasgos esenciales de su español eterno.

Y, por fin, del mismo modo, han sido refutadas las quejas de muchos poetas y pensadores de ideología liberal del tipo de las las de Ortega y Gasset y de Marañón sobre una nación sin Ilustración, «esta desastrosa ausencia del siglo XVIII», en la que a lo sumo unos pocos gigantes del espíritu —«es nuestra patria eterno teatro de individuos geniales»—, sostuvieron su lucha quijotesca contra el poder y la estupidez. La abundancia de datos proporcionados por los historiadores ha refutado estas quejas como especulaciones insostenibles. No; parece como si realmente estos «asiáticos europeos», como Herder llama, casi cariñosamente, a los españoles, en contra de la tan extendida opinión, también divulgada por August Wilhelm Schlegel, no hubieran desatendido, dormidos en su existencia peninsular, el siglo XVIII. Pues para los expertos esto está fuera de duda: la Ilustración camina pareja en España al crecimiento y al progreso, a una renovación sensible en la economía y la sociedad, en el estado y la cultura. Dicho en pocas palabras: una época fructífera con mala prensa todavía. Pues en escuelas y universidades no es aún doctrina reconocer esto, debido a la larga rigidez de la represión. La apreciación de la idea de la Ilustración española significa, hoy en día, hacer visibles los caminos de la recuperación de esta herencia reprimida.

Estos caminos están señalados en los mitos de la represión. Por eso, hay que preguntarse primero, ¿cómo fue posible este olvido? ¿De qué naturaleza ha sido el peso de la represión? No olvidemos que la censura de la Ilustración no es una peculiaridad española. Esta censura nace con la marcha triunfal del movimiento en el último tercio del siglo XVIII, así en España como en Alemania o, incluso, Francia. Con la Revolución, originalmente aristocrática y clerical, el perfil afilado de una caricatura, que siempre, por lo menos desde la rivalidad cultural de los estados nacionales burgueses a finales del siglo XIX, se dejó utilizar contra la oposición en el interior y los enemigos de fuera. Se afirma que los ilustrados no tienen corazón, ni espíritu, ni creen en Dios, y por encima de todo, para colmo, no tienen poesía, son unos pragmáticos del intelecto, cuando no incluso unos revolucionarios apátridas, sin raíces en los valores eternos de la nación. Y el ostracismo de la razón crítica encontrará su remate en el esplendor nacional idealizado en contrafigura, llámese *grand siècle*, *Romantik-Klassik* o Siglo de Oro, es lo mismo. Esta Ilustración reducida a caricatura servirá finalmente de chivo expiatorio de las miserias contemporáneas.

Los mecanismos de la represión influyen, por lo tanto, en toda Europa. Sólo que en España obran de manera más fuerte que en sus países vecinos, por muchas razones, de las que dos son evidentes: la pseudo-evidencia del transcurso histórico y el reparto del poder social. De la Ilustración en España no se ofreció ninguna perspectiva compensadora; ni la de una revolución victoriosa, como en Francia, ni la de una revolución cultural, como en Alemania, ni siquiera la adquisición de una posición de primera potencia colonial como en Inglaterra, ni tampoco la de un estado nacional económicamente floreciente, como Alemania bajo la dirección prusiana.

La invasión napoleónica señala, por el contrario, en una mirada retrospectiva, la despedida definitiva de la prosperidad de gran potencia hacia una dependencia semicolonial de España en sus vecinos europeos. La polarización, mediante revoluciones y guerras civiles en los siglos XIX y XX, en las dos Españas, manifiesta una vez más la debilidad estructural de la oposición hasta el triunfo final del Caudillo, al que no pone fin ningún consejo de seguridad de los aliados como en

Alemania, sino que en el aislamiento de los europeos occidentales encuentra la justificación de su mentalidad de baluarte de Occidente. España sin problema. A partir de ahora se impone, por de pronto, la verdad del vencedor. Ante su mirada aparece la Ilustración como peligroso enemigo, omnipresente como heterodoxia, como traición a los valores que fundaron las glorias de España, como extranjerización estéril y, con ello, como comienzo de la decadencia nacional.

Bajo el estigma cuádruple de la decadencia y la heterodoxia, de la extranjerización y la esterilidad, la herencia de la Ilustración española ha sido enterrada profundamente. Voces como la del catalán Eugenio d'Ors apreciando a la Ilustración como comienzo de la modernidad en España, no son más, en vísperas de la Guerra Civil, que voces en el desierto.

La España vencedora de 1939 puso en ejecución lo que sus más fuertes rivales por la supremacía en Europa y las colonias, antes que nadie los mismos ilustrados franceses, sin saber, o como en el caso de Voltaire en contra de su saber más ecuánime, desde Montesquieu a Masson de Morvilliers, habían afirmado, la incapacidad precisamente de los españoles para participar creativamente en la Ilustración europea. «Derrière la France l'Afrique commence.» De los ilustrados del norte protestante, como en el caso de Mencke en Gotinga, o de los territorios italianos ocupados por España, no era de esperar una corrección fundamental de esta España de las tinieblas, iluminada todo lo más en la fantasía de los críticos por las hogueras de la Inquisición. El castigo, bien mirado, suave, de un Pablo de Olavide impuesto por la Inquisición en 1778 pareció que iba a poner en su lugar la imagen que las noticias del sensacional experimento de la colonización de Sierra Morena con agricultores alemanes en 1767, o la expulsión de los jesuitas, en el mismo año, momentáneamente habían desplazado. Y la ola de simpatía patriótica hacia «ese pueblo que vive detrás de los Pirineos», como dice entusiásticamente Ernst Moritz Arndt, reformó irónicamente, igual que la idealización romántica del barroco español en Alemania y a lo largo de Europa, alimentada de resentimiento contra el clasicismo francés, la creencia en la supuesta lejanía en la que se hallaba el país de toda Ilustración. Y de ningún modo se hallaba ahí el reconocimiento de los ilustrados españoles de la contundencia de un Cadalso:

> Señores, no hay para que cansarnos, que es forzoso que confesar que nuestra España va siempre un siglo atrasada con respecto a las naciones cultas de la Europa en todas la ciencias y artes.

Escritas en un principio como sátira, y entendidas luego como análisis, debido a la falta de competencia histórica y estética, semejantes afirmaciones pudieron fortalecer sentimientos de inferioridad y obstinada autojustificación en España, y de arrogancia en los países vecinos. Una hipoteca tal ha dejado sus huellas en la situación de la investigación y en el planteamiento del problema. Había sido demasiado pesada la herencia, y el punto de partida en la Europa de la postguerra demasiado inapropiado. El aislamiento político de España reforzó, en un principio, la marginación de los estudios hispánicos en la actividad investigadora, no sólo en la República Federal de Alemania y no solamente dentro de la Romanística. Las energías sobrantes para España tocaron raramente el tan difamado siglo XVIII. Bajo la impresión del derrumbamiento del estado nacional burgués, la reflexión sobre sus causas exigía mucho más interés. Y ¿dónde se dejaba estudiar más ejemplarmente la fuerza de la burguesía que en la Francia prerrevolucionaria, donde la Ilustración se ofrecía, al parecer de forma necesaria por naturaleza, como guía de la Revolución burguesa, materialista, republicana y anticlerical? De esta imagen normativa de la Ilustración —que la misma literatura francesa anterior a 1770 debió rigurosamente rebajar a precursores, incluso a los grandes nombres— palideció España, siendo tenida de nuevo por país sin Ilustración, interesante sólo como manifestación de una atrofia, sólo como reflejo de la misión universal francesa. ¿Y qué atractivo ofrecía a los historiadores de la filosofía un país con una filosofía predominante escolástica que no tomaba en serio ya ni siquiera la tradición alemana entre Wolff y Kant? ¿Y qué «bel esprit» español no hubiera palidecido al lado de Voltaire en la Europa francófona de las elites? ¿Qué de particular tiene que los trabajos sobre la Ilustración europea, desde Paul Hazard a Fritz Valjavec, salten a España sin más ni más, o recurran, lo que es peor, a los viejos clichés?

Con la decreciente orientación factual de las investigaciones históricas pasó a ocupar un punto central, claro está, otra concepción de la Ilustración que acercó de nuevo España a Europa. En la medida en que la Ilustración fue reconocida como movimiento reformista de una cultura secularizadora a todo lo largo y ancho de Europa, y apareció el Absolutismo ilustrado directamente como una alternativa histórica a la Revolución, volvió también el siglo XVIII español a la luz de la investigación internacional multidisciplinar, por lo menos en la variante ministerial del Absolutismo ilustrado bajo Carlos III. Pues, al contrario que en la Francia de Luis XVI, bajo el gobierno del Conde de Aranda tuvo realmente lugar una Ilustración; fueron acogidos científicos y expertos, escritores y artistas, no sólo Jovellanos y Goya, Moratín e Iriarte, encontraron reconocimiento público y medios de vida, mientras que los intelectuales franceses, profundamente frustrados, abandonaron hacia 1770 su sueño de una monarca ilustrado, y en gran número, lejos del poder, en la metrópoli parisina se fueron radicalizando cada vez más, como consecuencia de la envidia de los competidores y el miedo al fracaso, para no enmudecer del todo en medio de un mercado anónimo del libro. La originalidad de los esfuerzos reformistas de un Campomanes o un Capmany en España no es descriptible solamente a través de unos préstamos de la Enciclopedia o del conocimiento de Raynal y Rousseau. Contrariamente a la Prusia de Federico II o Victor Emmanuel la lucha por la supremacía como potencia colonial proporciona a España un perfil propio. En todo caso, una documentación española que va aumentando cada vez más rápidamente desde 1970 espera la atención debida de la investigación comparada. La recuperación de la Ilustración, aunque de manera titubeante y sin ser notada por Europa, se puso en marcha en España mismo a finales de los años cuarenta. No esperó, como se puede leer tan a menudo, a los impulsos del extranjero, por muy valiosas, psicológica y metodológicamente, que fueran las contribuciones venidas de Francia y los Estados Unidos. Pudieron surtir efecto, porque coincidieron con intereses ya existentes, mientras que magníficas contribuciones alemanas quedaron sin resonancia, y no debido a que estén escritas en lengua alemana. Simplemente estaban escritas sin atender a los mitos en boga de la investigación de la Ilustración en España, solamente como erudición histórica apolítica o como argumentación marxista. Convencida de la actualidad del objeto de su estudio, buscó ésta, con cautela y pasión, la herencia reprimida a los contemporáneos, como preparación para el estudio de la propia situación.

Situada por la idea horrorosa que tenía de la Ilustración un Ménendez y Pelayo, a causa de la secular represión dominante, encontró, sin embargo, cada vez más espacio en la España franquista. Pues, con la necesidad de una reconstrucción, nacen pronto fuerzas orientadas en el porvenir que tomarán su energía de tres creencias básicas: del deseo de una reconciliación en el interior y con la historia, del anhelo de un nivel de vida más elevado por medio de una modernización tecnocrática y de la aspiración a un reconocimiento internacional mediante una capacidad de diálogo con el exterior, sobre todo con la Europa democrática. Siendo lo suficientemente vitales para imponerse a la larga a una ideología militar primeramente de carácter ofensivo-teocrático, fomentaron también el intento de hacer la Ilustración presentable políticamente.

Es este clima, este camino pedregoso, lo que estaba llamado a tener éxito: liberar a la Ilustración como siglo XVIII del estigma de la heterodoxia y de la traición a la patria, y de la infamia de la decadencia y la esterilidad; poner de nuevo así a España, mediante los éxitos económicos en el exterior, en la escena mundial con nuevo brillo. Esta idea de una Ilustración moderada bajo un cetro católico, de un monarca ilustrado, español y católico, podía sugerir una complacencia tácita con los propios intereses bien entendidos del Régimen; aun así, si un elemento de liberalidad política moderada no se dejaba ocultar en especial a finales de siglo, en torno a 1960-1970, tenía validez la moderación como marca del movimiento reformista español. Sí que estaban puestos los elementos de tensión de la idea actualmente pluralista de la

Ilustración, que aspiraban a un orden democrático a través de la capacidad de integración del Régimen, cuando, no en último término, también la constelación en Europa acogió favorablemente el cambio. Si la Europa de Metternich había animado a Fernando VII a que acabase con su libertad, la Europa democrática acogió a la España moderna en su Comunidad, de nuevo bajo un Borbón, ahora don Juan Carlos I, y con un socialista como presidente del gobierno.

Retengamos de nuevo las principales estrategias de recuperación de la investigación de la Ilustración en España: prueba de la existencia de la Ilustración en un mayor número de campos de investigación, simultáneamente al desarraigo del síndrome de la represión, la referencia a la idoneidad de la herencia descubierta para un proceso de reforma moderado, con una creciente diferenciación en el interior del movimiento reformista histórico. Estos cuatro momentos se tocan entre sí reiteradamente, poco se diferencian en sus respectivos campos científicos y, no en último lugar, a consecuencia de una presión exterior. Está claro que la iluminación de la cultura, en la medida en que esto es visible, en los balances de investigación de cada disciplina aisladamente, sigue durante largo tiempo bajo la influencia de la política y la Iglesia, de la economía y la sociedad.

La culpa no la tiene solamente la situación creada por el campo de fuerzas político esbozado con sus secuelas en la organización de la investigación española, sino mucho más, el estado internacional de la discusión. El clima del plan oficial de desarrollo económico de 1959 favorecía tanto el despliegue de principios de investigación españoles como la difusión de los métodos de la historia económica y social conocidos a través de Francia y los Estados Unidos. En forma de listas de precios, diagramas y estadísticas, penetró un habla tecnológica de datos a través de la pantalla defensiva ideológica, cuyo mensaje oculto, no obstante, derribó hasta sus cimientos el edificio de los prejuicios. En primer lugar se levantaron las densas nieblas del mito de la decadencia sobre una idea de la prosperidad, las curvas mostraron el crecimiento del comercio, de la economía y la sociedad, y más todavía: éstas crecieron ya desde la mitad del siglo XVIII, todavía bajo los

Habsburgos, y sólo se estancaron pasajeramente con el cambio dinástico que resultó de la guerra de sucesión hacia una dinastía borbónica, que tendía al centralismo bajo la presión de la competencia europea.

Carlos III aparecía ahora menos, en los primeros estudios españoles sobre el absolutismo ilustrado, como el iniciador de una reforma desde arriba que parte de Madrid, que como heredero y continuador de una creciente dinámica de reformas provenientes de las distintas regiones, la cual a mitad de siglo fue por fin acogida por Castilla. Así el mito borbón de la fracción reformista en la Corte, dejó libre el panorama a la multiplicidad de energías reformistas de las regiones de España, que no tuvieron que ser despertadas ni por Voltaire ni por la *Encyclopédie*, ni siquiera por los, por lo demás no existentes, masones. Si la sátira de los estamentos del siglo XVIII quiso sugerir la incapacidad de las elites tradicionales, y este género, que se extiende mucho más allá del siglo XVIII, originó las tesis globales de intérpretes tan diferentes como Karl Marx y Ortega y Gasset, esto no puede sostenerse por más tiempo a la vista del estado de los datos histórico-sociales. Las listas de miembros de academias y sociedades de amigos del país descubren aproximadamente el papel fundamental de la nobleza y el clero hasta la invasión francesa. El tópico de la incapacidad para las reformas por parte de las clases superiores necesita, por lo tanto, de una corrección, del mismo modo que el de la debilidad de la burguesía, globalizaciones inadecuadas que no corresponden a la variedad histórica en España.

La imagen del «mosaico español» encuentra puntos de apoyo y profundización con la historia de la cultura. Así, con vistas a las regiones, se hizo visible por primera vez un libertinaje erudito, un eclecticismo preilustrado ya a finales del siglo XVII. Éste se hace palpable tanto en el pensamiento empírico de las ciencias naturales de los novadores como en la erudición crítico-histórica de los arbitristas frente a una historiografía clerical fosilizada en su creencia en milagros, o en el proyectismo económico de los proyectistas.

Mucho antes de la crítica racionalista de los prejuicios del benedictino Feijoo, a partir de la mitad de los años veinte, señala este comienzo de inquietud intelectual un fuerte deseo de libertad de pensamiento en la superación de la experiencia de la vida, deseo en gran medida aún no separado por disciplinas.

Y antes que Madrid, con Feijoo en primer lugar, apueste por el tipo popularizador de la educación de las conciencias, le sale al paso a éste, con la figura del erudito humanista, Gregorio Mayans y Siscar, un contrincante de peso, en cuya correspondencia resplandecen tanto los cabos principales del catolicismo reformador, con Muratori, los maurinos y los holandistas, como los del norte protestante, a través de un Mencke en Gotinga o de un Mermann en Holanda.

También fermentan naturalmente en todo este empuje secularizador de la conciencia, originado en el avance de las ciencias, posturas de pensamiento, que tomaron su origen en España mismo. De este modo el erasmismo anticurial de un Luis Vives o un Sánchez de las Brozas fortalece el rigorismo de los jansenistas, que se ofrecen, una y otra vez, como aliados en las ambiciones de la corona en contra del ultramontanismo de los jesuitas. Y mientras la idea de progreso se prepara en el anhelo de perfección del Renacimiento *perfectio qua emulatio* en una competencia crítica con la tradición, un pragmatismo crítico busca sitio en el pensamiento católico de la razón de estado, en el llamado tacitismo de un Saavedra Fajardo, por ejemplo, o en la discreción de un Baltasar Gracián, pragmatismo crítico que ha de llamar la atención sobre lo concreto-situacional, sobre lo particular-inconfundible, sobre la superación de la experiencia de la vida, alejándose de sistemas y opiniones preestablecidas.

Estas posturas de pensamiento no conducen a la revolución, pero llevan, no obstante, en sí el proceso de secularización. Allí donde la caricatura de la Ilustración impidió la mirada, esto era ya programático para el ala humanista de los ilustrados españoles, de un Mayans y un Campomanes o Forner: el reconocimiento de la propia herencia del Renacimiento y el Barroco enterrada por la Contrarreforma.

No hay entonces ninguna duda: con el cambio de la idea del Siglo de Oro, se levantaron también las barreras ideológicas, colocadas en España para aislar el siglo XVIII. Estas barreras se eliminarán completamente en la medida en que la cultura de la Edad Moderna temprana sea concebida en su compleja cohesión histórica, de la que pudieran formarse, mediante un proceso de competencias entre sí, unos tipos de cultura secularizadora, y no sea dividida artificialmente en bloques uniformes, o «more hegliano», en etapas del espíritu universal.

La contribución francesa a la Ilustración española no se discute en esta perspectiva de ninguna manera, pero es decisivamente relativizada. Esta contribución, investigada mucho antes y más sistemáticamente que los contactos de España con el resto de Europa, con Inglaterra e Italia, pero también con Alemania y Austria, parece demostrar que el mito de un siglo francés en España, en estos estudios de los historiadores franceses de la cultura, es el resultado de una selección unilateral. El libro, fuera de eso, anotado más bien positivísticamente que de manera sopesada, ha obstruido, más que iluminado, la perspectiva sobre la multiplicidad del movimiento español. Bajo la luz difusa de las «Lumières Françaises» se encuentran mezclados afrancesados y tradicionalistas, reformadores autoconscientes y creyentes que buscan orientación.

Pues, ¿cuánta ortodoxia católica estaba metida en este comercio librero de importación de lengua francesa? ¿Cuántos Bossuet hubo por cada Voltaire? ¿Cuántos Mémoire de Trévoux por cada Enciclopedia? La Ilustración española, ¿como copia francesa, estéril y atea? ¡Ni hablar! Para sostener esta acusación ya no basta con la agresiva difamación por parte de los castizos. Y una nueva hispanística será capaz de presentar un balance de rendimientos positivo en la medida en que resuelva, en un diálogo internacional, algunas hipotecas del pasado, cuyo análisis me reservo para una interpretación posterior. No faltan síntomas alentadores: desde la puesta a disposición pública de importantes fuentes, pasando por la ya comenzada rehabilitación de un neoclasicismo nacional con un amplio espectro de variantes literarias, tan sensibles como patrióticas, en la escena, en la lírica y en la prosa, hasta el descubrimiento de una Ilustración rebelde, textos que escapan a la imagen moderada de la Ilustración por su carácter grotesco-subversivo, utópico-político o frívolo-sensual. En una palabra: podemos estar ansiosos de conocer las contribuciones del historiador de la literatura. Pues su conocimiento de textos es imprescindible, así como su competencia histórico-hermenéutica y de interpretación, sobre todo teniendo hoy en cuenta los ricos rendimientos de una historia social, económica y del libro, extraviada mediante el estructuralismo y el empirismo. Pues donde se han iluminado por ejemplo la producción y distribución del libro para la Ilustración, su consumo sigue todavía en la sombra. ¿Con qué actitud fueron leídos los libros? ¿Con qué estrategias textuales se debían modificar los prejuicios? ¿En qué fracciones se descompone una *res publica* literaria cada vez más amplia, bajo la presión de la producción y el mercado? Y, ¿qué tipos de saber y de estrategias de solución de problemas compiten en ella? Y, ¿cómo sobrevive el individuo a las contradicciones y tensiones, si del trabajo de su pluma espera obtener lo suficiente para salir a flote, consideración social e incluso poder?

Esto se hace evidente: en tanto que el historiador de la literatura no se vea más a sí mismo como restaurador de los monumentos nacionales, de las glorias de España, ni como cronista de individuos geniales, ni como filólogo inmanentista miope, alejado de las interrelaciones sociales y políticas de la literatura, encontrará eco su palabra de un diálogo interdisciplinar.

¡Detengámonos! La investigación sobre la Ilustración en España se dedicó, de manera más intensa que en los países de sus vecinos del oeste de Europa, a la recuperación de una herencia reprimida, por lo tanto estaba centrada en España como objeto, y ampliamente cargada de complejos, antes de que con el creciente peso de lo ya seguro se hiciera posible, poco a poco, una integración consciente en la discusión internacional de la investigación. Así, las imágenes emergentes de la Ilustración, hasta ahora acuñadas, son sólo provisionales y difícilmente reconocibles en sus perfiles como consecuencia del trabajo en investigación predominantemente monodisciplinario y centrado en una única nación. Alentado por el tema marco de nuestro coloquio y como miembro de una sociedad organizada a nivel interdisciplinar he acometido el intento de situar el estado de la Ilustración en España de manera comparatista y por encima de las diversas materias. El cronista se sintió abandonado a su suerte ya al preguntarse qué es la Ilustración y qué es la Ilustración española.

Un crecimiento salvaje de concepciones, implícitas y vagas en su mayoría, puede haber aliviado a muchos la huida hacia el capcioso y cómodo techo llamado siglo XVIII.

Por la división en siglos, surgida de países protestantes, este criterio carece en España de toda legitimación. Más aún: despoja a la Ilustración de su contenido político, que la señala como movimiento minoritario de lucha dentro del siglo. Nunca deja de ser discutida, y sólo lleva la voz cantante transitoriamente entre 1760 y 1790, estando en su multipolaridad interior atravesada de tensiones. La historia de consignas del movimiento, de sus imágenes de ideas directrices, está investigada de distinta manera que respecto a Francia; en España de todos modos está en sus comienzos.

Un vacío tal hace de los préstamos de los vecinos una empresa arriesgada. El enfoque en 1789 o, más raramente en Kant, de manera abstracta y sin contexto, hizo que, obligatoriamente, apareciera la Ilustración española insuficiente, o que España fuera una tierra sin Ilustración. Pero luego no sólo España. Con tal normativa, política o filosófica, no eran comprensibles los esfuerzos reformistas europeos en toda su multiplicidad y diferenciación histórica.

Entretanto, con el avance de un interés de la problemática dirigida a cambios colectivos a largo plazo, se hizo descriptible la Ilustración, de forma interdisciplinar y a todo lo ancho de Europa, como un estadio de crisis en complejo proceso de secularización de la cultura en Europa. Sus comienzos se remontan a los siglos XV y XVI, cuando, con la aparición de una pretensión de felicidad en la tierra y los esfuerzos de los estados nacionales todavía embrionales por la supremacía en Europa y en el Nuevo Mundo, se anuncia un canon de valores que, a empujones, desmoronará el orden feudal teocrático. La múltiple renovación del cristianismo acompañada por la conmoción del cisma, la neutralización progresiva de las fuerzas intermedias feudales desde el siglo XVI, así como la colonización de América, la explosión de las ciencias en el siglo XVIII, son los más eficaces desafíos, que van a provocar una competencia de respuestas. Este proceso no se desarrolla uniformemente, ni en los distintos campos de la ciencia, ni a lo largo de los diferentes estados y estamentos. La competencia de las estrategias de solución se muestra como el más importante estímulo del desarrollo. Los respectivos cursos son gobernados por la fuerza de las circunstancias históricas.

¡España participa variadamente en este proceso! En primer lugar, como impulsadora en un ámbito regional; plenamente influyente en el siglo XVI, se queda atrás, por el autojustificado aislamiento de la Europa hereje con Felipe II, en el siglo XVII, tanto científica como económicamente. Bajo el signo de la Ilustración busca la nación un contacto con las herencias más dinámicas de su antigua supremacía en competencia abierta con Francia e Inglaterra, por una abierta rivalidad y reconocimiento de la antigua grandeza.

En esta constelación experimenta la Ilustración en España, desde la mitad del siglo, más claramente desde Fernando VI, su propio perfil como ideología reformista para el mantenimiento como potencia por medio de una modernización del país.

Las energías culturales de la renovación son despertadas y fomentadas por el dirigismo estatal, con una orientación al culto de lo útil se antepone lo útil a lo especulativo, y las ciencias útiles a las ciencias intelectuales. La crítica pública a estas líneas generales no es bienvenida, y es obstaculizada, si es necesario por decreto, como en la discusión sobre Feijoo. Y en cuanto a la prensa, que es en Francia un baluarte poderoso de los enemigos de la Ilustración, se pone en España a su servicio, expulsando a la oposición al terreno del panfleto anónimo; y la literatura, y sobre todo el teatro, es mimado hasta que sea capaz de valerse por sí mismo un teatro patriótico. Sátiras contra los que obstaculizan la Ilustración en la aristocracia y el clero, sí, textos turbios e impenetrables, subversivos o inmorales, como las novelas, mejor no. Liberados finalmente de la vergüenza colectiva, impotentes de tener que soportar la representación de la decadencia española y la malicia de los vecinos —esta abatida y humillada nación—, fascinados también por la atmósfera del poder, los ilustrados españoles en su mayoría dicen que sí al primado de lo útil confiando en el renacimiento del país mediante reformas.

El sueño de una regeneración nacional mediante el crecimiento y el progreso posee una dinámica propia, otorga su fisonomía a la tensión entre las pretensiones y la realidad, tensión inmanente al pensamiento de la Ilustración. Pues, como mito, lleva a cabo la reforma bajo la presión del éxito, la impulsa a ganar terreno, con la consecuencia de provocar reacciones contrarias: por un lado una disposición a lo espectacular, pero de corto vuelo, y por otro hacia lo sensible o nostálgico. El sentimiento del *Weltschmerz* —de fastidio universal habla tempranamente Menéndez Valdés—, no se opone de ninguna manera a la fascinación por los experimentos reformistas.

La ejecución de un gran proyecto tecnológico internacional para la medición de la curvatura terrestre en el ecuador, por ejemplo, trae de nuevo algún prestigio, pero a la nación no la dota de una academia de las ciencias para la investigación de los fundamentos, como a las vecinas. La aparición en 1759 del primer diario en Madrid, casi dos décadas antes que en París, no es, naturalmente, ninguna compensación para la ausencia de alfabetización. No cabe duda: la reforma naufraga debido al número de sus enemigos en el interior y a la atmósfera política europea con la oposición entre Francia e Inglaterra.

Pero la obsesión de muchos reformistas por lo inmediato útil los ha debilitado también a ellos mismos.

Esta interiorización de la situación de competencia con respecto a Europa da forma al perfil del desarrollo reformista desde sus comienzos, en torno a 1680, hasta la invasión napoleónica. No es perceptible un retraso en las fases con respecto a Alemania, pero sí por propia convicción, con respecto a Inglaterra. La Inquisición no puede impedir la apertura cosmopolita de los reformistas, aunque sí su eficiencia en la profundidad. Por eso el movimiento permanece durante mucho tiempo minoritario, a veces elitista, eficiente sin duda pero débil en sus estructuras. A diferencia de Francia, le falta al libro una red de distribución, y de distinta manera que en Alemania, rehusan las Universidades participar en las reformas, así como los clérigos de los pueblos en los intentos de una Ilustración popular. Academias, escuelas privadas y sociedades de lectura no pueden poner remedio eficaz a esta situación.

Y no es que falten estrategias de solución. El movimiento de la Ilustración es también en España multipolar, pleno de posiciones en competencia: humanistas, economistas, filósofos, afrancesados, tradicionalistas, liberales —herejes todos ellos—, sofistas, herejes a ojos de sus enemigos.

Sobre las fronteras de fracciones competidoras, une a los ilustrados su posición como reformadores. Como pragmático eclécticamente práctico en las cosas de la vida y orientado hacia el bien común, trazó Diderot la imagen directora del *philosophe*, y así nos salen también al encuentro ilustrados en España.

Su colorido, entretanto, reviste el ideal de la propia situación histórica. Así miran a Europa no como copistas o espías industriales, sino como humanistas, esto es, como competidores, dispuestos a aceptar la lección como reto, fortalecidos en la conciencia de su propia fuerza, recordando su antigua posición dirigente en Europa: en todas las diferentes fracciones, siempre asociados autoconscientes.

Así, no surge la Ilustración en España, a diferencia de Francia, de una ruptura con la tradición. El optimismo en el progreso toma aquí sus fuerzas recordando el propio siglo XVI, a los Reyes Católicos, incluso a los visigodos, a la *gótica gente*. Y antes de convertirse en víctimas de sus propios mitos, les surgen de esta raíz los brotes más ricos de la Ilustración en España, un pensamiento histórico moderno, más cercano a Vico y a Herder que a Montesquieu, una impresionante literatura historiográfica, más cercana a la *Reichspublicistik* alemana que a la historia universal de un Voltaire o un Gibbon, y penetrados del ideal de un buen gusto en el sentido de un Ludovico Muratori, aquella figura clave del catolicismo reformista en la Europa mediterránea.

La investigación, pues, lo saca a la luz, señoras y señores: también hay una Ilustración española, todavía algo difuminada, pero con perfil histórico propio, a pesar de sus enemigos, y formada en relación de competencia en una Europa multipolar. La conmoción que tal recuperación significa para la historiografía de una Ilustración realmente europea quizás acabe de comenzar. Nos impiden percibirla algunas metáforas que se nos han hecho familiares. Las del núcleo y periferia o las de países centrales, imágenes mecanicistas, de todos modos, doblemente inútiles para comprender el trenzado dinámico de posiciones en competencia, en el interior del respectivo movimiento, así como en el juego de fuerzas dentro de Europa. La Ilustración en Europa es algo más que el encuentro de espíritus iluminados, según la concepción idealista de Paul Hazard que pasa por René Pomeau hasta Roland Mortier; y mucho más rica en sus resultados, que los balances materialistas de una transición —en términos marxistas—, hechos, partiendo de los resultados, por revolución, invasión o fracaso.

¿No sería hora de volver a detenernos en esta variedad? ¿No deberíamos volver a medir la riqueza de Europa, partiendo de sus regiones, incluso de sus individuos? ¿Por qué no? Bien estaría que nos diera motivo a hacerlo la España recuperada de la Ilustración.

LA PERCEPCIÓN CASTIZA DEL ILUSTRADO

José Jiménez Lozano

Lo que trato de señalar con este enunciado es una reflexión o discurso en torno a la manera de cómo los españoles rancios y cristianos viejos del XVIII —la inmensa mayoría de la población— percibieron los signos de la irrupción y presencia de la Ilustración y qué imagen se hicieron de ella, o qué clase de señales eran aquéllas por las que un español mostraba no ser «del corral» o de la casta, o haber comenzado a no serlo.

Pero yo soy un escritor, que ciertamente ha escrito dos novelas cuyo tiempo y cuyos personajes e historias son del XVIII —*Historia de un otoño* sobre el aplastamiento del monasterio de Port-Royal des Champs, y *El sambenito* en torno al proceso de Pablo de Olavide—, lo cual quiere decir que estoy fundamentalmente interesado por los rostros y las pasiones de los hombres, por el pensar y el sentir, los gestos y las estancias, las palabras, los vestidos y los muebles, la manera de adentrarse un paisaje por los altos ventanales de un palacete hasta la umbría de la sala y el modo en que desde ésta puede contemplarse a un pueblo, la ira de un dómine ante las burlas contra Aristóteles o la de un fraile ante un papelucho disoluto o el rastro de perfume que deja tras de sí un caballerito. Así que mi método y mi tarea no son ni pueden ser los del historiador académico y científico: son, digamos que la intrahistoria y la existencialidad las que me importan, o lo que está detrás del tapiz de la historia, de lo que se ve y se lee o se toca. Y de este modo es como haré este discurso sobre esas señales que a los españoles rancios y cristianos viejos del XVIII, me parece a mí —que he convivido con ellos—, les avisaban de la presencia de la Ilustración o, como entonces se decía, de «la filosofía»: esto es, que estaban ante «lo otro», lo extraño, otra antropología en suma. Todo eso que los antiguos inquisidores pero también los de este tiempo indicaban, como excelentes sabuesos que resumen la percepción de sus sentidos, con la frase: «sapit haeresim» o «sapientes haeresim», refiriéndose a una proposición o a unas palabras, y las propias gentes del pueblo señalaban con locuciones como «le pareció mal a este testigo», o «no debida compostura», o simplemente, «se sorrió» o sonrió.

Estas maneras de hablar tan inconcretas como teñidas de intenso sentimiento suponen el juego de dos tipos de imágenes mentales: la imagen de la propia identidad individual y colectiva, absolutamente idealizada y a la que se presta una adhesión vital, y la imagen de «lo otro» o «lo extraño», también idealizada aunque desde un punto de vista negativo, y temida y rechazada de un modo igualmente intenso porque es percibida como una amenaza de aquella conciencia de identidad. Y esto es lo que ocurre con la Ilustración, o la filosofía, o «las Luces», que son los términos utilizados por los mismos ilustrados y llenos sin duda de una ingente polisemia,[1] pero con los que se señalaba a la vez algo muy concreto a los ojos y al sentir mismo de los españoles cristianos viejos; otra antropología, como digo.

I

Pero, antes de abordar el tema en sí mismo, quizás convenga de todos modos decir algunas cosas sobre el hecho de la percepción y su funcionamiento cultural, tal y como lo ha hecho por ejemplo Donald M. Lowe a propósito de la percepción burguesa.[2]

El esquema de Lowe resulta aceptable y suficiente si se lo maneja con alguna flexibilidad, y viene a resumirse en la consideración de que la percepción como experiencia humana, y contemplada desde un punto de vista fenomenológico, viene posibilitada y a la vez condicionada por tres factores esenciales: 1) los medios de comunicación que facilitan el acto de percibir, 2) la jerarquía de los sentidos que estructura al perceptor, y 3) los presupuestos epistemológicos o de conocimiento y juicio de lo que se percibe.

En el primer caso, habría que hablar de culturas orales, quirográficas, tipográficas y electrónicas, que se han ido sucediendo históricamente. Y, en este sentido, es indudable que podemos hablar de una vieja cultura esencialmente oral que, en términos generales, se extendería hasta el Renacimiento y es una cultura de retórica y disputa; en realidad, se prolonga mucho más acá de esa fecha porque la misma nueva comunicación tipográfica que entonces aparece y se torna dominante funciona ordinariamente leída en voz alta, salvo en pequeñas elites. Y esto es lo que sucedía en España en ese mismo siglo XVIII. El espíritu ilustrado se extiende entre las gentes *ex auditu*, esencialmente.[3]

En una cultura oral, el sentido predominante es el oído, seguido del sentido del tacto: la gente da más crédito a lo que puede oír y tocar que a lo que puede ver; y sólo más tarde el triunfo total de la cultura tipográfica varía luego esa jerarquía del oído que cede a la predominancia de la vista. Y, por lo que respecta al plano epistemológico, será suficiente decir con Michel Foucault que, mientras el orden epistemológico se fundamentaba en la Edad Media en la subordinación analógica de lo inmanente a lo transcendente y, en el Renacimiento, se vertía en reglas de similitud, en el siglo XVII y en el XVIII se fundamenta en la representación del espacio y luego en la conciencia de desarrollo en el tiempo. Y, por supuesto, en la comprensión y evaluación científica y matemática de la realidad: en la aproximación empírica a la misma.

Así las cosas, resultaría que en el siglo XVIII la sociedad española todavía es una sociedad fundamentalmente medieval, de cultura oral y quirográfica, con las categorías epistemológicas de la *analogia entis* y entendimiento de la realidad con referencia a lo transcendente o a las puras construcciones lógicas de un aristotelismo corrupto; y recibe el impacto de una cultura tipográfica en la que el sentido de la vista predomina sobre lo auditivo hasta producir silencios culturales que resultan intolerables, como en el caso de las campanas y el ruido de las procesiones, que quedan reglamentados.[4]

Pero el esquema de Lowe, que acabo de esbozar y rellenar, exige enseguida unos matices. No se puede dejar de señalar el hecho de que la sociedad española, esencialmente campesina y medieval, desde luego, es una sociedad culturalmente católica; lo que quiere decir que es una sociedad de cultura eidética tanto o más que de cultura auditiva: el catolicismo medieval en todas partes es una religión de la imagen. Frente a ella reaccionarán distintas iconoclastias y sobre todo la iconoclastia cisterciense, y luego, de modo mucho más radical, la religiosidad de la Reforma o religión del libro.[5] Pero es que, además, toda la cultura medieval está llena de signos visuales que predominan sobre las palabras en el plano de la comunicación: trajes y adornos distintivos de clases y razas, gestos corporales significativos, cultura de los colores vivos.

En las iglesias del románico de Cluny, no había ni una sola pulgada sin pintar, y sabemos muy bien que la piedra desnuda del Cister y sus sencillas y abstractas incisiones sobre ella, o la prohibición de emplear más de dos tintas en las miniaturas de los capitales de los manuscritos, fueron sentidas como un amargor penitencial y dieron lugar a tremendas resistencias. La gran revancha eidética será, luego, la del barroco: la reacción contra la religión del libro y de la desnudez e inconoclastia; y llegará a todo su esplendor y sus demasías en el XVIII precisamente; cuando un cierto puritanismo de la primera Contrarreforma sea vencido y el barroco de propaganda teológica del primer momento triunfe en toda regla y se haga a su vez cortesano y popular.[6] Sólo entonces los templos serán concebidos como salones resplandecientes de estuco —que oculta la bárbara y primitiva pintura medieval—, y de grandes arañas palaciegas; y sólo entonces el arte que expresa la religiosidad colectiva llevará su sensibilidad antropomorfizadora de las creencias hasta el límite. De tal modo que un tanto por ciento muy elevado de los esfuerzos de la Inquisición en lucha contra la Ilustración y la filosofía han de dedicarse a censurar esas manifestaciones de religiosidad popular barroca que reproduce y enfatiza todos los viejos excesos de la religiosidad popular tardomedieval.[7]

Es, pues, con una cultura campesina, católica y medieval, con una viva, fuerte y complaciente conciencia de ella, y con sus imágenes idealizadas y absolutizadas y su modo de percepción, con lo que la Ilustración va a chocar. Y lo va a hacer, naturalmente, en el plano de la vivencia y de la cotidianeidad mucho antes, mucho más y mucho más profundamente que en el de las ideas. La Ilustración y la filosofía son ese caballero vestido de seda, oliendo a perfume y con peluca, o un abate con chapines y gorguera a la francesa que aparecen un día ante el viejo hidalgo vestido de negro o ante los frailes mendicantes de pobre hábito y los clérigos llenos de gravedad bajo sus hopalandas. Los modernos filósofos, afeitados y con chinelas, peluca, bastón y guantes, aparecen como jovencitos que todavía deberían estar en casa del dómine: como «caballeritos» en suma, y su saber o la racionalidad de este saber se mide lógicamente por la analogía de su aspecto con la del dómine o catedrático cejijuntos, el del aristotélico hinchado, cuyo saber no le permite salir de su estudio ni pronunciar palabras que se entiendan. Y ese saber se mide, además y sobre todo, por la diferencia o disimilitud de esta imagen de los nuevos sabios con la imagen mental y plástica de los filósofos antiguos, tal y como vemos que se hace en *Los aldeanos críticos* del Conde de Peñaflorida: «Pues eche, ahora, vuestra merced una ojeadita por los modernísimos señores. Verá vuestra merced unos hombrecillos como de la mano al codo, sin pelo de barba, con unas caritas de dieciocheno y unos ojitos que andan bailando contradanzas, vestidos a la *parisien*, peinados a lo *rinoceron*, o en *ailes de pigeon*, y empolvados como unos ratoncitos de molino».

Pero hay más. Los aldeanos críticos de tierras de Valladolid y Palencia, situados ante esta novedad y percibiendo su «otreidad», su extrañeza, se refugiarán enseguida en la vieja concha, en la vieja identidad de la españolidad-catolicidad. «Fuera de esto —siguen diciendo— ¿quién ha de hacer caso de unos perros, herejes, ateístas y judíos, como Newton, que era un hereje terrible; un Descartes que, a lo menos en lo que toca a los animales, era materialista; un Leibniz, que sabe Dios lo que fue; un Galileo Galilei que, según su nombre, debió de ser algún archijudío o proto-hebreo, y otros que hasta los mismos nombres causan horror?»

Este texto sarcástico de don Xavier María de Munibe me parece que da en plena diana del problema: pinta perfectamente en medio de sus distorsiones irónicas la sensación que experimentan ante la Ilustración y la percepción que tienen de ella los españoles rancios y cristianos viejos. He aquí, en efecto, el oído ortodoxo, las *piae aures* de la vieja España, escandalizada ante las nuevas proposiciones malsonantes y *sapientes haeresim* y «la algarabía» o lengua que el cristiano viejo no podía entender y daba, entonces, por supuesto que era «habla de moros» o «habla de judíos»: ahora «habla de herejes» es el francés.

He aquí las escandalizadas y a la vez fascinadas pupilas del español cristiano viejo, todas sus categorías perceptivas trastornadas; el vestido, el peinado, la edad. De manera que ese cristiano viejo entiende y no podía menos de entender que ha de vérselas, de nuevo, con la vieja herejía, el viejo judaísmo, la vieja amenaza a la españolidad-catolicidad: a la casta, en suma.

II

España es un universo totalmente teologizado, sin una sola parcela de laicidad, ni siquiera en el más leve gesto de la vida cotidiana o en la estructura económica y administrativa. Todo forma un *totum theologicum*, y se trata de un catolicismo esencialmente popular —en el que todo intento de pensamiento esclarecido ha sido atajado inquisitorialmente—, misoneísta, xenófobo y belicoso; pero sobre todo político y castizo. Es decir, no sólo una *religio reipublicae* sino expresión misma de la conciencia colectiva e ingrediente máximo de su cohesión; y todavía algo más: identificado totalmente al mismo ser español, a una condición biológica y antropológica.

Esa identidad absoluta entre catolicidad y españolidad se había originado a finales del XV y, luego, se había consolidado inmediatamente hasta un punto en que los *signa fidei* eran los mismos signos de la pertenencia a la españolidad: señales biológicas y antropológicas, castizas.

Contaba esencialmente la biología por cuanto quienes tuvieran que ver con la carne y la sangre de islámicos y hebreos como descendientes de ellos no podían ser considerados ni cristianos sin sospecha, ni españoles a parte entera, sino «ganado roñoso y generación de afrenta que nunca se acaba», como decía el maestro fray Luis de León. El *signum fidei* y signo al mismo tiempo de españolidad a parte entera era la pertenencia a la sangre limpia de cristianos viejos, incluso en ausencia de la fe religiosa en sí misma o, en cualquier caso, de la praxis indiciaria de ella.[8] Pero la pertenencia a las otras castas se revelaba a través de unos ciertos comportamientos, un cierto estilo de vida, de pensar y de estar en el mundo o contemplar la realidad de cierta manera: de una antropología, en resumidas cuentas. Y entonces fueron estos mismos cultemas o signos antropológicos los que se convirtieron en señal de la no catolicidad-españolidad y, por el contrario, la antropología del cristiano viejo en el signo de la fe-españolidad; de manera que no había otro modo de ser español-católico o cristiano español que el de esa antropología: el modelo de la fe castiza. Y lo que no era esta antropología era «lo otro», la anticatolicidad y la anti-España: herejía, judaísmo y secta de Mahoma, primero; pero, luego, también luteranismo, erasmismo, ateísmo, filosofismo, jansenismo, actitudes científicas, masonería y liberalismo. Y, más tarde todavía —porque ese esquema dual de funcionamiento de la conciencia y la percepción castizas llegan hasta nuestros días— «lo otro» será socialismo, anarquismo, comunismo, Institución Libre, cualquier forma de entender e historificar el cristianismo que no sea la castiza, o democracia.

Los edictos inquisitoriales del siglo XV y del XVI habían ido estableciendo toda una lista de conductas, palabras, gestos y acciones que se consideraban manifestaciones de una criptocreencia islámica o judía o, más justamente aún, que indicaban la no conformidad con la antropología del cristiano viejo. Estos signos iban desde el modo de sacrificar las aves domésticas a ciertas costumbres dietéticas —la más importante de las cuales era el rechazo de la carne de cerdo y específicamente el tocino— y de limpieza o aseo personales. Pero los manuales y la práctica inquisitoriales —y también el espíritu de la *doxa* actuante en la sociedad— fueron añadiendo otros muchos signos de extraneidad o de perplejidad, de manera que era la vida entera la que quedaba ofrecida a la percepción e interpretación del cristiano viejo, finísimo sabueso y aterrado receptor de palabras, gestos, vestidos, olores y peinados negadores de su propia manera de ser, su identidad, su antropología.

Mirar y sonreír de un cierto modo que no acabamos de comprender muy bien, cerrar los ojos durante la misa, al alzar la hostia, o no humillarse lo suficiente en ese mismo instante eran otras tantas de esas conductas. Pero también pronunciar con un cierto retintín o énfasis algunas palabras o, a través de la construcción sintáctica y de la cantilenación, dejar abierta la equívoca polisemia de otras,[9] probar el filo del cuchillo con la uña o pintarse las uñas las mujeres y teñirse el pelo de rojo eran signos de «otredad» igualmente. Y andar con libros o tener conventículos y discusiones teológicas; y todo era teología. Así que ¿cómo podrían ser vistas de otro modo las tertulias ilustradas ante la chimenea, con lectura de filósofos incluida, y el acudir a máquinas que no estaban en Aristóteles y no tenían nada que ver con las *quidditates* con que todavía se trataban de curar las calenturas en el siglo XVIII? ¿Cómo podría ser considerado de otro modo Galileo Galilei que como judío y proto-hebreo, gente siempre tan inquieta de caletre?[10]

Ilustrados y filósofos, ateístas, científicos y afrancesados o jansenitas no podían ser otra cosa que judíos o, lo que es lo mismo, «los otros» o *ex illis*, porque no aparecen ni se comportan individual ni colectivamente como los de la casta: el hidalgo, el fraile mendicante y el labrador de linaje de labradores. Y cualquiera que fuese el número de los inquisidores de experta inteligencia y excelente información y formación intelectual, filosófica, teológica o histórica, o incluso científica —y en el XVIII los hay— lo que podemos decir es que la

Inquisición como tal ofrece, ante la irrupción de las Luces, esa misma sensación en su percepción de esta realidad: la de creerse inmersa y destinada a la misma antigua lucha contra herejes antiguos, puras ramificaciones de la gran peste del judaísmo. Y el ateísmo mismo es considerado una herejía o idea absurda nacida de un comportamiento inmoral, en el plano sexual sobre todo; de tal modo que un hombre como el ex-jesuita Juan Andrés escribe en 1784: «Veo que puede un filósofo estar abandonado de Dios, según los deseos de su corazón, y tener sin embargo sutil ingenio y fino discernimiento, y pensar justa y verdaderamente en las materias literarias», o Feijoo tiene que hacer un discurso sobre la compatibilidad de ser ateo y hombre de bien. Aunque lo que la Inquisición exigirá no será la creencia, sino la antropología castiza de la creencia, de manera que los jansenistas pueden ser perfectamente considerados como ateos.

En cualquier caso, la Inquisición se dispone a conjurar la amenaza del modo y manera seculares en que venía haciéndolo. Esto es, engrasando y potenciando la maquinaria inquisitorial y echando mano al máximum del capital demagógico de que dispone, del espíritu de casta del que ella misma es expresión. Y la maquinaria se mostrará de muy diversa manera: desconcertada con frecuencia, vieja, oxidada y bastante impotente otras veces, y son no escasos los inquisidores que, como Llorente y por las mismas u otras razones, ya no entienden su oficio a la manera antigua; pero la capacidad del sustrato demagógico, esto es, castizo para enfrentarse a la Ilustración se reveló completamente eficaz: la percibió en su extraneidad como amenazante y se aprestó a la lucha con su viejo espíritu misoneísta y xenófobo. Y ganó.[11]

III

La Ilustración española quizás no fue, después de todo, otra cosa que una pequeña brisa que se escapó al cinturón de cuarentena y a los controles aduaneros que trataban de taponar o poner tapias a los aires de Europa, y de Francia en particular; exactamente como se había hecho con el luteranismo. Pero fue percibida como un huracán tanto por sus propios partidarios como por sus enemigos de la España inquisitorial y castiza. Enloqueció al puñado de españoles que la recibió como una liberación —la sensación de haberse quitado de encima cien arrobas de peso de la que hablaba Nicolás de Azara— y les hizo creer que serían capaces de contagiar de su sentir a toda la Piel de Toro. Y su entusiasmo de iluminados y esclarecidos les tornó dicharacheros y retadores de los cristianos viejos, en un momento, además, en el que el sentido de la ironía sustituye al de la burla directa y espesa o chocarrera, que era la de la casta;[12] y se comportaron como una especie de *enfants terribles* que con frecuencia iban con la palabra y con el gesto mucho más allá de sus verdaderas convicciones para mostrar modernidad.

Pero, naturalmente, esta manera desenvuelta y retadora solamente podía ser el privilegio de unos cuantos: de los muy altamente situados que, sin embargo, también debían tomar sus precauciones y a los que desde luego se trató de escarmentar y se escarmentó en el autillo contra don Pablo de Olavide de 1776; o irreflexión de otros pocos. El resto de los españoles, fascinados o convencidos por las Luces, debían vigilar su lengua y sus gestos, al igual que en el pasado. Aunque, al igual que también había ocurrido en el pasado, su estilo de vida y *ethos* personal —cualquier aspecto de la antropología de «lo otro» que vivían en sus vidas— los delataba a la percepción castiza.

La Inquisición se percata perfectamente del gran cambio cultural operado en los medios de comunicación y en la jerarquía de los sentidos, o en el modo empírico de acercarse y entender la realidad. Sabe muy bien que —aunque siempre se han prohibido libros y el leer mismo había sido signo de no ser de la casta— es éste el momento de triunfo tipográfico: toda una avalancha de libros, folletos y algunos periódicos que la gente ha comenzado a leer por sí misma y para sí misma. Y que, junto a los libros, la filosofía está ganando la vieja batalla eidética católica, que la mirada se ha afinado y se ha tornado irónica, por un lado, y consciente del placer de mirar, por el otro, y se da toda una avalancha no menor de pinturas, láminas, estampas y objetos varios en los que hay una figuración erótica, política o anticlerical. O quizás sólo una velada sugerencia en este sentido, pero por eso más peligrosa: figuras de China, maniquíes de peluquero, relojes, naipes, abanicos, peines, navajas, etc.[13] Se comprueba la no nocividad del baño o de la toma de ciertos alimentos, y hay máquinas de chispas eléctricas. Lo religioso se pone en cuestión o constraste de razón.

Y está, luego, el choque terrible de la cotidianeidad. El modelo o paradigma de la cristiandad-españolidad seguía siendo el hidalgo, el fraile mendicante, el dómine aristotélico, el labrador de linaje de labradores, iletrado, «humildito», de vida arreglada según la devoción y las rancias costumbres, de un estilo de vida semimonástico tal y como Cadalso nos lo ha pintado; e inmerso también en un ámbito de brutalidad y zafiedad o barbarie.[14] Y, frente a él, aparece el modelo o paradigma del ilustrado: una vida llena de refinamiento y lujo, orientada al placer, valoradora del cuerpo: vestidos que lo sugieren o lo revelan en las mujeres, guantes y pelucas, comidas aderezadas y de sabor delicado frente al «guisote» y lo picante,[15] chimenea que enseguida se llamará «francesa» frente al brasero.

Me parece importante señalar que, en un plano como el de las costumbres sexuales, la libertad que se toman castizos e ilustrados con la norma moral es más o menos igual, o quizás bastante más amplia, en el mundo de la españolidad-catolicidad. La enorme diferencia está en la percepción conceptual del hecho sexual: humana fragilidad y pecado, para los castizos, y pasión natural o expresión de su propia libertad, para los ilustrados. La Inquisición nunca había entrado en materia de costumbres o comportamientos sexuales, salvo si se teorizaba o teologizaba sobre ellos afirmando la licitud o la no significatividad moral de la fornicación o incluso su bondad religiosa; y la mentalidad castiza, en este mismo siglo XVIII, parece escandalizarse no del hecho sexual amoral sino del lujo o la publicidad con que es rodeado o la diferencia con la costumbre en estos aspectos.[16]

El odio o la prevención y el escándalo ante el refinamiento y el lujo no sólo son una actitud psicológicamente normal en un mundo de pobreza —por mucho que en ese mundo se considerase la distribución de la riqueza como un hecho fatal o de la voluntad divina— sino una actitud específica en ese catolicismo castizo de carácter esencialmente demagógico: hay en él, en efecto, un fondo de clara *quilia* medieval u odio teológico del lujo y de la belleza misma como corrupción y maldad en sí mismos, figura de Babilonia. Y éste es, sin duda, un aspecto esencial de la percepción castiza de la novedad ilustrada. E incluso de la jansenista.

IV

Es cierto, desde luego, que en España se llamó jansenistas a quienes en cuestiones canónicas mantenían tesis regalistas o episcopalistas que habían sido más o menos explicitadas en el sínodo de Pistoya frente a la teología canónica ultramontana y papista, o lo que se llamaba «el partido jesuítico». Pero eso no es decir mucho, porque en realidad el jansenismo estrictamente teológico, el de la disputa sobre la gracia derivada de las posturas de Jansenius en su comentario a san Agustín, es algo extremadamente restringido; y cuestión académica había sido igualmente —incluso si el asunto había tenido consecuencias prácticas en un cierto laxismo moral en el plano de la pastoral— la querella teológica en torno al casuismo. El jansenismo histórico, el único que ha tenido una formidable dimensión histórica —de manera que a Pierre Nicole no le faltaba razón cuando refiriéndose a la teología jansenista hablaba de «la herejía imaginaria»— fue un profundo sentimiento religioso: algo así como una especie de «luteranización» del catolicismo, o enfatización del paulinismo en todo caso. Una interiorización y personalización tan intensas de la fe en los adentros, una tal conciencia de la seriedad de ésta, una tal minoración de lo eclesiástico institucional, un tal temor y temblor por la inseguridad de la salvación que no podía adquirirse automáticamente por la práctica de la virtud, una tal desvirtuación de lo mundano y relativización de lo político y hasta una tal distinción intelectual y un tal sentido de escogimiento y elite, además de un clamor tal por la libertad de la conciencia incluso frente al Papa, que era lo específicamente polar al catolicismo hispánico, castizo y político, clerical y de externidades, y más o menos pelagiano: más bien más.

Los jansenistas eran, pues, cristianos o católicos pero no según la antropología de la casta, de modo que no podían ser sino hipócritas o simplemente ateístas. Y es cierto igualmente que no todo regalista o episcopalista y anti-papista era necesariamente jansenista, aunque por ello fuera tomado o llamado de esa manera; pero lo que me importa señalar es no solamente que el católico castizo hispánico no podía comprender de qué profundidad teológica arrancaba, por ejemplo, ese episcopalismo, sino que tampoco era capaz de reconocer la piedad, la preocupación intelectual y la práctica de la caridad o la pureza de vida de los jansenistas españoles —y estoy pensando, naturalmente, en los Climent y los Tavira o en los círculos próximos a la Condesa de Montijo tan calumniados y oscurecidos quizás para siempre—, que eran sencillamente «lo otro» y no podían sino ser metidos en el mismo saco de las Luces y la filosofía. Incluso si, esta vez, los gestos, los vestidos y el estilo de vida eran tan distintos. Esto sólo podía ser el disfraz de «esos otros pájaros», como los llamaba todavía cincuenta años después el «Filósofo Rancio».

NOTAS

1. A mí no me resulta tan claro como a Richard Heer que el término «filosofía» significara filosofía política, economía política o pura artillería contra el ramplón escolasticismo reinante, pero no «los escritos religiosos de los *philosophes*, principalmente porque no interesaban a nadie». Y creo que la cita que hace de Luis Cañuelo, que «se quejaba de la cantidad de predicadores que denunciaban la incredulidad y el ateísmo» mientras a él «le había costado tanto trabajo encontrar incrédulos como duendes», demuestra poca cosa. (Richard Heer, *España y la Revolución del siglo XVIII*, Madrid, 1964, p. 71).

Lo que nos muestran, sin ir más allá, los procesos inquisitoriales, los diarios y cartas, los libros, folletos, periódicos y láminas, etc., es que las Luces son, ante todo, un destello de las doctrinas de los filósofos que ponen en cuestión la creencia y la ética tradicionales católicas.

Otro asunto es si la actitud y convicción interiores de los ilustrados difieren de su apariencia externa; si realmente Aranda, al cumplir con Pascua —como lo hacía el propio Voltaire—, lo hacía sinceramente o con hipocresía y por precaución o interés en no desafiar las costumbres. O si el duque de Villahermosa era sólo un ilustrado en lo exterior o en algunas ocasiones y un fervoroso cristiano en sus adentros, como nos lo pinta el P. Coloma en sus *Retratos de antaño*; y si «los caballeritos de Azcoitia» eran, como escribe La Pinta Llorente, unos hombres que «se abandonaron a flaquezas impropias de su clase humana y de su rancia ortodoxia». Pero no es posible, naturalmente, contestar a la pregunta de un modo neto.

Recordemos, no obstante, que Foronda, uno de «los caballeritos», escribía que no tocaba los temas religiosos porque eran «santuario sagrado, cuyo acceso sólo es permitido a los teólogos, so pena de decir mil desatinos por falta de una sólida ilustración». Pero cuando, años después, pudo hablar claramente, explicó: «Esto decía yo cuando se me erizaban los cabellos, pensando que aun la frase "con la religión chitón" me podía arrastrar a los horrendos, fétidos e insalubres calabozos de la Inquisición». (A. Núñez Arenas, «La heterodoxia de los caballeros vascos», en *L'Espagne des Lumières au Romantisme,* París, 1964, pp. 15-34.)

2. Donald M. Lowe, *Historia de la percepción burguesa,* México, 1986.

3. Es importante reparar en el ritualismo del acto de leer o estudiar, leyendo para sí mismo, en el Renacimiento, tal y como nos lo ha descrito deliciosamente Luis Vives en sus *Diálogos latinos*. Es como si el acto de leer y escribir precisaran de la presencia de «los otros» y de una significatividad de las cosas sin la que ese acto no se pudiera llevar a cabo: la lámpara de aceite en vez de la candela, la capa de velar, el atril y, sobre todo, la asistencia más amigable que necesaria de los fámulos. Y podemos recordar también la célebre carta de Maquiavelo a Vettori en la que le habla de que, para leer, se pone sus mejores ropas: las de su viejo oficio diplomático con que solía presentarse ante los grandes de este mundo.

En el siglo XVIII, están los anaqueles o estanterías y armarios para libros, y el gabinete para leer: la más importante estancia de la casa que da un tono de modernidad a su dueño. Pero en esos gabinetes, como en las tertulias ante la chimenea y también en las sociedades económicas del país, se lee en voz alta para los otros. Sólo la gran invasión de libros pero sobre todo de folletos y algunos periódicos producirá el cambio real a la cultura tipográfica: la lectura para sí mismo, que seguirá sin embargo siendo minoritaria porque el índice de analfabetismo es altísimo.

4. Olavide criticaba particularmente y de modo muy vivo los desfiles de tarascas y gigantones del Corpus, en Sevilla; y trató de suprimir esa procesión tan ruidosa, pero el concejo de la ciudad se interpuso.

Reglamentó, sin embargo, las cofradías cuyas celebraciones y jolgorios eran un gran gasto que arruinaba a muchas gentes; dicha reglamentación sería, más tarde, uno de los cargos que se le hicieran en el proceso y, desde luego, una de las cosas que lo hacían «extraño» a las gentes castizas.

La ausencia de ruido y esplendor no podía menos de ser entendida como un signo luterano y, a la vez, ateísta.

5. El triunfo de la cultura tipográfica pero, sobre todo, cualquier minusvaloración de la vieja cultura eidética medieval, tenían que pasar, asimismo, por luteranos además de judíos.

Otros de los cargos que se hicieron a Olavide fueron los de no poseer imágenes religiosas en su casa y el haber quitado las imágenes del barrio de las prostitutas, en Sevilla. El católico castizo no era sensible a la contradicción que la presencia de esas imágenes representaba allí —esa sensibilidad también habría sido luterana o ateísta— pero sí al desamparo de su desaparición.

6. El primer barroco es, en efecto, un arte político, de propaganda, catequesis y combate. Se trata de representar en él hasta conceptos teológicos como la Inmaculada Concepción que, pintor tan religioso como Zurbarán, no lograría plasmar a la misma altura estética de sus otros cuadros. Pero incluso el famoso cuadro de Murillo necesita todas las mediaciones teológicas del mundo para que se sepa, ante él, de qué se trata. Es una catequesis o pedagogía artística fallida. Y la Inquisición intervenía con cierta frecuencia para que el mensaje teológico del cuadro fuera correcto.

Pero, una vez asentada la Contrarreforma, el artista tuvo una libertad bastante amplia y lo que ocurre son dos cosas: 1) que el artista tiene ya una visión laica del mundo y pinta asuntos religiosos como si fueran mitológicos, o 2) que el artista es, él mismo, la expresión de la religiosidad del tiempo, demagógica y castiza, y antropomorfiza lo religioso: cuenta la vida diaria, cuando pinta los misterios cristianos, sin pararse ante lo ridículo o lo zafio, incluso.

En 1776, un censor, el carmelita fray José de la Madre de Dios, califica un libro llamado *Exercicio cuotidiano,* diciendo: «Risimus et nomem et formam. Esto mismo sucederá a cuantos vean las imágenes soeces y monstruosas del dicho libro en que no se descubren más que unos feos mascarones semejantes y aun más ridículos bichos que los que se visten de disfraces por Carnestolendas... Igual horror y fealdad se notan en los (rostros) de Cristo y María Santísima que en los de Herodes y Pilatos y sayones, y si el discurso no duda en discernirlos, no saben cuáles sean los de éstos y los de aquéllos... Y si los luteranos y todos los iconoclastas se ríen, mofan y escarnecen de las bien talladas imágenes de Cristo y de sus cantos ¿qué dirán si ven en este libro tan horrendos mamarrachos que más parecen de diablos que de santos?».

Pero la Inquisición es «más católica», y decide que se corrija una proposición de dicho librito pero no se haga novedad en las imágenes. (Paz y Meliá, *Papeles de Inquisición,* Madrid, 1947, nº 1179).

7. Es curioso este doble frente de la Inquisición del siglo XVIII que la obliga a golpear a los de la propia casta: y es enorme el papel que juega en la represión del mal gusto, de la chabacanería y del sentimiento religioso prostituido como instrumento político: el que en plena lucha anti-ilustrada y anti-francesa prohiba, por ejemplo, unas coplas como «Los mandamientos de España» que son una parodia de los diez mandamientos invocados para asesinar franceses.

8. La autoconciencia de cristianismo o catolicismo biológico o castizo, que se posee por el simple hecho de ser español, es clara ya desde el XVI en que la misma vida del hampa aparece teologizada. Discutí este asunto en *Los cementerios civiles y la heterodoxia española*, Madrid, 1978, pp. 18 y ss. y 28 y ss.

9. Así sucedió, por ejemplo, en el caso de fray Luis de León. Un miembro de su misma orden, fray Juan Ciguelo, depuso espontáneamente ante los inquisidores de Murcia que había oído decir a otro agustino del convento de Salamanca «quél ha oído decir que, estando un día en un convite el dicho fray Luis de León y otros maestros, había el uno dellos dicho "vino", y el dicho fray Luis había respondido: "Cuando viniere, obligado somos a creerle, aunque se dubda o hay dubda si es venido"; y que todos habían entendido que lo había dicho por el advenimiento de Cristo».

La polisemia y los equívocos son infinitamente superiores en el siglo XVIII, y está por hacer una gramática —palabras y gestos— del lenguaje oral de este tiempo, que nos permita ver y entender mucho mejor el significado real de tantos textos ahora enigmáticos para nosotros.

Un clérigo de Puebla de Guzmán es denunciado, por ejemplo, en 1771, porque la denunciante ha oído a una tía suya, donde vivía el reo, «que no le avía visto rezar y tenía el genio independiente», (A.H.N. Inq., leg. 3. 721).

10. A estas alturas no parece que haya que discutir que, si en toda Europa la palabra «usurero» es sinónima de «judío», en España ocurre lo mismo con «judío» y «hombre de letras» o de cavilaciones. «Ni judío necio, ni liebre perezosa» decía el refrán; y los paisanos de Martín Martínez de Cantalapiedra, preguntados si saben si son judíos los ascendientes de éste, dirán que no podía ser menos «según eran de agudos». Y que leer era peligroso nos lo ha dicho Cervantes en *La elección de los alcaldes de Daganzo* de un modo admirable: en medio de la mayor comicidad y con un sentido inmenso de lo dramático.

11. Esa capacidad de reacción contra la Ilustración, el ateísmo y el afrancesamiento se reveló en la guerra contra la Convención de 1793. A todo el mundo llamó la atención la amplitud, la profundidad y el ardor de la respuesta de los españoles ante ese conflicto, y los mismos viajeros extranjeros por España no dejaron de señalar la variedad y lo pintoresco, a sus ojos, de los objetos ofrecidos para costear la guerra.

Muriel destaca la enorme cantidad de donativos recogidos: muchos más que los hechos por los ingleses con ocasión de su propio conflicto con Francia; pero es Godoy quien valora el carácter esencialmente castizo o de respuesta de la conciencia colectiva de la españolidad-cristiandad, su dimensión demagógica. «Los donativos patrióticos —escribe— que por espacio de más de dos años se estuvieron haciendo, grande ejemplo histórico sin igual en los pueblos modernos, ofrecían una multitud de nombres de jornaleros, de menestrales, de mujeres y aun de mendigos, pues fue visto que hasta los ciegos de Madrid y de otros pueblos que vivían de sus balatas y romances, no contentos de cantar la guerra como los bardos, desataron sus pobres y honestas bolsas e hicieron donativos que habrían honrado a más de un rico. Los individuos que no tenían dinero daban género y efectos de su comercio o de su industria; los que no tenían nada ofrecían sus personas y pedían ser alistados... ¡las viudas presentaban a sus hijos!». Y añade que no se precisó sorteo, que el ejército se formó con voluntarios. (Príncipe de la Paz, *Memorias,* Madrid, 1965, tom. I, pp. 41 y 42).

Evidentemente, esta reacción fue producto de muchos factores entre los cuales no sería el menor las noticias sobre los horrores de la Revolución, ni tampoco el de las predicaciones que sembraban a la vez miedo y odio a los franceses. Pero yo creo que la imagen del francés ilustrado y ateísta, enemigo total de la casta, del labrador de linaje de labradores, es la que subyace en esa reacción demagógica y castiza y hace de ella una vindicta.

12. En realidad, los ilustrados españoles se mostraron en esto bastante harto castizos, y puede decirse que, en muy gran parte, la Ilustración entró e hizo su camino en España a golpe de chocarrería, chistes gruesos, coplas y versos de un notable mal gusto. Sólo hay que pensar en las «ingeniosidades» de Azara y en la lengua bastante sucia de los de Iriarte. La ironía fina la maneja únicamente una pequeña elite: los Olavide, los Urquijo, los Peñaflorida, etc.

13. Diríamos que hay una especie de obligado *recyclage* profesional para los inquisidores en este tiempo, ya que no sólo tienen que leer o tachar figuras de Erasmo, por ejemplo, como en el pasado, sino que han de aprender también a mirar. Y, a este respecto, es interesante bajo todos los puntos de vista de lo que se lleva diciendo aquí lo que ocurrió, en 1798, con un abanico y dos franciscanos de Toledo: fray Bartolomé de Pedro Bernardo y fray José de Villacañas.

El abanico en cuestión se había vendido mucho, en ese año, en las ferias de Valladolid, Segovia y Ávila. En él, dicen los inquisidores que lo examinaron, había pintada «una figura que a primera vista parecía una Concepción, extendida la túnica blanca y manto azul y su cabeza coronada de rayos y resplandores; pero no es posible que en un abanico se pinten imágenes de santos ni de la Santísima Virgen, y la inmodestia y desnudez que en ellas se hallan no dan lugar a semejantes pensamientos». Y, en efecto, se trata de figuras de reyes y príncipes y del Papa, y de la alegoría de la Justicia, que los inquisidores consideran cosa perniciosa. Pero el caso es que esos dos franciscanos de que antes hablaba se habían puesto a examinar el mencionado abanico por su cuenta, y «recelando que este artificioso abanico representase otras perjudiciales imágenes mirado en la oscuridad con la luz artificial, hemos practicado esta diligencia, y cuando nos prometíamos no hallar motivo para extender más nuestra censura, nos tuvimos que ocupar en apagar el fuego para poder remitirlo antes que totalmente se quemase» (*Paz y Heliá*, 548).

Los franciscanos, de todos modos, descubrieron muchas más cosas que los inquisidores, y todas ellas abominables.

14. Cadalso nos ha pintado igualmente la vida del «petimetre» o afrancesado o de las damas ilustradas y subrayado su condición de «privilegiados», al narrarnos, por ejemplo, la vergüenza de esas damas por ser españolas ya que no se encontraba en todo Madrid una cinta de un determinado color (Carta LVI de sus *Cartas marruecas*), y José Somoza nos ha dejado extraordinarias estampas del vivir en una aldea de señorío como Piedrahita, y de la bárbara administración de justicia; pero no creo que haya testimonio más vívido y terrible sobre la bruticie de las costumbres familiares, escolares, sociales y religiosas y el espíritu castizo en estado crudo o en trance de liberación por las Luces que la «Vida de don Santiago González Mateo», que don Galo Sánchez publicó en *Revue Hispanique,* 40, 1917.

En ella se habla hasta de una apuesta de estudiantes de comer estiércol humano, que verificó tranquilamente el autor del libro, etc.

15. Azorín se percató perfectamente de que una mayor delicadeza en el comer podía hacer aparecer en la época como «mal español» o no de la casta, y en su libro *Lecturas españolas,* entre los «retratos de algunos malos españoles», cita a Moratín que escribía desde Burdeos a un familiar suyo: «Dios te dé los ácidos gástricos que necesitas para tus pimientos en vinagre, tus sardinas, tus huevos duros, tus callos y tu tarángana frita» y «guárdate de los hartazgos de callos, huevos duros, tarángana, sardinas fritas, chiles, pimientos en vinagre, queso y vinarra, que tanto apeteces por esos ventorrillos rodeados de moscas y de mendigos y perros muertos. ¡Esa sí que es vida!».

El lector del *Diario* de Moratín tiene la tentación de pensar que éste se vuelve ilustrado cuando lee en sus páginas que el autor se ha bañado —quizás por primera vez en un baño— en 1783 y en Londres.

16. Por ejemplo, a propósito de una tal Antonia Ozores de 26 años y vecina de Valladolid, mujer de un cordonero pero que tiene varios amantes más o menos públicos entre ellos el Presidente de la Audiencia, a un canónigo y a un familiar del Santo Oficio. Lo que escandaliza al pudibundo vecindario de la ciudad es que sus elegantes vestidos y sus costumbres desenvueltas «no le correspondían por su estado». Y la gente no toleraba ver que, a prima mañana, la Antonia Ozores saliera de la ciudad montada en un caballo, vestida de hombre, con calzón blanco, una gran capa azul y un bonito sombrero de tres picos. (A.G. Simancas, G. y J. 1043).

En esto estaba realmente la maldad moral: en ese desafío a las *mores* de la casta.

ANTONIO PONZ Y EL PROBLEMA DE LA DESARBOLIZACIÓN ESPAÑOLA

Hans-Joachim Lope

Los 18 tomos del *Viage de España* en los que Antonio Ponz deposita, entre 1771 y 1792, el producto de sus documentaciones artísticas y arqueológicas, han permanecido hasta hoy como un irreemplazable «rimero de consulta artístico-geográfica», un «verdadero museo de arte español» de riquísimo contenido que constituye, antes como ahora, una apreciada «fuente manejada por la erudición regional»,[1] nacional e internacional.[2] Menéndez Pelayo resume:

> El *Viage* de Ponz es más que un libro; es una fecha en la historia de nuestra literatura. Representa tanto en la esfera artística como los viajes de Burriel, Velázquez, Pérez Bayer, Flórez y Villanueva en el campo de las ciencias históricas, o el de Jorge Juan y Ulloa en las ciencias físicas. Fue la resurrección de nuestro pasado estético [...]. Merced a su diligencia salió del polvo de los archivos un sinfín de nombres de arquitectos, de escultores, de pintores, de iluminadores, de vidrieros, de rejeros, de orífices, de plateros, de artistas de toda especie sobre los cuales pesaba un silencio de tres, de cuatro o cinco siglos.[3]

Sin embargo sería erróneo limitar el *Viage de España* a las dimensiones de una «enumeración amplísima de hallazgos artísticos y arqueológicos.[4] Por el contrario, la obra se ensancha cada vez más, convirtiéndose en una «visión amplísima de la realidad nacional» que a cada paso confronta al lector con un «inagotable caudal de sugerencias reformistas, inspiradas en la mentalidad de la Ilustración».[5] Junto al historiador y *anticuario* Antonio Ponz aparece el despierto observador de la realidad española que no cede en ningún momento ante la descorazonante cantidad de problemas y que incluso se confronta con la imagen corrientemente negativa de España que propagan algunos observadores extranjeros, como por ejemplo Norberto Caimo y Masson de Morvilliers.[6] El *Viage* del abate Ponz se convierte así en un extenso panorama de la realidad española en tiempos de Carlos III, con incontables informaciones acerca de la infraestructura (puentes, calles, posadas, canales), industria, artesanado, agricultura, comercio, correos, puertos y una cantidad de otros temas, que el autor profundiza también en los dos tomos de su *Viage fuera de España* (1782-1783), haciendo comparaciones entre España, Francia, Inglaterra y Países Bajos.[7]

Sin embargo, la imagen variopinta y complicada que surge de estas observaciones no está desprovista, ni mucho menos, de constantes temáticas. Esto atañe, por ejemplo, a la «miseria del campo» y a la situación general del agro español,[8] que podría evocarse con voces como pauperismo, devastación, agotamiento de los campos, éxodo rural, etc., y que inspiró, como es sabido, las tentativas de solución de la *Industria popular* (1774) de Rodríguez Campomanes y de la *Ley agraria* (1797) de Jovellanos.[9] En este contexto Ponz constata entre otras cosas la existencia de un profundo enajenamiento entre la clase terrateniente y el grueso de la población rural, enajenamiento que hasta entonces no ha podido ser superado ni con la buena voluntad de las numerosas sociedades de amigos del país.[10] Tal vez por eso el autor no deje de subrayar la dignidad del trabajo agrícola con audibles tonos fisiocráticos y reconozca en el conjunto de la problemática planteada el punto de partida para una campaña única en la historia española, una nueva *conquista* que deja atrás con mucho a la de la Edad Media. Quien contribuya a aumentar el número de los «pobladores útiles», con quienes Ponz piensa inequivocadamente en los «labradores», se tiene ganada una cita «en el *capite libri* de todos los conquistadores del mundo sin exceptuar a un Alejandro, a un César, y a un Aníbal» (XVI, VI, 262).

Pero la miseria del campesinado es sólo un aspecto de otro problema mucho más general, a saber, la despoblación forestal de España en la que el autor sospecha la verdadera causa de la penosa situación que va constatando. Junto al económico aparece el argumento ecológico, que se introduce en la clara perspectiva de pedir medidas de reforestación. «Los árboles constituyen para Ponz una verdadera obsesión, y posiblemente no existe otro tema que repita tanto».[11] Ya en la *Carta I* del primer tomo se lee:

> Es increíble la aversión que hay en las más partes de España al cultivo de los árboles: su necesidad es extremada a mi entender [...]. Ya sabe Ud.[12] quanto hablo yo sobre este punto en las conversaciones: pienso que sirva de argumento a muchas de mis cartas, y espero demostrar en ellas, que grandísima parte de los males, y pública necesidad, consiste en la escasez de árboles [I, I, 2-3].

Efectivamente, el tema aquí planteado determinará partes enteras del *Viage de España*. La aversión del campesinado hacia la reforestación, que era una indiscutida necesidad en ojos de la culta elite ilustrada, no puede ser combatida desde la mesa de gabinete. Se necesitan apoyos prácticos en vez de prescripciones legales, se trata de acompañar el nuevo comienzo con fundados análisis de necesidades, programas científicos de abarcamiento y protección de las existencias, etc., así como de hacer inteligible su imperiosa necesidad. El historiador del arte que era Ponz no prescinde tampoco de fundamentaciones estéticas para propagar su idea preferida. Toda la «escasez de árboles» entre Madrid y Toledo no sólo le parece atestiguar el agotamiento de los campos, sino también es «extremadamente ingrata a la vista de los forasteros, que están acostumbrados a ver países llenos de frondosidad y hermosura» (I, I, 2).[13] Todo el país sería más hermoso si no estuviera estropeado por una «cordillera de montes pelados de árboles», pues «los árboles, y la frondosidad en las cercanías de las ciudades, doblan su magestad y contribuyen a que parezcan otro tanto desde la distancia» (I, I, 24).[14]

Con esta cruzada en pro del árbol, el autor se pone al servicio de una meta a la cual muchos ilustrados han dedicado sus actividades.[15] Los *Extractos de las Juntas generales de la Real Sociedad bascongada de Bilbao* del año 1775 informan sobre una generosa campaña de rearbolización en la provincia de Álava.[16] En 1787 la Sociedad de amigos del país de Valladolid declara como meta patriótica la propagación de árboles y viveros,[17] y Jovellanos vuelve con frecuencia al tema de sus «amados árboles», no sólo en el *Discurso sobre la felicidad pública,* sino también en su *Diario.*[18] En las *Observaciones sobre la historia natural* de Cavanilles se asocia esta cuestión al problema difícil y controvertido de la mesta.[19] Así, Ponz se puede apoyar en una amplia bibliografía para hablar de su tema preferido y se revela en distintas ocasiones como un excelente conocedor de las argumentaciones aquí contenidas. Además de los clásicos latinos, como por ejemplo las *Geórgicas* de Virgilio y la *Historia naturalis* de Plinio,[20] se refiere entre otras a la *Agricultura general* de Gabriel Alonso de Herrar, publicada en 1654 ya, pero reeditada varias veces en el siglo XVIII por Mariano Nipho,[21] al *Tratado del cultivo de las tierras* de Du-Hamel,[22] a la *Geografía física de España* de Guillermo Bowles,[23] así como a la *Cartilla de la agricultura* de Antonio Elgueta y Vigil, publicada en Valencia en 1761.[24] Consejos profesionales busca también en un intenso intercambio de pareceres con Casimiro Gómez Ortega, el primer director del Jardín botánico de Madrid, «en quien concurre igual zelo de ser útil a la Nación, y... las recomendables circunstancias de su gran técnica y práctica de quarenta años» (XIII, Pról. IV). Gómez Ortega aportará un importante tratado sobre la «Multiplicación de los árboles» al prólogo del tomo XIII del *Viage de España,* en el cual se discuten los requisitos técnicos, climáticos y organizativos necesarios para la reforestación de regiones individuales de España (XIII, Pról. IV-XVI).[25]

Sobre la base del material así proporcionado, Ponz —quien se llama a sí mismo un «sujeto enamorado de los árboles»— desarrolla la idea de que todo tipo de progreso, ya sea económico, cultural o estético, depende en última instancia de la existencia de sistemas ecológicos intactos:

> [...] no puede crecer la población donde los plantíos no están en todo su auge posible [...], no habrá en los cuerpos de las personas robustez, buena proporción y agradable fisionomía donde no haya plantíos [...], los trajes, forma y colores de los vestidos serán feos en las tierras peladas [...], no habrá aseo y limpieza donde se carezca de [...] plantíos, las artes y las ciencias no pueden florecer en territorios secos y faltos de frondosidad [XII, X, 332].

El medio ambiente intacto es considerado aquí como base imprescindible del perfeccionamiento de la sociedad humana. Valiéndose de los trabajos del científico inglés Joseph Priestley,[26] quien había descubierto en 1774 la importancia de los árboles para el mantenimiento del oxígeno de la atmósfera terrestre, Ponz subraya entre otras cosas la «suma importancia» de cada árbol individual «para la salud de los vivientes», ya que los árboles neutralizan «e influvio pútrido en el ayre... que por consiguiente... purifican» (XI, Pról. XXVII).[27] Aquí los argumentos de Ponz se apoyan en los resultados más actuales de la investigación científica, lo que le permite insistir enérgicamente en la importancia que tienen los árboles para el cambio atmosférico de anhídrido carbónico a oxígeno.

Otro aliado en su lucha en pro del árbol encuentra Ponz en la lingüística. Como lingüista versado en toponimia sabe muy bien que los paisajes españoles no siempre han tenido, ni mucho menos, el aspecto actual. De ello testimonian ya los nombres de lugares tales como por ejemplo *Avellanas, Castañas, Manzanes, Perales,* etc., así como los derivados correspondientes de los cuales el autor enumera más de cuarenta. La deducción está a mano: «Todo esto... manifiesta con qué poco fundamento se cree, que España siempre ha estado... del modo en que hoy se halla» (XI, Pról. XXX).[28] Sin embargo, la amenaza de las existencias boscosas dignas de protección continúa. El descuido en el tratamiento de las reservas naturales del país se ha convertido en una especie de automatismo de conducta a través de las generaciones.[29] Ponz subraya la dimensión histórica del problema remitiendo entre otros muchos documentos a una Ordenanza de Felipe II, enviada al corregidor de Plasencia el 22 de febrero de 1567, en la que se exige con toda energía la «conservación de los montes, de la nueva planta... y otros árboles» (VII, IX, 228). En su comentario[30] el autor destaca que para él, manifiestamente, todo el misterio de la superación de la «decadencia» —real o imaginaria— de España está «en el punto de plantíos de árboles» (IX, Pról. IV). Esta reforma debe tener éxito,[31] en este problema vital quedará probado si el diagnóstico elaborado por la elite ilustrada puede ser efectivo *in situ* y si se superará la contradicción eventualmente construible entre economía y ecología.[32] Ya no es suficiente proyectar grandes soluciones en la mesa de gabinete, ahora se trata, al contrario, de argumentar con la gente concernida, de crear racionalidad, poner en tela de juicio viejas costumbres, combatir ignorancia y malevolencia,[33] y es esta última sobre todo la que conduce a algunos *antiarbolistas* directamente a la criminalidad, cuando contrarrestan o incluso sabotean las medidas de reforestación. «Estos tales... se deben declarar por impíos, enemigos de buena obra, de un santo ejercicio y maléficos a los presentes y venideros» (XI, Pról. XVI).[34]

Más difícil que la lucha contra la malevolencia es, empero, la lucha contra la ignorancia. Ponz resume algunas de las «insufribles necedades» argumentadas por los *antiarbolistas*:

> Dicen que los árboles crían pájaros, los quales se comen las semillas: que quitan las cosechas con sus sombras: que tardan en dar el fruto: que dándole no está seguro de que le roben; que cuando ellos les plantan luego los cortan otros: que donde no hay riego es trabajo perdido el de los árboles: [...]. También hay quien dice, que sin cerrar los campos no puede de ningún modo haber árboles; y por fin dicen otros, que no conviene que haya árboles, porque se esconden ladrones entre ellos [IX, Pról. XVII].

Naturalmente que Ponz no puede aceptar estos argumentos, pero sabe que debe confrontarse con ellos si quiere convencer a los interesados *in situ*. En este sentido subraya la importancia de los pájaros para el ambiente natural[35] y cimienta sus argumentos en materiales estadísticos convincentes, referidos a las cosechas y al desarrollo demográfico de la España de los su tiempo. Según estos materiales, tomados de un Informe oficial de los Directores generales de rentas, España era cada vez más dependiente de las importaciones de grano.[36] «Sin duda que la escasez de árboles causa la sequedad del clima, la esterilidad de la tierra, la falta de granos, y otros males que se han dicho, y se dirán» (IX, Pról. XX-XXI n. 1). Los restantes argumentos de los enemigos de los árboles pueden refutarse con igual facilidad.[37] Por lo demás, la situación ya no es tan desesperada, como lo prueba los primeros éxitos en Madrid y alrededores. No sin orgullo Ponz habla de los «millones de árboles que hemos visto sembrar, plantar y crecer en aquel terreno arenisco de Madrid, entre el estanque del Real Sitio del Retiro, y las cercas del mismo sitio» (IX, Pról. XXII y XXIII). Estos éxitos obtenidos en las inmediaciones de la misma capital [38] prueban de manera tajante que vale la pena seguir planificando y aconsejando, «para fomentar entre los vecinos de cada pueblo el plantío de árboles connaturales a su territorio» (IX, Pról. XLII). Sobre todo se trata de armonizar los análisis teóricos con el trabajo práctico. El *docere* debe estar en una relación adecuada con el *facere*.[39] El mejor diagnóstico sirve de poco si no conduce a buenas terapéuticas, y en este contexto el ejemplo de *Retiro* es altamente alentador.

El argumento de algunos *antiarbolistas* de que la rearbolización podría fomentar el bandolerismo es considerado como absurdo en sí:

> Si por miedo de ladrones no se hubiera de plantar, y sembrar, estaría bueno el mundo. Este mismo miedo podrían tener los que viajan, y comercian por varios Pueblos, Ciudades, y Provincias, y estarse quietos en su casa. Por ventura la copia de árboles sería motivo de menos ladrones; porque aunque es cierto que son generalmente holgazanes los que toman tan abominable oficio, acaso algunos se entregan a él impelidos de la hambre, y por una extrema pobreza, la que no podría ser tan fácilmente verificarse donde hubiese abundancia de frutos [IX, Pról. XXV-XXVI].

Para Ponz el banderolismo no es sólo un problema moral

sino también un problema social que no quiere confundir precipitadamente con la cuestión de la reforestación. Más bien abogaría por medidas judiciales, que ve anticipadas de manera ejemplar en las prescripciones respectivas del *Fuero Juzgo* y de las *Siete Partidas* de Alfonso el Sabio, es decir en capítulos remotos de la historia española. Efectivamente, ambas legislaciones conocían ya el estado de causa del «ultraje de bosque» o, como se diría modernamente, del «delito contra el ambiente», que estaba gravado de dracónicas «penas pecuniarias y corporales» (IX, Pról. XXVI).[40]

También el Antiguo Testamento —otra obra legislativa del pasado— pretende que la naturaleza es merecedora de protección. Según el Génesis, II, vv. 8-9, Dios mismo era jardinero,[41] de manera que proteger su creación significa recordar a la distancia las condiciones que reinaban en el jardín del Edén. Y éste, según Ponz, no era con seguridad ni una «dilatada llanura de trigo o cebada», ni un «garbanzal desnudo de árboles» (IX, Pról. XLIII):

> El Paraíso fue un territorio particular, y deleitable, destinado por Dios para morada del hombre que había formado: un terreno, donde produxo toda suerte de árboles, deleytables a la vista, y de suavísimos frutos al paladar: recinto de extrema frondosidad, belleza, y abundancia: un país, que ni el entusiasmo del Poeta, ni la artificiosa mano del Pintor podrán jamás describirlo como él fue.
>
> Esta fue la primera y natural mansión del hombre, y de donde se vio desterrado por su inobediencia: condenado a comer de su trabajo, a mantenerse de yerba de la tierra: no ya de los deliciosos frutos que espontáneamente le subministraban los árboles del Paraíso: a alimentarse de pan con gran sudor, y a cultivar un suelo ya maldecido por su culpa [...], y así permanecer hasta convertirse en la misma tierra de que fue formado.
>
> Esta ha sido y esta es la ley severa, que generalmente comprehende a los mortales; pero [...] parece que en algún modo levanta Dios la mano en aquellos, que no olvidándose enteramente de su primera morada [...] se procuran con plantíos de varios, útiles y frondosos árboles un suelo parecido en lo posible al que Dios destinó a nuestro primer Padre [...]. Por el contrario el enemigo de las plantas [...] se repre-

senta como olvidado de aquella primitiva y primera morada: ignorante de su propio provecho, insensible a toda belleza, y como que está más agrabada en él la pena del destierro y maldición de Dios [IX, Pról. XLIII-LXV].

Joaquín de la Puente ve en este pasaje del *Viage de España* «algo más que mera literatura».[42] Efectivamente, Antonio Ponz parece escribir estas frases a la vez como artista, teólogo y protector de la naturaleza. Para él no cabe duda: España podría ser el paraíso terrestre «empezando por vestirla de tal, con el arbolado».[43]

A pesar de su sentimentalismo visible, en el cual sobreviven también algunos clichés del *locus amoenus* clásico,[44] las reflexiones citadas escapan al peligro del romanticismo gratuito. Siempre permanecen comprometidas con la Ilustración, ya que el autor nunca pierde de vista una realidad concreta que describe con materiales concretos. Así cita *in extenso* una carta de Floridablanca fechada el 21 de febrero de 1781 y dirigida al obispo de Sigüenza, en la que el desarrollo agrícola queda estrechamente ligado a las medidas de reforestación proyectadas en la zona (X, Pról. X-XIII). Otra carta similar, fechada el 8 de diciembre de 1780, había llegado al obispo de Plasencia, José González de Laso, acerca de cuya diócesis el ministro estaba muy bien informado a través de los reportes de Antonio Zancuelo y Barrado, un colaborador íntimo de Jerónimo de Uztáriz (X, Pról. XIII-XV).[45] En ambos casos el tenor básico de los comentarios de Ponz es que la campaña contra la desarbolización puede ser exitosa si consigue mantener el tema al orden del día.[46] Aranjuez, Granada, Plasencia, Segorve, Toledo (X, Pról. III-IV) e incluso la californiana Los Ángeles responden a las perspectivas de éxito del trabajo paciente y minucioso y así se merecen «los aplausos de la edad presente y la futura» (X, Pról. XXVI). Sus esperanzas más concretas Ponz las pone en el ejemplo que dan algunos representantes del clero quienes se entusiasman personalmente y se comprometen *in situ,* como el arzobispo toledano Lorenzana.[47] Tales experiencias protegen de lo ilusorio, ya que: «Fácil es decir: plántense árboles», las dificultades suelen surgir en la práctica, dado que este tipo de trabajos acarrea en general graves cambios en la vida cotidiana de los magistrados concernidos y de los «infelices labradores», cuyo accionismo irreflexivo es muchas veces contraproducente (XIII, Pról. II). Más que en las medidas que se imponen por la fuerza[48] Ponz quiere confiar en la dinámica propia de la concientización ilustrada, puesto que «dos siglos de tristes experiencias sobre el poco éxito que han tenido las órdenes del Consejo sobre este importante negocio, hacen dudar y rezelar de todo» (XIII, Pról. LXXXIII).

Se trata entonces de un doble proceso de aprendizaje. Éste atañe a la vez a la parte de la población que es contraria a los árboles y a las autoridades centrales que con frecuencia yerran en su apreciación de las resistencias y con ello se han llevado los fracasos conocidos. Efectivamente, los éxitos que ya se han logrado dan derecho a acariciar las «mejores esperanzas» (XV, Pról. II), El propio rey ha tomado conocimiento de la documentación contenida en el *Viage de España,* de manera que las preocupaciones del autor han encontrado un eco oficial en una Real Cédula confirmada por el Consejo de Castilla el 15 de junio de 1788. Ponz copia *in extenso* este documento (XV, Pról. III-VII) que comenta con entusiasmo:

> El día en que se publicó esta memorable Cédula y que, bien observada, puede ser la restauración de la Monarquía y el principio de su verdadera grandeza [...], fue sin duda el mejor que nuestro Autor ha tenido en su vida [...]. Que ella sola eterniza el glorioso nombre del gran Carlos III en todos los siglos venideros, y será el más célebre monumento de su sabio Consejo y Gobierno [XV, Pról. VII-VIII].

Como se sabe, Carlos III muere el 14 de diciembre de 1788. Su Real Cédula no fue aplicada en todas las posibilidades que ofrecía.[49] Pero es interesante ver como este documento es apreciado por el secretario de la Academia de Bellas Artes en el contexto de un reinado nada pobre, como es sabido, en éxitos políticos, económicos y militares.[50] Lo destaca llana y sencillamente como el mayor logro de Carlos III y lo aplaude con «extrema alegría» (XV, Pról. IX). España será algún día, así lo asegura Ponz, «la región de Europa más frondosa, la más abundante, rica y agradable de quantas hay»

(XV, Pról. II). Naturalmente que la lucha no está todavía ganada. Antes como hoy hay que contar con las resistencias de la nobleza terrateniente y de las comunidades aldeanas que persisten en sus costumbres rutinarias.

Queda, sin embargo, un problema extremadamente delicado que hasta ahora no depende de la influencia inmediata del Consejo de Castilla: la madera reservada para el uso de la Marina Real.[51] Ya sería tiempo de introducir nuevas prácticas en este campo de actividades y «que se aboliese la ley, o costumbre de marcar los árboles... como contraria a su multiplicación, dexando absolutamente dueños de ellos, esto es de su tronco, fruto y ramage, a los que realmente lo son». La reforestación de España será exitosa sólo cuando el campesinado vea su propio beneficio en el cuidado de las existencias boscosas. Entonces «crecerían... los árboles de construcción, no solamente para nuestra Armada, sino también para las de otras potencias, que vendrían a buscar maderas con una nueva ganancia de nuestro Reyno» (XV, Pról. XV-XVI). España podría ser, según Ponz, un exportador de madera de uso naval, si el rey y sus ministros estuvieran dispuestos a intervenir en los abusos observados.[52] En esta perspectiva, Ponz liga el criterio del mejoramiento del nivel de vida en el campo con el renacimiento ecológico y sus observaciones le llevan hasta confrontarse con la candente cuestión de la repartición de la tierra y de la proporción propietaria en los bienes de producción.

Como es sabido, las esperanzas de Antonio Ponz no se vieron cumplidas durante su vida. La muerte de Carlos III, la primacía de los asuntos exteriores en tiempos de la Revolución Francesa, las personalidades problemáticas de Carlos IV y de Godoy han sido probablemente, entre otros motivos, las causas por las cuales no fueron aprovechadas las posibilidades tan prometedoras en teoría de la Real Cédula de 1788. En el penúltimo tomo del *Viage* la desilusión del autor se hace patente mediante un nuevo llamado a las autoridades. En las cercanías de Córdoba, a la vista de las riberas del Guadalquivir densamente pobladas de árboles, surge la pregunta siguiente:

> ¿Quando será el dichoso día para toda la nación, en el qual salga una orden seria y executiva para que desde luego se pueblen todas las márgenes de los ríos, riachuelos, arroyadas, acequias y demás sitios húmedos del Reyno? [XVII, II, 77].

Quien captara esta tarea en todo su alcance, colocaría la piedra fundamental de una España feliz, superando a la vez todas las objeciones incalificadas. «Dios quiera que esto se considere con empeño: que se mande y execute presto, por si en nuestros días pudiésemos ver un bien tan grande, mayor que la conquista de nuevos imperios» (XVII, II, 78). Esta frase contiene el sueño de Ponz de una España que, desafiando la historia, tiene que colocarse en un plano en el que hasta ahora ha tenido mucho menos éxito que en otros. El autor habrá entendido al fin que la tan progresista Real Cédula de Carlos III era sólo una etapa —aunque importante— dentro de un camino a recorrer por varias generaciones. Ponz murió el 4 de diciembre de 1792. El tomo XVIII del *Viage de España* fue editado y prologado, como es sabido, póstumamente por su sobrino José Ponz «Nepos».[53]

La transformación de España en el paraíso «verde» soñado por Ponz no ha podido realizarse hasta hoy, a pesar de los progresos notables que se anuncian ya desde el siglo XVIII. También por eso el lector del siglo XX no puede menos que ver en el autor del *Viage de España* a un antecesor de sus propias preocupaciones. En la lengua de su tiempo el abate viajero se topa con un problema que hoy ya hace tiempo que no es exclusivamente español, sino que tiene dimensiones europeas e incluso mundiales. El vacío señalado por Ponz entre el diagnóstico rico en palabras y la terapéutica pobre en resultados, entre el *docere* y el *facere,* parece todavía mal cerrado. Quizás sea un motivo más para volver a recordar a los investigadores del siglo XVIII las observaciones y las sugerencias tan realistas y cercanas a la práctica que nuestro abate ilustrado propone al tema de la desarbolización.

NOTAS

1. Joaquín de la Puente, *La visión de la realidad española en los viajes de Antonio Ponz*, Madrid, 1968, pp. 13 y 14.
2. Cf. Francisco Javier Sánchez Cantón, «El "Viage de España" y el arte español», en *Revista de Occidente* 8 (junio de 1925), pp. 307-330, donde se insiste en que la obra de Ponz servía «como guía segura y práctica» a los generales de Napoleón «para formar con rapidez sus colecciones artísticas» (327).
3. Menéndez Pelayo, *Historia de las ideas estéticas en España*, Ed. Nac., t. III, pp. 561 y 562.
4. Juan Luis Alborg, *Historia de la literatura española*, 4 vol., Madrid, 1983, t. III, pp. 922 y 923.
5. *Ibíd.*, 924.
6. Para el telón de fondo cf. Julián Marías, *La España posible en tiempos de Carlos III*, Madrid, 1963; Juan Dantín Cerceda, «España vista por don A. Ponz», en *Revista de Occidente* 8 (junio de 1925), pp. 301-358. Cf. también *Viage*, t. XVIII, Pról. XXIII, con alusiones a Clarke, Swinburne, Twiss y otros.
7. Helene Waltraud Haibach, *Antonio Ponz und sein «Viage fuera de España»*, Francfort-Berna-Nueva York, 1983; H.-J. Lope, «Die Niederlande und Flandern im Spiegel des "Viage fuera de España" von A. Ponz», en *Studia neolatina*, FS P.M. Schon, ed. J. Thomas, Aquisgrán, 1978, pp. 140-154.
8. J. de la Puente: *La visión...* pp. 62-65.
9. Cf. el resumen en Jean Sarrailh, *L'Espagne éclairée de la seconde moitié du XXIIIe siècle*, París, 1964², pp. 7-24.
10. «Los señores no ven las miserias de sus vasallos ni oyen sus lamentos, y casi miran como extraño un terreno que, por todos respectos y por su interés, debían hacer feliz, promoviendo y amparando a sus moradores» (XII, X, 331). Citamos por: Antonio Ponz, *Viage de España*, 18 vol., Madrid, Ibarra 1787-1794, Reprint: Madrid 1972. Las referencias aparecen directamente en el texto, las cifras romanas remitiendo al tomo y a la carta en cuestión, la cifra arábiga a la página. Las citas sacadas de los prólogos de los tomos citados están también paginadas en cifras romanas.
11. J.L. Alborg, *Historia...*, p. 925. Sigue a la misma página: «Encarece una y otra vez las variadas ventajas de los árboles para la propia agricultura, construcciones, industria, aprovechamiento doméstico, etc., etc., y desarrolla una tenaz campaña [...] en pro del árbol». Ver e.o.: *I*, I, 24-28, 35, 40; V, 235-242; VII, 323; VIII, 352-355, 363-364, 373, 375-378, 393-394. - *II*, VI, 242-243. 248-249. - *III*, IV, 121; V, - 138-139, 143; VI, 159; VIII, 192-193 (Villanueva de la Xara, Mancha), 208; X, 236 (Valencia). - *VII*, I, 3; II, 37, 41-42 (despoblación); II, 38; V, 76-78, 88-89; VII, 174 (Trujillo), 185; IX, 228-242 (Provisión Real sobre montes y plantíos). - *VIII*, I, 2-5; III, 101; V, 195-204 (mesta, Extremadura); VI, 221. - *XI*, Pról. I-XXVII. - *XIV*, III, 91-92. - *XV*, Pról. III-VII (Real Cédula del 15 de junio de 1788); V, 188-189 (Alcaniz). - *XVI*, I, 3, 15; IV, 202-203; VI, 261-263, 268-269. -*XVII*, II,

77-78; III, 147; IV, 154 (Marbella); V, 262-264. - *XVIII*, Pról. XXIII (viajeros extranjeros).

12. J. de la Puente, *La visión...*, p. 33: «se ha supuesto que el destinatario de las Cartas [...] sería Campomanes».

13. Sigue: «[...] la falta de árboles da un aspecto a los campos, y en la imaginación de los pasajeros imprime ideas áridas, y destierra el deleyte, que hace breve, y apacible qualquier camino, por largo y fragoso que sea» (I, I, 2).

14. Cf. I, I, 25: «Ya los bosques de Toledo están muy distantes, y cada día van a menos, como los demás del Reyno: a lo último se acabarán por el gran descuido, en que se vive acerca de este importantísimo cultivo, sin el qual es por de más esperar la abundancia».

15. Detalles históricos en J. Serrailh, *L'Espagne...*, pp. 34-37.

16. *Extractos de las Juntas generales celebradas por la Real Sociedad bascongada de los Amigos del País en la Villa de Bilbao*, Vitoria, 1775, p. 29.

17. Cf. *Diario Pinciano*, 7 de febrero de 1787: «La Real Sociedad ha emprendido sus plantíos [...] sin más fondo que el patriotismo de sus individuos». Publicado en *Boletín de la Academia de Bellas Artes de Valladolid* 8 (1933)-15(1936), Pról. de Narciso Alonso Cortés, 267.

18. Cf. «Discurso dirigido a la Real Sociedad de Amigos del País de Asturias, sobre los medios de promover la felicidad pública de aquel Principado», 22 de abril de 1781, en: BAE L, 443b-444a, 446b, 447b, etc. *Diario, ibíd.*, 255b (la cita), 216a, 297a, 383b, etc.

19. Antonio Joseph Cavanilles, *Observaciones sobre la historia natural, geografía, agricultura, población, y frutos del reyno de Valencia...*, Madrid, Imprenta real, t. I (1795), t. II (1797): Aquí: t. I, pp. 227 y 228.

20. Cf. por ejemplo I, III, 159 (Plinio); III, V, 139 (Virgilio).

21. Alonso de Herrera, *Agricultura general, que trata de la labranza del campo y sus particularidades: crianza de animales, propiedad de las plantas que en ella se contienen y virtudes provechosas a la salud humana*. Madrid, 1654. Francisco Mariano Nipho reeditó la obra en 8 tomos entre 1768 y 1775. Ver las indicaciones detalladas en Antonio Juárez Medina, *Las reediciones de obras de erudición de los siglos XVI y XVII durante el siglo XVIII español*, Francfort-Berna-Nueva York, 1988, p. 55. Cf. también *Viage* IX, Pról. X.

22. Du-Hamel de Monceau, *Tratado del cultivo de las tierras según los principios de Monsieur Tull, inglés*. Compuesto en francés por M. Duhamel de Monceau, traducido al español por D. Miguel Joseph de Aoiz, Madrid, 1751. Cf. también *Viage* X, Pról. II, n. 1.

23. Guillermo Bowles, *Introducción a la historia natural y a la geografía de España*, segunda edición, corregida por Nicolás de Azara, Madrid, Imprenta Real, 1782. (Primera edición 1755). La obra se encuentra también en la biblioteca de Jovellanos, cf. Francisco Aguilar Piñal, *La biblioteca de Jovellanos* (1778), Madrid, 1984, p. 14. Cf. *Viage* IX, Pról. XVII-XVIII.

24. Antonio Elgueta y Vigil, *Cartilla de la agricultura de Moreras, como se practica en Murcia, y su huerta*, Valencia, 1761. Cf. *Viage*, XIII, Pról. XLVIII-XLIX.

25. Más detalles sobre Gómez Ortega en Carlos Arias Divito, *Las*

expediciones científicas españolas durante el siglo XVIII, Madrid, 1968, pp. 26-30 (capítulo: «El equipo del Jardín botánico de Madrid»).

26. Joseph Priestley (1733-1804), teólogo libertino, se vio obligado a emigrar a América en 1791. Sus trabajos científicos se refieren al ácido carbónico y a las cualidades de los óxidos azóticos. Su descubrimiento más importante es el oxígeno, del que habla en su libro *Experiments and observations on different kinds of air,* 3 vol., Londres, 1774-1777.

27. Sigue: «[...] que ninguna planta crece en vano, y que desde el roble de los montes hasta la grama de los campos es útil a la salud del Género Humano, aun las plantas en que no se conoce virtud particular, y hasta las que se tienen por venenosas. Todas medran en el ayre corrompido, y se nutren del ambiente inficionado, chupando por sus hojas aquella pestilencia, que dañaría a los vivientes» (XI, Pról. XXVII-XXVIII).

28. Cf. también XI, Pról. XXIX: «Tampoco puede comprehenderse con qué fundamento creen algunos, que España siempre ha estado como ahora está en materia de plantíos; esto es, pelados la mayor parte de sus territorios; porque los mismos nombres de infinitos de sus Pueblos prueban lo contrario, y no es verosímil que les pusieron nombres de árboles, y arboledas, si allí no las hubiera habido».

29. XI, Pról. IV: «Incomprehensible ceguedad, con que parece que Dios a castigado a esta Nación, y la castiga es en su dictamen la indolencia que por culpa de nuestros pasados experimentamos en esta línea. [...] ¿cómo puede ser otra cosa? [...] ¿dejar pasar siglos, y años sin remediar un mal, que puede causar en alguno nuestra total ruina y despoblación?».

30. VII, IX, 236-237 n. 2: «Todas las tierras que se cultivan en España, y toda España si se cultivase, podría ser al mismo tiempo monte y tierra de labor, alindando los campos que se siembran con los árboles que fuesen más adaptables a los respectivos terrenos. Todas las tierras se bonificarían con el deshoje; crecerían infinitamente los ganados, los hombres, y todos los vivientes. Qualquiera que reflexione esta proposición, podrá añadirle otras mil ventajas, que por la brevedad se omiten».

31. IX, Pról. VI: «[...] casi toda España pudiera ser una arboleda, alindando los campos, todo género de posesiones de árboles: lo que infaliblemente causaría frescura, y temblanza en el ambiente, fecundidad, y resguardo, con el deshoje en las campiñas: abundancia de carbón, y leño para todos los usos: sería un seguro asilo para preservar con el ramoneo la mortandad de los ganados [...] y últimamente sería un objeto sobredeliciosísimo, útil en extremo, por los frutos con que podría suplirse la falta del principal alimento».

32. IX, Pról. VII. «Un pueblo de pobres y mal formadas casas luego manifiesta la fealdad en un paraje pelado de árboles: al contrario, la disimula con paseos de alamedas, con huertas y arboledas adyacentes; y no solamente la disimula, sino que hace concebir agradables ideas al que se acerca a él [...]. ¿Dónde puede darse cosa más fastidiosa, ni de más tedio, que tender la vista en Verano por una dilatada llanura [...] como son las que hay en las dos Castillas: [...] agotados sus arroyos, sin caudal sus ríos, y consumidas sus fuentes? No a una, ni dos, sino a muchas personas visibles y caracterizadas se les oye decir quando vuelven al Reyno, después de haber

desempeñado encargos, o viajado en los extraños, la aflición, y tristeza que les causa ver semejantes objetos».

33. IX, Pról. X: «Tienen sus enemigos, y no pocos, los árboles, y plantíos, pero de gente necia e inconsiderada, como son las razones con que se explican: de gente que no ha nacido, no se ha criado, o no ha hecho morada donde los hay en abundancia, y de quien ignora que el cultivo de los árboles es tanto, o más necesario que otro qualquiera para el mantenimiento humano».

34. La palabra *impío* tiene aquí su sentido más concreto, cf. IX, Pról. XI n. 1: «Obsequiar a Dios, y a sus Santos: solemnizar sus festividades con ramos de árboles, y yerbas olorosas, que se esparcen en los Templos, es natural al hombre, tan antiguo al parecer, como la misma Religión y lo vemos practicar todavía en los Pueblos, Aldeas y Ciudades».

35. IX, Pról. XIX: «Los páxaros, donde hay muchos árboles, no tienen ninguna necesidad de los sembrados. En los mismos árboles encuentran no solamente su casa, sino su alimento [...]. [...] el hombre [...] donde no hay árboles [...] carece [...] del recreo que causan mil géneros de avecillas con su canto, con su vista, y con su agradable compañía [...]. Si fuese cierta la disparatada proposición de que, criando, y abrigando páxaros los árboles, se comen los sembrados, y destruyen los campos, ¡pobre huerta de Valencia y de Murcia! Pobre territorio de Vizcaya..., de Galicia, Cataluña, Asturias y Montañas! ¡Pobre campiña de Lombardía, Florencia, y Nápoles, y pobres de otras de Europa, alindadas y cruzadas de árboles! ¡Nada producirían, nada darían de trigo, cebada, vino, cáñamo, lino, ni de otras mil cosechas!; pero cabalmente son las más seguras, las más ricas, las más fecundas [...]».

36. Cf. IX, Pról. XX-XXI. Según estas estadísticas España ha tenido que importar 12.006.680 fanegas de trigo entre 1756 y 1773. La tendencia va creciendo.

37. IX. Pról. XX: «La otra opinión de que los árboles quitan con su sombra las cosechas, no es menos disparatada [...]. Los árboles que alindan los campos, dan cosechas en lugar de quitarlas: humedecen el ambiente, refrescan la tierra, la fecundan con su deshoje, mantienen el verdor de la yerba para pasto debaxo de sus ramas [...]. ¿De dónde les viene a saber a los miserables que atribuyen a la sombra de los árboles la falta de cosechas, quando ellos apenas sabrán lo que son árboles? [...]. Si algún sugeto sabio en la Física, y en la Chimia se dedicase a demostrar cómo fecundan la tierra los árboles con sus despojos anuales, se acabaría de desvanecer una preocupación, que es tan absurda, como funesta».

38. Cf. tabién V, Prim. div. 5: «[...] después que se vio formar dentro de las cercas del Retiro un bosque espeso, y frondoso en un terreno alto, árido y arenisco, sin más agua que la que cae de las nubes, se han desimpresionado no pocos del error perjudicialísimo en que estaban, de que el territorio de Madrid era incapaz de arboledas, sino a fuerza de riegos».

39. IX, Pról. XLII: «[...] y si se juntase el *facere & docere* [...] no habría más que esperar [...]».

40. *Fuero Juzgo,* libr. III, art. 8 y *Siete Partidas* VII, libr. XV, art. 28, donde se dice: «Árboles, o parras, o viñas son cosas que deben ser mucho

bien guardadas, porque dellas se aprovechan los omes, e reciben muy gran placer, e gran conoorte quando las ven [...]» (IX, Pról. XXVI).

41. «Plantaverat autem Dominus Deus Paradisum voluptatis a principio, in quo posuit hominem quem formaverat. Produxitque Deus de humo omne lignum pulchrum visu, et ad vescendum suave [...]».

42. J. de la Puente: *La visión...*, p. 85.

43. *Ibíd.* Cf. también XIII, Pról. I: «[...] podría España transformarse brevemente en el más bello, abundante, rico, delicioso, y apetecible territorio de Europa».

44. Detalles en Ernst Robert Curtius, *Europäische Literatur und lateinisches Mittelalter,* Berna-Munich, 1963^4, pp. 191-209.

45. Sobre Uztáriz y su escuela crematística cf. Antonio Elorza, *La ideología liberal en la Ilustración española,* Madrid, 1979, pp. 114-117 y 146.

46. X, Pról. III: «[...] como el principio de hacer las cosas es hablar de ellas, no deben tenerse por inútiles, como algunos creen, ni por ineficaces las persuasiones repetidas, que esta obra contiene respecto al plantío de árboles».

47. Cf. X. Pról. I-IV. Detalles en J. de la Puente: *La vision...*, p. 87.

48. Así, en una Providencia del 30 de mayo de 1785, José Antonio de Armona, «Subdelegado de los Montes y Plantíos» de la región matritense, es invitado a imponer por la fuerza las medidas de reforestación previstas. «haciendo responsables, no sólo a los dañadores, sino a las Justicias que fuesen omisas en remediar, y castigar estos, y otros excesos» (XIII, Pról. LXXIX), Ponz critica severamente este procedimiento.

49. Carlos III se refiere, en su Cédula, a otra fechada el 7 de diciembre de 1748, bajo Fernando VI, en la cual «se establecieron las reglas que parecieron oportunas para la conservación y aumento de los montes y plantíos en el Reyno». Constatando que «el tiempo de [...] seis años para la cría de árboles no es suficiente a que estos se arraiguen», se prescribe ahora: «Las tierras en que se hicieren plantíos de olivares, o viñas con arbolado, o huertas de hortaliza con árboles frutales, deberán permanecer cerradas perpetuamente por todo el tiempo que sus dueños o arrendatarios las mantengan pobladas de [...] árboles» (XV, Pról. III, V; ver también XI, Pról. XXI).

50. Cf. el resumen en H.-J. Lope, «Die iberischen Staaten», en *Panorama der fridericianischen Zeit,* ed. J. Ziechmann, Bremen, 1985, pp. 832-841.

51. XV, Pról. XIV-XV: «Ojalá [...] los árboles [...] no se marcasen más en lo venidero, con el pretexto que han de ser para la Real Armada [...], tomándose los executores más licencias de las que comprehenden sus facultades, y dando motivo a muchas quejas, y sobre a todo a que se disminuyan los plantíos a causa de la poca utilidad que en ellos preven los que habían hacerlos, y de las vexaciones a que se consideran expuestos los míseros labradores, sufriendo apremios, multas, y aun prisiones porque la necesidad les obligó a cortar un árbol, que a él, o sus antecesores les costó mucho tiempo planar y criar».

52. XV, Pról. XVI: «¿Cómo era posible que S.M. y su Ministerio aprobasen, que en las Provincias, después de cortado un antiguo árbol, el qual desechó el Comisionado por inútil para la construcción, se dexe podrir [...] sin permitirle al dueño que se aproveche de él? ¿Cómo el que se le dexe

caer la tapia o pared de su triste casa al pobre labrador antes que permitirle sostenerla o repararla con algunos árboles de los que él crió?»

53. José Ponz «Nepos» escribió la *Vida de Don Antonio Ponz* que antepone a la edición póstuma del tomo XVIII (1794) del *Viage de España* (XXV, LXVIII). Ver H.W. Haibach, *Antonio Ponz...*, pp. 11-17, y J.L. Alborg, *Historia...*, p. 921.

LA CRÍTICA RELIGIOSA DE *EL CENSOR* Y EL GRUPO ILUSTRADO DE LA CONDESA DE MONTIJO

José Miguel Caso

Hace aproximadamente un año presentaba en Cádiz, en las «III Jornadas de la Ilustración al Romanticismo», centradas en la literatura clandestina del siglo XVIII, una ponencia titulada: *Un caso atípico de literatura clandestina: el periódico "El Censor"*. En ella sostenía que Cañuelo y Pereira, los que pasan por principales autores y directores del periódico, no eran más que los hombres que encubrían a un grupo de ilustrados que se aglutinaban en torno a la tertulia de la condesa de Montijo, doña María Francisca de Sales Portocarrero y Zúñiga. Y señalaba precisamente que cuando Heredia y Castrigo, es decir, Cañuelo y Pereira, piden permiso para editar *El Censor* tiene doña Francisca de Sales 27 años, y ya había dado abundantes pruebas de su espíritu ilustrado. A los 19 años había traducido las *Instrucciones sobre el sacramento del matrimonio*, de Nicolás Letourneux, a petición del obispo José Climent. Es decir, la condesa se afiliaba a una línea de renovación religiosa, de cuya calificación como *jansenista* trataré después. Esta misma línea es la que encontramos en *El Censor*.

En mi ponencia no entraba en el análisis detallado de las ideas religiosas del periódico; pero como me parece interesante seguir indagando en torno a mi hipótesis de trabajo, voy a dedicar estas líneas a comentar las citadas ideas y ver si encajan o no con las que se presuponen profesadas y defendidas por la condesa y sus tertulianos.

* * *

No voy a repetir la historia del periódico, aunque me parece que conviene aludir a algunos datos, que centren esta publicación para los que no son especialistas en nuestra prensa dieciochesca.

El primer número del periódico se publicó el 8 de febrero de 1781. La petición del permiso la habían firmado Mariano Heredia y Luis Castrigo, nombres bajo los que se escondían los de los abogados de los Reales Consejos, Luis García Cañuelo y Luis Pereira. La primera suspensión ocurre con el núm. 46, el 20 de diciembre de 1781. Comienza la segunda época el 13 de noviembre de 1783. La segunda suspensión sucede el 1 de abril de 1784, con el núm. 67. Reaparece el 1 de setiembre de 1785, y termina definitivamente la publicación el 23 de agosto de 1787, con el núm. 167, aunque no sabemos qué pudo ocurrir para este final, aunque sospecho que debió haber presiones de Floridablanca, cuya política cultural, en relación con la famosa polémica por la España y su mérito literario, venía siendo atacada indirectamente por el periódico desde año y medio antes, culminando en el Discurso 165 con la «Oración apologética por el África y su mérito literario». Aunque a Cañuelo se le considera el principal responsable de la publicación, ayudado en los primeros años por Pereira, he sostenido que los autores han debido ser fundamentalmente los ilustrados de la tertulia de la condesa de Montijo, Tavira, Urquijo, Estanislao de Lugo, Jovellanos, Meléndez Valdés, Samaniego y otros.

Aparte de las razones que he alegado en la ponencia antes aludida, quiero añadir ahora otro argumento: si la mayor parte de los artículos de *El Censor* hubieran sido obra de Cañuelo, fuera de los económicos o económico-sociales, que pertenecerían a Pereira, y salvo aquellos pocos de los que nos consta un autor distinto (Jovellanos, Meléndez, Samaniego), Cañuelo sería un autor genial, de primerísima fila, en la historia del pensamiento español, e incluso desde el punto de vista literario. Parece imposible que un autor así no nos hubiera dejado, ni impreso ni manuscrito, ninguna otra cosa, ni antes de 1781, ni después de 1787, ni entre esos siete años. No quiere ello decir que Cañuelo no fuera en sí mismo un hombre de mentalidad ilustrada y que no asumiera el contenido de todos o la mayor parte de los artículos publicados; pero de esto a ser él el fundador, director y autor de la mayoría de las algo más de 3.000 páginas de *El Censor* hay una gran diferencia.

* * *

No sólo para los temas religiosos, pero especialmente para éstos, me parece fundamental la afirmación que se hace en el discurso 92: «Es menester curar las ideas antes de hacer la guerra a las costumbres». Pero creo que esta frase no debe sacarse de su contexto. *Cosme Damián,* es decir, Samaniego, escribe una carta a *El Censor* sobre cuestiones teatrales; pero en el preámbulo dice:

> Usted no podrá negar a uno de sus lectores, y acaso de sus apasionados, que le eche en cara la parcialidad que va descubriendo en ciertos asuntos, y que le note seriamente este defecto, confirmado cada día por lo que dice y por lo que calla. En efecto, usted que por una parte se desata, se desenfrena contra los altareros, las cofradías, los villancicos, en una palabra, contra las cosas más tremendas de nuestra sagrada religión, y por otra *nec ullum verbum* de las casas de juego, las fondas, las botillerías y otros mil lugares donde celebran sus mercados la corrupción y el desenfreno, ¿se atreverá a blasonar de imparcial y querrá ser tenido por el Catón de nuestro siglo?
>
> Me dirá que no se ha de censurar todo en un día; que estos artículos se hallan notados con ojo al margen en su libro verde; que al cabo les llegará su semana, como quien dice su San Martín; que es menester curar las ideas antes de hacer la guerra a las costumbres, y en fin, que si se ha de tratar de las cosas oportunamente es preciso hablar de chascos en Carnestolendas, de mamantones en Pascua, de pitos por las Ferias y de belenes por Navidad.

Curar las ideas en materia de religión exige una estrategia doble: poner en ridículo las que hay que hacer desaparecer y al mismo tiempo ofrecer o insinuar las que deben sustituirlas. Hacer sólo lo primero hubiera parecido una simple lucha contra la religión, y entonces se hubiera podido afiliar a *El Censor* con cualquiera de los conocidos autores anticristianos de entonces. De aquí que en nuestro periódico se acompañe también lo que debe sustituir a lo que se condena.

El discurso 94 arranca de una afirmación muy extendida, y no sólo entonces: dicen que en España es donde el cristianismo se ha conservado en toda su pureza, que es donde triunfa la religión católica. Sin transición el autor añade que así hablaría él si quisiera adular a la nación, captar sus aplausos y fomentar sus preocupaciones; pero el periódico no hace profesión de favorecer errores, sino de decir verdades por ásperas y desagradables que sean. El párrafo siguiente presenta ya claramente, y en oposición, las dos concepciones.

> Si el cristianismo se reduce a puras exterioridades; si no consiste en más que en la observancia de algunas prácticas piadosas, en la suntuosidad de los templos, en el número y riquezas de los ministros, en una palabra, en la exactitud, aparato y magnificencia del culto externo, no tiene duda, en ninguna parte florece como entre nosotros. Mas si la verdadera religión no se contenta con estas cosas; si lejos de contentarse las abomina y las reputa por estiércol impuro, cuando no las acompaña la observancia de aquellas leyes que la razón impone y ella confirma; si allí florece no en donde hay mayor número de hombres que se dicen cristianos, sino en donde es mayor el de los que observan el cristianismo, ¡oh, cuán pequeño fundamento tiene nuestra jactancia!

Religiosidad interna frente a religiosidad externa, y condenación del cristianismo español por practicar sólo la última. Pero el autor opone además la fe sin obras a la fe acompañada de la caridad, y concretamente de una caridad que significa una preocupación por todos los hombres. Me parece esto último un matiz importante. Dice así el autor:

> Un hombre que mira con una total indiferencia a todo el resto del género humano; que no acortará un plato de su

regalada mesa para aliviar la miseria del infeliz que perece de hambre; que no hará un servicio a otro hombre por importante que sea, si le cuesta la más ligera incomodidad, la más pequeña deferencia; que por más seguridades que se le ofrezcan de su reintegro, no se privará por un corto espacio de tiempo de contemplar una pequeña parte del dinero que tiene ocioso en sus arcas, para mejorar la condición de un honrado artesano; que vive en una perpetua ociosidad a costa del sudor de una infinidad de miserables que trabajan para él, sin que él por su parte les recompense en manera alguna su trabajo, y que de nada de esto hace el menor escrúpulo, siente el menor remordimiento, ¿cómo es posible que crea por más que haga alarde de su fe, y que recite el Símbolo a cada paso, que crea, digo, seriamente que hay una vida futura, y que vendrá aquel día en que los *justos se levantarán con grande esfuerzo contra los que los afligieron y usurparon el fruto de sus trabajos*?

Conviene observar que no se trata de obras de caridad, sino de obras de justicia, o si se prefiere de la obligación del cristiano de ejercer una acción social. Desde esta perspectiva, el hombre que no comete habitualmente determinados pecados, que lleva una vida retirada y uniforme, que da tal cual ochavo de limosna, que frecuenta los templos, que tiene algunas devociones particulares, que se confiesa a menudo, que se escandaliza de oír en ciertas materias lo que no es conforme al dictamen de su confesor, podrá pasar por un santo y estar a dos dedos de hacer milagros, pero no será nunca un buen cristiano.

Lo dicho en el discurso 94 lo amplía en el 100 con referencia a los ayunos y penitencias de Semana Santa y a la costumbre de suprimir el agua bendita después de los oficios de Jueves Santo. Merece la pena subrayar esta frase: «Me parece que nuestra religión es una religión de teatro».

La idea de que un hombre que no sea útil a sus conciudadanos no puede ser buen cristiano aparece ya en el discurso 4, en el que se describe a Eusebio, rico por herencia, que se limita a cobrar la renta de sus colonos; que no ejerce ningún cargo público; que cuando le nace un hijo lo traspasa inmediatamente a un ama de leche, fuera de casa, para que la madre quede libre de preocupaciones; que, cuando el hijo está en período de recibir educación, lo manda a un seminario o a un colegio, y que no tiene vicios de ningún tipo. Oye su misa diaria, visita la iglesia en que están las cuarenta horas, cumple el precepto pascual y comulga en determinadas fiestas principales, reza todas las noches el rosario, y deposita en manos de su confesor las decisiones de su casa, incluso la elección de los criados. Pues precisamente por todo esto, o mejor dicho, por no preocuparse por sus prójimos, es un mal cristiano.

La crítica a la religiosidad que se detiene en esas formas externas que no son consecuencia de un movimiento interior del alma, y sin que contribuyan en nada a él, aparece en *El Censor* en diversos discursos. En el 24, bajo el artificio de una carta que le escribe el mayordomo de una Real Hermandad, se ponen en solfa los adornos, las arañas, los transparentes, las imágenes vestidas de tisú, los rosarios por las calles, las misas de mucha pompa, etc. El bueno del mayordomo protesta porque ha llegado un párroco nuevo que prohíbe toda esta serie de cosas, apoyado además en una orden del obispo. La consecuencia está clara: la Hermandad pierde muchos devotos y por lo mismo mucho dinero. Es curioso que se pongan en boca del párroco unas ideas sobre arte religioso, que coinciden naturalmente con las de los ilustrados: se quiere una iglesia severa, pero solemne, con escasos adornos, pero que sean auténticas obras de arte. Es decir, se trata de evitar todo lo que pueda entrar por los sentidos y quedarse en ellos, para buscar un lugar en el que los sentidos tengan poco que admirar, pero ese poco sirva para la interiorización del sentimiento religioso.

Una serie de discursos (146, 147, 148, 151, 153) tocan un tema que entonces levantaba ronchas. Hay que estar impuesto en la literatura piadosa del siglo XVIII para comprender cómo podía ser la reacción de los ilustrados ante libros en los que se acumulan milagros falsos o inventados, profecías y anuncios sin ninguna autoridad y hechos extraordinarios de todo tipo. Se trata de auténticas aberraciones, de blasfemias y en el fondo hasta de herejías, aunque circulen con todos los permisos pertinentes. Es una literatura que tiene una explicación muy fácil: el hombre ignorante, el que es incapaz de pensar, tiene una indudable tendencia, antes, entonces y ahora, a buscar una explicación irracional y maravillosa de los hechos más insignificantes, cuando no entren en sus limitadas explicaderas. Era, por tanto, muy fácil jugar con ellos, hacerles creer cualquier absurdo y, en consecuencia, conseguir buenos dineros. Esto quiere decir que los interesados era lógico que reaccionaran violentamente contra quienes los ponían en evidencia. Recuérdese el caso de Feijoo y las flores de San Luis del Monte.

El cisterciense Antonio Bozal, maestro del número, calificador del Santo Oficio y ex-abad del Real Monasterio de Nuestra Señora de Veruela, había publicado un *Epítome de la vida de san Francisco* (1785), que es todo él un conjunto de monstruosidades, de blasfemias y de herejías. En el discurso 146 recoge su autor un precioso florilegio de milagros procedentes de diversos libros. El último procede del *Epítome* de Bozal. Éste se apresuró a publicar el folleto *Conversación métrica entre dos muchachos alcorconeros,* en el que defiende la historicidad del tal milagro (san Francisco lidiando en espíritu y cuerpo a cuerpo y venciendo a un ejército de 70.000 demonios). De paso se acusa a *El Censor* de ser enemigo de los milagros y de negar el poder de Dios para hacerlos. En el discurso 151 se comenta la *Conversación*; pero en el 153 *El Censor* se ensaña con el *Epítome* de Bozal. ¡Buena se organizó! Se publica un *Cordonazo de san Francisco, respuesta seria de un minorita a la carta burlesca del Censor,* a este *Cordonazo* responde el P. Centeno en *El Apologista universal*, XVI (enero de 1788); poco después apareció el folleto *Censor de Censor, o apología cristiana contra la destemplada crítica del Censor en su Discurso 153, por don Francisco Mallent de Portocarrero* (anunciado en *Gaceta* el 11 de marzo de 1788). Mientras tanto *El Censor* había cesado definitivamente en agosto de 1787. La Inquisición prohíbe el *Epítome* del P. Bozal y el discurso 153. Entonces aparece una *Defensa que el orden franciscano ha hecho solicitando se saque de los edictos y se declare sólido, verdadero y conforme con nuestra creencia cuanto está escrito en el Epítome.* El 14 de marzo de 1796 la Inquisición pide censura de todos estos libros y folletos (AHN, Inquisición, leg. 4.481, nº 6). Ignoro quién la hizo, porque está incompleta y sin nombre de autor; pero dice que el *Epítome* es «testigo de las blasfemias hereticales» que se han dicho de san Francisco; igualmente lo es la *Defensa*. En el discurso 153 sólo encuentra dos cosas dignas de reparo: que faltó a la verdad diciendo que en el *Epítome* no hay nada imitable, cosa que no es de extrañar, si se tienen en cuenta las blasfemias, temeridades, imposturas, errores y falsedades que contiene; la segunda es que en vez de tratar la materia con lástima, dolor y compasión, la trató en estilo burlesco y satírico. A pesar de todo cree que está justamente prohibido el discurso; pero también el *Epítome* y la *Defensa*.

Me he entretenido con este episodio porque he querido poner de relieve la razón de las burlas de *El Censor,* la cerrazón (¿de raíz económica?) de tantos frailes (cistercienses y franciscanos), y en suma hasta qué punto la oposición entre iglesia tradicional e iglesia renovada era dura y casi se puede decir hasta cruenta.

En el discuro 71 trata *El Censor* de los inmensos tesoros de las iglesias, se utilicen o no en funciones de culto. Para el autor estas riquezas en oro y plata no responden al auténtico espíritu del cristianismo. Deberían transformarse en beneficio de los necesitados; pero de nuevo nos volvemos a encontrar con una idea de beneficio que traspasa los límites de la simple caridad a los pobres: lo que se propone es la creación con los dineros adquiridos de montepíos que sirvan para ayudar a agricultores, pescadores y artesanos. Pensando en que unos años antes Jovellanos, al comentar el proyecto de *erarios públicos* o bancos de giro de Valle de la Cerda y Salablanca,* exponía a Campomanes la necesidad de un montepío para promocionar la agricultura y la industria artesanal de Sevilla, pienso si no será él el autor del discurso 71.

En el discurso 46 se toca otro tema típico de la Ilustración. Dice el autor que los predicadores hablan mucho del ateísmo y de la incredulidad, temas que no vienen a cuento; pero nada dicen de la superstición, que:

---

* Jovellanos, *Obras completas,* ed. de J.M. Caso González, II, Oviedo, 1985, pp. 76-85.

> [...] es un delito contra la religión, igualmente que la incredulidad, un vicio que, reduciéndola a meras exterioridades y apariencias, la enerva, la destruye y la aniquila con tanta más facilidad cuanto hiere más la imaginación, tiene un acceso más fácil en los ánimos y un apoyo más seguro en la ignorancia y en la propensión de los más de los hombres a lo maravilloso.

Nuestro autor señala algunas supersticiones: el que los fieles extiendan los brazos para recoger al fin de la misa la bendición del sacerdote; la necesidad de ir a un santuario en vida, porque sino ser irá después de muerto; el culto que se tributa a los santos, y que sólo corresponde a Dios; el que se rinde a determinada imagen, lo que toca en idolatría; las falsas reliquias; la multitud de revelaciones y profecías fingidas; los milagros inventados; las ceremonias vanas, frívolas y a veces perniciosas; las oraciones inventadas por particulares, etc. Y termina con una carta, fechada el 25 de noviembre de 1781, en la que el corresponsal manifiesta su extrañeza porque todavía no se haya conquistado Gibraltar, siendo tan fácil: bastaría con colocar el escapulario del Carmen a 5.000 soldados, y como las balas no hacen daño a quien lo lleva, podrían entrar por el Peñón como de paseo y arrojar al mar a las tropas inglesas. Este discurso le costó a *El Censor* la primera suspensión.

Tienen también interés los discursos 78 (condenación de las fundaciones pías, que sólo obedecen a la vanidad de los fundadores), 123 (retratando a los fariseos apunta a la hipocresía eclesiástica) y el 128 (en el que se trata de la designación como obispo de un sacerdote digno y sabio, pero que no pertenece a los que se llaman clérigos de carrera). En *El Censor* hay una serie de artículos (45, 61, 63, 75, 89, 90, 101, 106, 107) en los que se exponen la vida, las costumbres y las ideas de una región llamada *Cosmosia,* que no es otra que España. En realidad se trata de una utopía. Algunos de estos discursos (75, 101) tratan de la organización religiosa. Prescindo ahora de ellos, no porque carezcan de interés, sino porque habría que ver el aspecto religioso en relación con todos los otros, y esto me ocuparía demasiado espacio. Baste decir que la organización de los *Ayparchontes* es lo más opuesto al *status* vigente en la Iglesia del siglo XVIII.

* * *

La mejor síntesis de lo que *El Censor* ha pretendido en materia religiosa la encontramos en el discurso 74. Al señalar una serie de palabras con posible doble significación, lo que sirve al autor para hacer una crítica variada, leemos el siguiente párrafo:

> *Buen cristiano* es una expresión que intentan algunos reducir a una significación tan estrecha, que habría apenas sujeto a quien pudiese convenir; de manera que, si lo consiguiesen, vendría a ser enteramente inútil en la lengua castellana. Es muy mal hecho, y debe usted ampararla en la quieta y pacífica posesión en que de inmemorial se halla, de significar un hombre que oye infaliblemente su misa, visita las cuarenta horas y reza su rosario todos los días; que se confiesa y comulga todos los meses a lo menos; que es cofrade de media docena de Hermandades, y sobre todo que cree en Dios a pies juntos y sin meterse jamás en honduras.

* * *

Creo que conviene añadir que sin una precisa confesión de antijesuitismo, éste está presente. Algunas veces serán citas concretas de autores jesuitas (el peor parado es el P. Isla por su traducción del *Año cristiano* de Croisset), y otras veces condenaciones de doctrinas generalmente atribuidas a ellos, especialmente en cuestiones de moral. Otro aspecto que merece la pena subrayar es que el autor o autores de estos discursos manejan una bibliografía que tiene su significación. Aparte de la Biblia, el apoyo a sus afirmaciones lo buscan en los Padres de la Iglesia, como san Jerónimo, san Juan Crisóstomo o san Ambrosio, lo cual nos recuerda el principio de la necesidad de volver a las fuentes.

* * *

Leyendo con atención todos estos discursos yo tengo la impresión de que hay dos o tres autores distintos. El grupo de los *cosmosianos* parecen de una mano distinta al de los *milagreros,* y ambos distintos a su vez a discursos como el 4, el 71, el 78, el 96 y el 128. Pudiera ser el tema el que diera distinto tono; pero hay un vocabulario, un tipo de frase y una serie de recursos estilíticos que no coinciden. Por ello, la primera conclusión que se me impone es la de que hubo varios autores, y acaso ninguno de ellos fueron ni Cañuelo ni Pereira.

Los autores, sin repetir ahora argumentos que ya he utilizado en mi citada ponencia de Cádiz, hay que buscarlos entre los asistentes a la tertulia de la condesa de Montijo. Y de todos ellos los que me parecen candidatos más cualificados son: Pedro de Silva Sarmiento, Estanislao de Lugo (futuro marido en segundas nupcias de la condesa), Antonio Tavira, el canónigo Cuesta y Jovellanos.

Las ideas religiosas de la mayor parte de estas personas las conocemos suficientemente. Paula de Demerson, Jorge Demerson, Joël Saugnieux o yo mismo hemos analizado más o menos ampliamente el pensamiento religioso de la condesa de Montijo, de Estanislao de Lugo, de Tavira y de Jovellanos. La lista de los posibles autores pertenecientes al círculo de la condesa podría ampliarse; pero no creo que merezca la pena.

Una comparación puntual de ideas de unos y otros podría acercarnos, aunque tengo mis dudas, a la determinación de la autoría de los discursos de *El Censor.* Sin embargo, no me parece neesario. Teniendo en cuenta los estudios aludidos, podemos asegurar que todo el grupo participa de las mismas ideas, y que acaso por ello lo menos importante es determinar si tal discurso corresponde a tal autor, porque en definitiva lo significativo es la presencia activa del grupo en la publicación del periódico.

* * *

Para terminar no tengo más remedio que aludir al manoseado tema del jansenismo, o si se prefiere, del jansenismo español, aunque sólo sea porque la mayor parte de la bibliografía a que he aludido insiste en este asunto.

El poco espacio de que dispongo me impide exponer con extensión los argumentos en que se fundan las afirmaciones que voy a hacer. Pero creo que ante especialistas tampoco es necesario explicitarlo todo.

Por lo pronto, el pretendido jansenismo del siglo XVIII, lo mismo en España que en Francia o en Italia, es un asunto demasiado complejo, y que no puede resolverse con cuatro palabras. En primer lugar, porque nadie en el siglo XVIII, y menos los que utilizaban la palabra como arma arrojadiza, se ha atrevido a definir con exactitud el término, es decir, a especificar un conjunto de puntos de doctrina que lo identifiquen y lo diferencien de cualquier otra corriente católica. Y, sin embargo, históricamente parece muy simple: por un lado están los que consideran que el *status* doctrinal, canónico, moral y de poderes y privilegios, es no sólo el que debe respetarse por la sagrada tradición de la Iglesia, sino que tiene incluso origen divino; por el otro se levantan multitud de voces que condenan ese *status*. Se ponen en entredicho o se atacan directamente multitud de puntos de doctrina que proceden de las elucubraciones de los teólogos de ésta o la otra escuela; se descubren un sinnúmero de falsedades canónicas; se discute la autoridad temporal de los papas, e incluso los límites de la autoridad espiritual; se señalan como perniciosas y atentatorias a la santidad de la religión infinitas costumbres; se acusa al clero, y especialmente al regular, de crear, mantener y propagar toda clase de supersticiones, sólo porque tienen relación con sus ingresos; se les tacha de ignorantes, de no saber, si es que lo saben, más que un manual de moral, en concreto el famoso y maldecido Lárraga; detrás de todo esto está, lógicamente, el casuismo jesuítico. Todo esto es cierto; pero la realidad histórica nos indica que si detrás de estas críticas y del correspondiente cuerpo de doctrina, están san Agustín, santo Tomás y Port-Royal, y están las lejanas consecuencias del *Agustinus* de Jansenio, deberíamos también recordar el erasmismo de principios del siglo XVI, la espiritualidad alemana del siglo XV, centrada en el conocido *Kempis,* es decir, en el *De imitatione Christi* de

Thomas Hemerken, máximo representante de la llamada *devotio moderna*. Hasta si se me apura un poco podríamos encontrar determinados aspectos del luteranismo del siglo XVI. Pero decir que en ese grupo de ilustrados confluyen ideas procedentes de todos estos campos no significa afiliarlos a ninguno de ellos, y acaso menos que a todos al jansenismo del siglo XVII.

Appolis, en 1966, había ya relacionado a estos reformadores religiosos del siglo XVIII con el Concilio Vaticano II. Yo mismo había establecido esta misma relación uno o dos años antes. Pero como no es conveniente confundir lo que no debe confundirse, hay que aclarar que, si ponemos en relación la historia de los dos o tres últimos siglos con nuestro vivir actual, encontraremos una serie de problemas, de ideas y de soluciones nuestras que nos vienen de atrás. En sí esto no tiene mayor importancia, porque pertenece al decurso natural de la historia. Sin embargo, el Vaticano II fue un hecho transcendental, no por abrir una nueva época en la historia de la Iglesia, sino por enfrentarse con toda la problemática que se había planteado desde mucho antes, pero especialmente desde el siglo XVIII. El pensamiento de Juan XXIII estaba muy claro a este respecto: se trataba de revisar la doctrina de la Iglesia desde los presupuestos reformistas que habían estado presentes en los tres siglos anteriores. Lo declaró a Henri Fesquet en una entrevista publicada en *Le Monde* poco después de convocar oficialmente el concilio. Juan XXIII no se anduvo con paños calientes: dijo que había que revisar una serie de cuestiones, y entre ellas apuntó la de la infalibilidad pontificia. La curia se encargó de recortar las alas al papa; pero cuando se leen los documentos finales del concilio, y sobre todo cuando se sigue el desarrollo de sus sesiones a través de las buenas crónicas de prensa, como las de Fesquet, se advierte que el concilio no estaba abriendo una nueva época, sino cerrando, y a favor de los reformistas, la que había empezado tres siglos antes.

Si esto es cierto, hay que dar un giro copernicano al tratar de hacer la historia religiosa del siglo XVIII, porque ya no es cuestión de ortodoxias o heterodoxias, sino de dos maneras distintas de concebir la Iglesia. Y en tanto que la de los reformadores de entonces es, en gran parte, la que llega al Concilio, no cabe duda que ella fue una concepción con futuro, mientras que la tradicional estaba condenada a desaparecer. La dinámica de la historia señala este rumbo, aunque ahora parezca otra cosa.

* * *

Por toda esta serie de razones yo no puedo utilizar palabras como *jansenismo,* que nos lleva a determinados y concretos problemas. Creo que se trata más bien de *ilustrados* que sacan consecuencias de orden religioso, al aplicar a la Iglesia que tiene delante los principales capitales de su nueva cosmovisión. Yo prefiero hablar de *renovadores.* El que quiera entretenerse en analizar los hilillos que unen cada una de sus ideas con otras anteriores, que lo haga; pero que al mismo tiempo reconozca la entidad de los nuevos planteamientos.

Estos son los que encontramos en los tertulianos de la condesa de Montijo y en las páginas de *El Censor,* advirtiendo que no se trata sólo de problemas religiosos, sino de toda una nueva concepción del hombre. Porque, esto es lo fundamental, *El Censor,* los asistentes a la tertulia de la condesa y los ilustrados de la segunda mitad del siglo XVIII, lo que están haciendo es establecer una nueva antropología.

EXTREMADURA Y LA ILUSTRACIÓN

Romano García

Creemos que, hoy, constituye casi un lugar común el señalar la estrecha relación existente entre la Ilustración y la burguesía: la evolución de aquélla se percibe ligada a la de ésta. Por una parte, el avance de la burguesía y el incremento de la producción, la confianza en las iniciativas humanas y la laicización de la cultura son fenómenos que no pueden separarse. Puede decirse que el pensamiento europeo es, desde que emerge la burguesía, pensamiento burgués. La Ilustración corresponde a una etapa en que la burguesía crece y se consolida. Debe añadirse, por otra parte, que la causalidad no es acaparada por la burguesía: el pensamiento ilustrado sirve los intereses burgueses, a los que potencia; es natural: la burguesía favorece el desarrollo autónomo de la razón y, además, todavía no ha emergido el movimiento de la clase obrera. No resulta, pues, exagerado afirmar, desde una perspectiva sociológica —en la que se mueve este trabajo—, con Lucien Goldmann: «Para comprender las ideas esenciales de la Ilustración es necesario partir del análisis de la actividad más importante de la burguesía, el de la actividad económica, y en particular su elemento esencial, el intercambio; único análisis que permite comprender su evolución social e intelectual».[1]

Este planteamiento nos permitió modificar adecuadamente el título de nuestra exposición que, en un primer momento de la programación, fue «La Ilustración en Extremadura». El título eliminado daba por supuesto justamente lo que vamos a negar: que hubiera Ilustración en Extremadura. El nuevo y definitivo, además de no implicar ese supuesto, ofrece otra ventaja: deja la relación entre ambas —Extremadura e Ilustración— lo suficientemente abierta como para que podamos afirmar que, aunque en Extremadura no hubo Ilustración, pudo haber ilustrados. Es lo que esperamos que quede claro al concluir nuestro discurso.

La mentalidad ilustrada se produjo, en España, tímidamente y tardó mucho en consolidarse, debido al efecto retardado con que se fue imponiendo la revolución burguesa, pudiéndose afirmar que una y otra —la burguesía y la mentalidad ilustrada— constituyen una realidad sólo en la segunda mitad del siglo XX. Evoquemos la lamentación orteguiana: «Cuanto más se medita sobre nuestra historia, más clara se advierte esta desastrosa ausencia del siglo XVIII».[2]

¿Qué diremos, entonces, de Extremadura? La ausencia del XVIII en ella fue mucho más terrible. A los males generales de España había que añadir los peculiares suyos: carencia del más mínimo indicio de burguesía renovadora, guerras con Portugal que afectaban de manera especial a la región extremeña, dependencia de los señoríos eclesiástios y civiles, lejanía geográfica de los focos modernizantes, analfabetismo secular,[3] talante resignado y conformista. Sólo en el norte, por su incipiente prosperidad, afloran algunas ideas modernas.

En España, durante el XVIII, emerge e intenta afianzarse, aunque sea con carácter minoritario, una sociedad moderna; pero ésta es frenada por otra, que se resiste, por intereses y por prejuicios, a cualquier transformación: se inicia, así, el *dualismo* de las dos Españas. En Extremadura, ni siquiera eso: sólo se percibe el *monismo* del atraso; en el informe recogido en el *Memorial ajustado* de 1771 de Rodríguez Campomanes, fiscal del Consejo de Castilla, podemos leer lo siguiente: «En Andalucía, La Mancha y Extremadura, países de suyo fertilísimos, el común del vecindario está en la última infelicidad y es poco menos que adscripticio a la gleba de los hacendados». Adolfo Maillo, que nos transcribe este pasaje, añade oportunamente que la situación era aún peor que la de los siervos de la gleba medieval —que no sufrían «hambre de tierra»—: «los braceros y yunteros extremeños no disponían de ninguna».[4] Extremadura, como sus vecinas La Mancha y Andalucía, vivía todavía sometida a los latifundios conformados por la Reconquista.

Y, sin embargo, a pesar de este cuadro desolador, se pueden detectar en Extremadura algunos intentos de «Ilustración»: unos, colectivos; otros, de carácter individual, la mayoría de los cuales no eran estrictamente extremeños, aunque sus actores procedieran de Extremadura o terminaran sus días en estas tierras —su labor se desarrolló en otras latitudes—. Naturalmente, esos intentos —colectivos o individuales— no adquirieron ninguna trascendencia por no apoyarse en ningún progreso real de la sociedad extremeña.

A Extremadura llegaron las Sociedades Económicas de Amigos del País: la de Plasencia, creada en 1779, y la de Trujillo, en 1787; esta última logró lanzar alguna publicación. Sus tertulias promovían el impulso de la agricultura y el de las artes útiles: se trata de la influencia de la doctrina fisiocrática que, como se sabe, defendía la necesidad de la revolución agrícola junto a la industrial y política.[5] Sus logros fueron escasos, si no nulos, ya que se desenvolvían en un medio hostil, lo que, a su vez, se explica por la ausencia de base social, por la inexistencia de un desarrollo económico y social.

Acontecimiento decisivo fue, en 1790, la creación, en Cáceres, de la Real Audiencia de Extremadura, que convertía a la región extremeña en provincia administrativa y movilizaría, de alguna manera, algunas fuerzas aisladas y soterradas de progreso.

En cuanto a las figuras individuales —la mayoría de ellas no vive en Extremadura—, nos referiremos a las más importantes: se hacen eco de su tierra originaria —los nacidos fuera la adoptan como propia— y algunas constituyen una gloria de la cultura española. En cualquier caso, «se tuvieron ellos mismos por extremeños y por tales los consideraron sus contemporáneos».[6]

Se ha discutido mucho sobre la oportunidad de incluir entre los ilustrados a Vicente García de la Huerta (1734-1787). En cualquier caso, predomina en él, y es muy visible, cierta hostilidad a los planteamientos reformistas del Estado. Algunos historiadores han recogido ciertos datos de su biografía que hablarían en sentido contrario y han intentado suavizar su actitud conservatista atribuyéndola al hecho de haber sido objeto de injustas persecuciones por parte de algún gobernante. Su obra más importante —o, al menos, la que goza de más predicamento—, *Raquel,* es considerada como una tragedia neoclásica.

Francisco Gregorio de Salas (que murió en 1808) es un poeta sencillo; para nosotros tiene, en cambio, mucho interés su actitud autocrítica, mostrando de manera muy llana su disconformidad con el orden existente. Muestra de ello es esta décima, en la que se queja amargamente de la situación de su tierra extremeña:

> *Espíritu desunido*
> *anima a los extremeños;*
> *jamás entran en empeños*
> *ni quieren tomar partido.*
> *Cada cual en sí metido*
> *y contento en su rincón*
> *huyen de toda instrucción*
> *y aunque es mucha su agudeza*
> *vienen a ser, por pereza,*
> *los indios de la nación.*

Naturalmente, la pereza de los pueblos no constituye una causa adecuada para explicar su atraso —la pereza es más efecto que causa—: hay que buscarla, más profundamente, en la lucha de intereses entre clases sociales. Pero, como decía Marx de la religión, digamos nosotros que estos gemidos poéticos tienen un valor de síntoma de la conciencia —acompañada de protesta— de la miseria, que anhela ser redimida.

Juan Pablo Forner (1756-1797) es otra figura controvertida por lo que se refiere a sus actitudes frente al problema de la modernización de España. Se percibe, en sus *Discursos filosóficos sobre el hombre,* una dimensión anti-ilustrada y detractora del impulso iluminista del XVIII. En cambio, las *Exequias de la lengua castellana* y, especialmente, *Los gramáticos* han hecho decir a Sáinz Rodríguez: «Jamás se sujetó a la tradición escolástica y es un libre continuador de la filosofía renacentista, rehabilitando los métodos científicos de Bacon y Vives».[7] También ofrece gran interés su *Discurso sobre el método de escribir y mejorar la historia de España.*

Juan Meléndez Valdés (1754-1817) es, sin duda, el más importante de los escritores extremeños del XVIII y su actitud es claramente ilustrada. Poetiza los temas de la Ilustración y de la masonería —sin que pueda probarse su adhesión a este movimiento—. Georges Demerson lo considera un modelo de afrancesado y señala, en él, una paradoja muy curiosa: siendo simpatizante de la Revolución Francesa, tuvo que combatir, en su profesión, como magistrado, la literatura pro-francesa; pero esa misma actividad profesional «anti-revolucionaria» le permitía leer —nos imaginamos que con fruición— «algunos panfletos que logró capturar».[8] El llamado *poeta de la Ilustración* es autor de unos *Discursos forenses,* llenos de ideas ilustradas, y en uno de los cuales se ha detectado «un alegato en favor de la educación popular», que contiene «*in nuce* la substancia del *Informe* que su amigo Quintana redactó en 1818, base de la estructura posterior de nuestra instrucción pública».[9]

Otra voz —esta vez netamente política y con un proyecto bien delimitado, sin haber abandonado, además su tierra extremeña— nos llega de Pedro Ramírez Barragán (1715-1800). Su proyecto se titula *Idea de un político gobierno*.[10]

A Ramírez Barragán —que nace y vive en La Torre de Miguel Sesmero (Badajoz), llegando a ser su alcalde— le parece, con planteamiento muy superestructurales, que los males sociales procedían de una mala administración municipal. La reforma social y política debería, por tanto, iniciarse en los ayuntamientos.

El texto expone una terapéutica política, que se inspira en la práctica médica: la primera parte ofrece un diagnóstico de la enfermedad y de los males, de los llamados por él «perjuicios»; la segunda se dedica a los fármacos políticos, que él titula «remedios». El escrito presenta asimismo una forma geométrica muy visible: a las «demostraciones» de los tres «perjuicios» de la primera parte corresponden, en la segunda, las «demostraciones» de los tres «remedios». Al comienzo de su discurso, atestigua el autor: «Copia de *Idea de un político gobierno,* en seis demostraciones, de los perjuicios que padecen los pueblos, y lo que se contempló útil a su remedio».[11] Y en el capítulo primero de la cuarta demostración podemos leer lo siguiente: «Para Conozer a un enfermo basta mirarlo a la cara... Mas para curarle se requiere avilidad y facultad médica, conocimiento de el pulso, adbertencia de la Causa, comprehensión de el remedio y un perfecto Análisis para la aplicación de la medicina... De la misma forma, para conozer perfectamente la zerteza de el decadente estado de los Pueblos de esta Provincia, por los accidentes que le conbaten y enfermedades que le aflixen, [...] basta tener ojos para mirar, y más si se le mira con la inclinación y afecto de patricio con que Yo la venero».[12] Reconoce que no puede él personalmente remediar los males; puede, sin embargo, humildemente, señalar por escrito los criterios que podrían inspirar una posible actuación impuesta por los poderes centrales.

Debemos considerarlo como una figura digna de estudio, especialmente si tenemos en cuenta lo que, en aquella época, era Extremadura. Como ocurre con casos aludidos anteriormente, se trata de un fenómeno aislado, que justamente por ello merece *más* nuestro reconocimiento. Resulta admirable comprobar en Ramírez Barragán bastantes rasgos del hombre ilustrado español. Han sido señalados por sus editores: «La utilización de las leyes como fuente principal de su pensamiento, la denuncia de la corrupción, el deseo de convertir en útiles sectores inactivos de población, las referencias a la razón y el espíritu de tolerancia de que hace gala incluso en su vida personal permiten calificar el autor de la *Idea* como un hombre decidido partidario de las reformas que proponía la Monarquía del despotismo ilustrado».[13]

Dentro de las limitaciones caciquiles y oligárquicas —a las que no escapa el propio Ramírez Barragán—, la *Idea de un político gobierno* es un programa que se desarrolla en función de los objetivos de progreso y bien común, conjugados éstos con los intereses individuales. Esos objetivos son descritos, en el umbral mismo de la obra, en la demostración primera: «La mejor administración de los caudales públicos, los mayores adelantamientos en la agricultura, aumento y conservación de los Montes, cría de ganados, la mejor administración de Justicia, y por los medios más equitativos y menos costosos; y últimamente, el más eficaz castigo de delincuentes, para tener purgada la Patria de Malhechores, como utilidad común de todos, y particular de cada uno de los abitantes».[14]

En el fondo, se trata de la triple reforma característica del despotismo español: una reforma *social* que exige, entre otros requisitos, la reforma *agraria*; una reforma *administrativa* en diversos frentes que consiga la misma eficacia que «la militar disciplina», que constituye a los ojos de Ramírez Barragán «un reyno semoviente», mientras que los responsables de la Administración «más parece que estudian en poner embarazos que en remover obstáculos»,[15] y finalmente una reforma *educativa* para hacer rentables a los jóvenes y a los ociosos y marginados.

Si recordamos con Ortega que el siglo XVIII es «el gran siglo educador», se percibe cómo Ramírez Barragán sintoniza, en un rincón de la Extremadura superatrasada, con las inquietudes más modernas del momento. Y el utilitarismo racionalista del XVIII es recurrente en su obra en las múltiples referencias a la ocupación: ésta debe ser mejor en los que la tienen, por ser todavía «menos útil» o «sospechosa»; y ha de procurársela a los vagos y ociosos, reintegrándolos en la sociedad.

Ahora ya puede parecer menos paradójico lo que enunciábamos al comienzo: en Extremadura no hubo Ilustración, pero hubo ilustrados; pudo haber individualidades y grupos ilustrados aislados, pero no hubo Ilustración como movimiento social.

NOTAS

1. *La Ilustración y la sociedad actual,* Monte Ávila, Caracas, 1968, pp. 30 y 31.
2. «Cuaderno de bitácora», *Obras completas,* III, *Revista de Occidente,* Madrid, 1966, p. 600.
3. Fernando Marcos Álvarez, «Las letras en el siglo XVIII», en *Historia de la Baja Extremadura* (Terrón Albarrán, ed.), II, Real Academia de Extremadura, Badajoz, 1986, pp. 903 y 904.
4. *Notas para la historia social de Extremadura en el siglo XVIII,* Institución Cultural «El Brocense», Cáceres, 1983, p. 47.
5. Maillo, ob. cit., p. 50.
6. Marcos Álvarez, ob., cit., p. 909.
7. Intr. a las *Exequias,* Clásicos castellanos, Espasa-Calpe, Madrid, 1925, pp. 45 y 46.
8. *Juan Meléndez Valdés y su tiempo* I, Taurus, 1971, p. 298.
9. Adolfo Maillo, ob. cit., pp. 63 y 64.
10. Edición, inroducción y notas de Miguel Rodríguez Cancho, Ángel Rodríguez Sánchez, José Luis Pereira e Isabel Testón. Asamblea de Extremadura, Mérida, 1986. El texto original se encuentra en el Archivo Histórico Provincial, Sección de la Real Audiencia de Extremadura, legajo 642. Como señalan los editores, existen otros proyectos contemporáneos, dos de ellos referidos a la misma región: *Instrucción de hecho manifestando las causas de la decadencia de Extremadura,* de Bernardino Pérez Caballero, Sevilla, 1770, y *Memorial ajustado,* de Vicente Paíno y Hurtado, Madrid, 1771. Cadalso, Rodríguez Campomanes, Floridablanda y, un poco más tarde, Jovellanos exponen una problemática semejante en sendos escritos.
11. Íd., p. 114.
12. Íd., pp. 157 y 158.
13. Íd., pp. 49 y 50.
14. Íd., p. 127.
15. Íd., pp. 169 y 170.

III

LA ILUSTRACIÓN EN ALEMANIA

LA ILUSTRACIÓN Y LA LETRA IMPRESA
El panorama editorial alemán
a finales de la Ilustración

Paul Raabe

La difusión y los efectos de la Ilustración guardan estrecha paridad con la letra impresa. De ahí que el libro —su producción, distribución e impresión— sea un factor importante al describir la Ilustración si se la considera como un fenómeno histórico el siglo XVIII.

Dentro del juego político de las potencias, Alemania se había convertido entonces en provincia, y esto también era válido para el orden cultural y científico. A la altura de las postrimerías de la civilización medieval, Johannes Gutenberg había inventado en Maguncia el arte de imprimir libros, la posibilidad de multiplicar mediante letras móviles lo escrito: los impresores alemanes exportaron esta revolucionaria acción de las dotes inventivas humanas al espíritu del Renacimiento europeo, y con ello introdujeron el auge de la investigación y el pensamiento humanísticos. Finalmente, y por vez primera en la tierra de Gutenberg, el libro fue probado como arma en la confrontación política y religiosa que mantuvieron Wittenberg y Estrasburgo en tiempos de la Reforma.

En la primera mitad del siglo XVIII ya poco cabía hallar en Alemania de este espíritu pionero de los editores. La guerra de los Treinta Años había traído como consecuencia una inimaginable postración económica, de la cual no llegaron a reponerse generaciones de libreros e impresores por más de cien años. De ahí que fuese mala la calidad del papel, nada exigente la presentación impresa rutinaria, así como barata la tipografía gótica. El estamento de los comerciantes, abstracción hecha de unos pocos nobles y burgueses, era pobre; los intelectuales que leían libros y los utilizaban como instrumento de trabajo tenían pocos ingresos. Sólo gracias al esfuerzo podían montar sus bibliotecas privadas.

Muy distinta era la situación en Francia, pues dominaba allí una censura estricta, y por ello los libros decisivos de la Ilustración temprana tuvieron que aparecer en Holanda o en Suiza. Pero estos libros eran agradables en impresión y papel, amenos en ilustraciones y encuadernación, lujosos y, en suma, bellos tanto para leerlos cuanto para contemplarlos. También en Inglaterra se había mejorado la presentación del libro, mas ante todo existían allí, desde principios del siglo XVIII, círculos de lectores, sociedades de lectura y bibliotecas de préstamos que impulsaron decisivamente la difusión del leer y el saber. Asimismo, en los mejores talleres de Italia y Holanda se mantuvo la gran tradición del arte de imprimir que databa de los siglos XVI y XVII. Son bien conocidas las voluminosas obras fuente dedicadas a la historia, como también los excelentes atlas, los trabajos de calcografía y las ediciones de textos clásicos.

Por consiguiente, la impresión y venta de libros permanecían ampliamente retrasadas en Alemania, si se la compara con otros países europeos. Pero esto cambió en la segunda mitad del siglo XVIII, hasta el punto de que el gremio de libreros tomó parte de manera absolutamente decisiva y profesional en el surgimiento y la plasmación de la sociedad ilustrada en Alemania. Sin este compromiso en favor de su profesión —compromiso todavía admirable desde nuestro punto de vista históricamente distante— no se podría concebir el círculo de los «formados en la Ilustración» tal como había surgido en la andadura del siglo XVIII, pues el libro y su forma más apreciada, la revista, fueron uno de los presupuestos para la comunicación intensiva y extensiva del público burgués, que ahora se perfila como tal.

La «Ilustración mediante libros» y la «revista como medio

de la Ilustración» son fenómenos para investigar en la historia del libro, y proporcionan ayuda para comprender la Ilustración del siglo XVIII tanto desde el punto de vista social como bajo la perspectiva de la historia del pensamiento. Resulta comprensible que las sociedades de lectura, en tanto que organizaciones de autoayuda, hayan sido consideradas como «el primer intento de la burguesía para participar siquiera espiritualmente en el movimiento de la época».

Pero ni las bibliotecas de préstamos, ni las sociedades de lectura, ni los círculos sociales, ni otras asociaciones ilustradas hubieran podido promover el «diálogo de la sociedad de la Ilustración» sin que su actividad fuese —ni más ni menos— posibilitada por el pequeño grupo de en torno a 300 libreros que desempeñaban su trabajo mercantil y editorial en la Alemania de entonces, entre 1764 y 1806.

El negocio del librero todavía abarcaba comúnmente dos cosas: editorial y venta —a comisión— de libros editados por otros. Prescindiendo de la colaboración directa en la vida social de sus ciudades (hay suficientes ejemplos característicos de ello desde Lemgo hasta Königsberg, de Flensburg a Viena), prescindiendo asimismo de la directa participación de algunos libreros como literatos y como críticos de la literatura del momento (Friedrich Nicolai y Friedrich Justin Bertuch no fueron casos aislados), prescindiendo por tanto de la parte que les cupo en la configuración de un nuevo modo ilustrado de vivir, los libreros ayudaron a crear los presupuestos para la «comunicación ilustrada» mediante la producción y distribución, en aumento cada año, de la mercancía literaria: ellos contribuyeron, dentro del sector comercial, al desarrollo literario en la época de la Ilustración. Fueron, como en todo momento, compañeros de los autores; pero la autocomprensión de los libreros sufrió cambios al igual que la de los intelectuales.

Los pertenecientes al estamento intelectual, a finales del siglo XVIII, se llamaban en su mayoría de los casos «escritores». Aun entonces, sólo una minoría de ellos escribía para especialistas, por tanto para intelectuales; la mayor parte se dirigían a las «clases formadas» (así se designaba en los subtítulos de las nuevas revistas, a comienzos del siglo venidero, a los grupos de la sociedad burguesa en los que tales revistas tenían puestas sus miras). Y clases formadas no eran sólo los pertenecientes a las profesiones académicas, los teólogos y juristas, los médicos y los profesores de universidades o escuelas, sino también el amplio estrato de empleados y militares con graduación, de comerciantes y maestros artesanos, así como los nobles y —no en último término— las mujeres.

Los libreros contaban con esas «clases formadas» como su principal círculo de clientes. Así surgieron las relaciones de intercambio entre libreros y lectores. La consecuencia fue que los libreros ya no se consideraron principalmente como comerciantes pasivos que adquirían manuscritos para hacerlos imprimir, distribuirlos y venderlos. Por el contrario, se adaptaron al ampliado círculo de sus clientes, y en muchos casos proporcionaron ellos la iniciativa para el surgimiento de nuevos libros y revistas. Los escritores llevaban a efecto, después, las ideas de los libreros y trabajaban por encargo de las editoriales, no sólo como traductores de literatura inglesa, francesa e italiana, sino también como autores de publicaciones asequibles a la inteligencia popular en forma de tratados, relatos, manuales y obras de consulta, antologías y libros de lecturas, publicaciones todas ellas cuya utilidad valoraba correctamente el librero, dentro del espíritu de una mentalidad ilustrada, teniendo en cuenta la mayoría de las veces su público, ávido de lecturas y de formación. De ahí cabe deducir su participación a la hora de perfilar la literatura ilustrada en sentido amplio, tal como hubo que hacerlo en estudios monográficos dedicados a los numerosos y admirables libreros o editores del siglo XVIII.

Si se considera globalmente el panorama editorial del siglo XVIII en Alemania, una vez más es preciso recordar que el comercio de libros alemán (según había surgido en el siglo XVI bajo la influencia de la Reforma, como una modalidad de comercio con cariz humanista para promover la vida intelectual y religiosa) se desmembró en el curso del siglo XVIII. Localidades de rica tradición en imprenta y actividad editora como Wittenberg y Estrasburgo, Hamburgo y Nurenberg, Colonia y Maguncia, con Francfort como centro ferial, perdieron cada vez más importancia en el curso del movimiento reformador que partió de la Alemania central y septentrional en el siglo XVIII. Con la creciente demanda de nuevos libros y el desarrollo del mercado de revistas, con el advenimiento de una nueva generación de escritores y con la eclosión de lo urbano, surgió a mediados del siglo XVIII un mercado literario para el cual ya no eran suficientes las tradicionales formas del trueque (pliego a pliego). El número creciente de editoriales trajo como consecuencia, finalmente, que el comercio ferial de Francfort, con el rancio aspecto de su imperial Comisión de Leipzig, fuese sustituido por las actividades de los libreros de Leipzig, y sobre todo por Philip Erasmus Reich, pasando a una forma de comercio basada en la liquidez, mediante pagos contantes y sonantes por los libros ofertados ahora en cantidades mayores dentro de la feria de Leipzig. Con esta reforma quedó suprimido un gravoso sistema de distribución y se introdujo un tráfico acorde con los usos comerciales corrientes, que obviamente también trabajaba con créditos y pagos aplazados.

Estas medidas produjeron un derrumbamiento en el equilibrio del comercio de libros: desde 1764 no sólo subió de golpe la producción sino que, además, los libreros de Alemania septentrional, central y oriental terminaron poniendo su impronta al mercado bibliográfico de la Ilustración tardía, a costa de un comercio meridional que decaía cada vez más. En ello cabe advertir aquel cambio de conciencia que había cautivado y puesto en movimiento a los estratos burgueses. El trabajo de los libreros acompañó a ese proceso espiritual, lo impulsó y produjo su desarrollo intensivo.

Leipzig, la ciudad de Gottsched y Gellert, ciudad a la vez universitaria y comercial, se convirtió tras pocos decenios, y gracias a la sana autoconciencia burguesa de sus libreros, en metrópoli indiscutida del comercio alemán de libros, en emporio ferial para toda nueva publicación, en centro de información para una sociedad ilustrada en desarrollo, en Meca de los amantes del libro. Este papel central de la librería alemana lo ha desempeñado Leipzig, como es sabido, hasta 1945.

Si quisiéramos esbozar el cambio y las relaciones que se registran en el panorama editorial de la segunda mitad del siglo XVIII, se necesitaría cobertura documental mediante estadísticas fieles. Pero, desgraciadamente, hoy por hoy faltan, pues no hay una bibliografía general de libros alemanes del XVIII que sirva de fundamento, como tampoco hay una recopilación de cifras exactas de la producción de libros para las editoriales más importantes del siglo XVIII. Como siempre, todos los estudios comparativos se fundan en las infieles e incompletas cifras de las ferias de Francfort y Leipzig, que Georg Schwetschke ha recogido en el *Codex Nundinarius*, obra todavía imprescindible a la cual hemos de referir asimismo nuestras observaciones, teniendo en cuenta, en todo caso, un significativo catálogo de existencias de la librería berlinesa de Friedrich Nicolai perteneciente a 1787 y cuyos 5.500 títulos hemos analizado bajo la perspectiva de la historia del libro.

Así pues, en Leipzig, centro del mundo ilustrado alemán, operaban activos libreros, y al frente de todos ellos, como director de aquella *Weidmannsche Buchhandlung* de gran tradición, estaba Erasmus Reich, en cuya editorial aparecieron durante los años ochenta un promedio de cincuenta nuevos libros al año. Otros libreros seguían de cerca a dicha editorial en cifras de producción. La cuota de mercado de los más de treinta libreros de Leipzig, si consideramos el número de nuevas ediciones, se hallaba en un 20 %. De los 5.145 títulos que Friedrich Nicolai reseña en el citado catálogo con los nombres de las editoriales, 1.321 procedían sencillamente de Leipzig, por tanto cerca de un 25 %.

La generosidad de ese centro comercial, la desenvoltura de la vida cotidiana con su sociabilidad burguesa —no en último término gracias a las excelentes cafeterías—, el apoyo prestado por un concejo abierto y por el gobierno sajón asentado en la lejana Dresde, la presencia de la Universidad y sus profesores, la proximidad a otras universidades reformistas como Halle y Jena, y finalmente la concentración de los trabajos impresores en el recinto de Leipzig, fueron el humus ideal para el crecimiento de la producción de libros y para los negocios feriales, que congregaban dos veces al año —luego por casi dos meses— a todos los libreros alemanes de primer orden para llevar a cabo un intercambio tanto de negocios como de ideas. El mercado ferial de Leipzig se reveló tras la guerra de los Siete Años como el centro de las tendencias reformistas en el comercio de libros, tendencias que culminaron en 1825 al ser establecida una representación profesional mediante la *Börsenverein für den Deutschen Buchhandel* (Confederación de libreros alemanes). Si la Ilustración viene entendida como un proceso de comunicación, servirá de importante ayuda para tal proceso la cooperación de los libreros de Leipzig.

La competencia aviva, como es sabido, el comercio y los negocios. El fortalecimiento del mercado bibliográfico de Leipzig durante la segunda mitad del XVIII no fue sólo consecuencia de la actividad de los escritores ilustrados, sino que constituyó, además, un intento —con éxito— de defenderse frente al continuo ascenso del comercio bibliográfico de Prusia, esto es, de Berlín. A comienzos de los años sesenta del siglo XVIII, avanza el número anual de nuevas ediciones ofertadas en la feria por los editores berlineses, que se acercan amenazadoramente a las cifras de producción de los editores de Leipzig. En 1764, por ejemplo, aparecieron en Leipzig 154 libros nuevos y en Berlín 126.

El espíritu libre que reinaba en la capital berlinesa, la autoridad de Federico el Grande —aunque éste considerase mediocre la literatura alemana—, el auge económico, el crecimiento demográfico, la vida espiritual de la Corte —cuyas Academias y Escuelas se distinguían de la empolvada vida universitaria de otras ciudades por su actitud propiciadora—, fueron presupuestos para que floreciese el comercio de libros berlinés, que sin duda tampoco sería pensable sin la constelación de excelentes libreros que contribuyeron al prestigio de la Corte y al prestigio de Prusia.

En Berlín, la cifra de nuevas ediciones subió, de 63 en el año 1750, a 200 en 1778, a 300 diez años más tarde, y finalmente hasta 375 libros en 1804. En 1825 hubo 500 nuevas ediciones, lo que significó un aumento de alrededor del 800 % en el transcurso de 75 años. Cuatro libreros operaban en el Berlín de 1750; en los años setenta eran ya 15, y al comienzo del nuevo siglo 30 libreros se hallaban al servicio de los esfuerzos ilustrados.

Por consiguiente, en la segunda mitad del siglo XVIII,

Leipzig y Berlín eran centros del comercio bibliográfico, focos de una topografía editorial del Imperio Alemán; dentro de esa topografía editorial alemana, las grandes ciudades mercantiles, por una parte, y las ciudades sedes de la Corte, por otra, constituían más de un 50 % de la cuota del comercio de libros en la Ilustración, si se toma como base para semejante visión de conjunto el citado catálogo de Friedrich Nicolai. La otra mitad se distribuía entre localidades universitarias, ciudades pequeñas y centros editoriales extranjeros.

En ciudades mercantiles como Hamburgo y Francfort, como Nurenberg y Breslau, un conjunto de 40 librerías producían y distribuían los nuevos libros y revistas a finales de la Ilustración. (Por cierto que en Lemgo, un pequeño lugar hoy irrelevante, la tradicional *Meyersche Hofbuchhandlung* operaba a gran escala bajo la dirección de Christian Hellwink, y también así lo entendía Johann Friedrich Hartknoch en Riga.)

Se ha de mencionar, además, que algunas librerías de ciudades centroalemanas sedes de la Corte, situadas alrededor de Leipzig, determinaron también decisivamente el acontecer editorial en esta segunda y expansiva fase de la historia del comercio bibliográfico alemán en la segunda mitad del siglo XVIII.

A lo largo de un Imperio Alemán definido por territorios pequeños, disponían de librerías 22 ciudades mercantiles y 32 ciudades sedes de la Corte; esas ciudades formaban, por tanto, una red editorial descentralizada y ampliamente dispersa en las Alemanias del norte y del centro. Ya en tercer lugar, hay que aludir al mercado bibliográfico universitario de esta época, pues había libreros y librerías fundamentalmente en Halle y en Gotinga, y sólo después, a cierta distancia, en Jena y en Königsberg; todos ellos tomaron parte en el desarrollo del comercio bibliográfico bajo el signo de la Ilustración.

Por el contrario, la situación en la católica Alemania meridional evolucionó de manera muy distinta. La Ilustración se instauró allí sólo con gran retraso y encontró más adversarios que impulsores. Lo cual hizo difícil el trabajo de los editores, que se quedaron en desventaja no sólo por eso, sino también por la caída de la cercana Francfort —emporio del comercio bibliográfico en los primeros tiempos— así como por el incremento de los costes de transporte y aduana para grandes remesas. De ahí que los citados centros de la Ilustración en la Alemania del norte (por consiguiente localidades editoriales como Leipzig, Berlín y Halle) tuvieran una ventaja considerable.

Para participar en la producción de obras literarias y de divulgación científica, y para hacer posible el acceso del ávido cliente a los escritos ilustrados de moda, los libreros del sur de Alemania fomentaron las reimpresiones, procedimiento que allí se difundió rápidamente, al igual que en Austria y Suiza. Y aunque los editores de Leipzig se pusieron a la defensiva (apoyados en ello por los autores, que se veían privados de sus honorarios), no pudieron impedir este atentado contra el comercio bibliográfico normal, atentado ciertamente ilegítimo pese a que ninguna disposición determinase su ilegalidad. El vicio de la edición pirata se discutió en muchos artículos, pero en todo caso reinaba la impotencia, máxime cuando el propio emperador alemán apoyaba la reimpresión en Viena para hacer posible su ambicioso programa reformador —la ilustración del pueblo— en los territorios austriacos hereditarios.

Si prescindimos de los perjuicios que de hecho sufrieron muchos autores a causa de las reimpresiones, esta reproducción ilegal contribuyó de manera decisiva, por otra parte, a hacer populares ciertas obras y a difundirlas ampliamente. Sin la reimpresión —esto habría que concluir— el arte literario nunca hubiera llegado a ser tan conocido como lo fue en aquella década. La reimpresión, aunque moralmente no quepa justificarla, impulsó de manera absolutamente decisiva, por lo demás, la difusión del patrimonio ilustrado.

La falta de base legal —esa protección de la propiedad intelectual que hoy es obvia para nosotros en la forma de los derechos de autor— redundó especialmente en perjuicio de los inermes y desprotegidos autores. Mientras que el editor originario siempre pudo encontrar caminos para sacar beneficios de la primera impresión de una obra, al escritor le resultaba mucho más difícil defenderse. Esto condujo a fuertes enfrentamientos entre los autores y sus editores durante los años setenta del siglo XVIII, años en los cuales la competencia de las reimpresiones tuvo una fortísima repercusión. Algunos escritores intentaron publicar a sus expensas en una editorial propia o por la vía de la suscripción. La edición que hizo Klopstock de su *Gelehrtenrepublik* (*La República de los sabios*) en 1774 es sin duda el ejemplo más conocido. pero pronto todos los intentos de esta índole —y sobre los cuales mucho se discutió entonces en las revistas— se quedaron sin éxito. Tras el fracaso de la *Gelehrtenbuchhandlung* en Dessau (1784), los autores intentaron en lo sucesivo entenderse con los editores.

La lucha de los escritores por sus derechos, que se desarrolló no pocas veces con vehemencia en los años setenta, trajo seguramente una secuela; el estamento de los escritores fue respetado en el futuro por los libreros, considerándolos como compañeros suyos. Dejaron de ser aquellos intelectuales ajenos al mundo y dependientes de los editores para convertirse en autores que veían su quehacer como un fomento del bien común. Quisieron cooperar en la difusión del saber, en el perfeccionamiento de la condición humana y en la instauración del interés general. Pusieron su trabajo de escritores al servicio de un intento para que los ciudadanos de todas las capas sociales participaran en el proceso de la Ilustración, mediante contribuciones morales, didácticas y recreativas.

El tamaño de dicho estamento es cosa que cabe deducir tomando el primer léxico alemán de escritores, que significativamente no salió por vez primera hasta el período comprendido entre 1768 y 1770. La segunda edición de esta obra, *La Alemania docta o Lexicon de escritores alemanes vivos* (1772), reseña ya 3.000 autores. En 1788 el número ya se había duplicado, y el autor, Johann Georg Meusel, se quejaba a principios del nuevo siglo de los casi 11.000 nombres de autores que, junto con las publicaciones de todos ellos, tuvo que reseñar en su *Lexikon*.

Así pues, a finales de la Ilustración, una legión de escritores se hallaba en activo y escribía, para las entre 200 y 250 editoriales, libros populares y recreativos con destino a los ciudadanos de todos los estratos. Redactaban los millares de artículos de revista que aparecían en las publicaciones mensuales y semanales, dirigían redacciones de revistas, traducían y reseñaban los libros de otros autores. Ante tal ansia de escribir —contagiada por Schiller a todo un «siglo emborronador de papel»— no es extraño que con excesiva frecuencia la cantidad primase sobre la calidad, que se produjeran e imprimieran trivialidades o banalidades, ni que el estamento de los escritores, sobre todo ante los ojos de los doctos e incluso de los libreros, se atrajese más descrédito del que hoy, desde nuestra distancia histórica, parece justificado. En los tiempos pioneros de finales de la Ilustración alemana, tales rasgos propios de un desarrollo apenas eran evitables.

Pero el hecho de que, gracias a la asombrosa productividad de los escritores de la Ilustración, haya podido desarrollarse de tal manera la actividad editorial en la Alemania del norte y del centro, así como más tarde en la del sur, va también vinculado —según queda dicho— a la descentralización del comercio bibliográfico alemán. Los pequeños territorios eran ampliamente independientes unos de otros, por lo que ya no se ejercía una censura estricta. Incluso en vísperas de la Revolución Francesa era posible una libertad de opinión mayor de la que nunca había habido antes. Y además, aunque el edicto Wörner de 1788 reforzó de nuevo la censura en Prusia, tampoco esto pudo detener todo el proceso de Ilustración mediante libros.

El comercio bibliográfico, al término del Imperio Alemán, se había convertido en una exigencia fuerte que exigía cambios. Su fuerza residía en el hecho de la descentralización y en la organización central de las ferias del libro en Leipzig. Este comercio bibliográfico explica también el surgimiento con éxito de una sociedad burguesa lectora de libros, pues las organizaciones locales y regionales de esta sociedad ilustrada no son comprensibles sin las actividades de un gremio de libreros estimulado e incluso provocado por sus tiempos. Así surgieron las numerosas sociedades de lectura, gabinetes de lectores y bibliotecas de préstamos que saciaban el hambre de lecturas en un sector de población cada vez mayor. Las librerías se convirtieron en escuelas para un sector burgués al que se hace referencia, en los umbrales del nuevo siglo, bajo la denominación de «clases formadas».

La oferta bibliográfica que aparece en el catálogo de Friedrich Nicolai de 1787 refleja la universalidad del trabajo librero, que fue culminando progresivamente a lo largo de las próximas décadas. La fractura del negocio editorial durante la época napoleónica y el consiguiente retroceso pasajero de la producción no pueden servir de engaño sobre el hecho de una prosecución continua del auge en el comercio bibliográfico desde finales de la Ilustración. Entre 17000 y 1800 se había duplicado el número de localidades editoriales en Alemania, pasando de 59 a 119, al igual que el número de casas comerciales, que pasó de 146 a 324. En los inmediatos 25 años tiene lugar de nuevo una duplicación de cifras, y en vísperas de la revolución de 1848 había casi 1.000 editoriales en 300 ciudades, además de un gran número de librerías a comisión que se limitaban a distribuir libros sin producirlos.

Pese al endurecimiento de la censura causado por la Resolución de Karlsbad de 1819 —dentro de una época de política reaccionaria en Alemania— la actividad editora emprende un ascenso vertical. La fabricación mecánica del libro resolvió los cuellos de botella en la producción, y consecuencia de esto fue una oferta amplia, diversificada, de obras literarias y científicas, populares y recreativas. En esta difusión de conocimientos de interés general seguía viviendo la vieja idea de la Ilustración.

La consigna publicitaria del librero Josef Meyer «La formación nos hace libres», que data del año 1828, marcó este tránsito desde la constitución de una sociedad ilustrada hasta su anclaje en capas de población más amplias constituidas por «clases formadas». De ahora en adelante, el comercio de libros estará por completo al servicio de una tarea formadora del pueblo. Este fue el resultado del compromiso de los libreros en la época de la Ilustración, y así se fundó un sistema de comunicación que en el curso del siglo XIX incluyó a todas las clases y a todos los estamentos.

La descentralización de la situación cultural en Alemania encontró su análogo en la diversidad del comercio bibliográfico. Sus comienzos se hallan en una época en que —como hemos podido mostrar— se formó la sociedad ilustrada dentro del siglo XVIII.

Por consiguiente, si de la disposición comunicativa entre intelectuales nació el proceso colectivo de aprendizaje que llamamos Ilustración, salta a la vista entonces que la revista y el libro —producidos, distribuidos y difundidos por los libreros del Imperio Alemán— fueron medios necesarios para ello. Una sociedad dada a la lectura fue la que instituyó el intercambio espiritual y social; así es como surgió este intercambio en las asociaciones burguesas. La fiebre de lecturas y el ansia de leer fueron expresión en boga de un nuevo talante vital. Los libreros, que se hallaban anclados en la larga tradición del sistema comercial de la Edad Media, poseyeron flexibilidad y habilidad para adaptarse a los cambios sociales y para poder cooperar con éxito en el paso desde la clientela intelectual hasta un público de lectores formados, signo identificador de una sociedad ilustrada.

Ahí, en esa actuación comunitaria y de interés común, vieron su cometido los libreros a finales del siglo XVIII.

[Traducción: Francisco Pérez López]

# ILUSTRACIÓN Y TRADICIÓN EN ALEMANIA: EL EJEMPLO DE LESSING

Wilfried Barner

El tema que voy a someter a discusión en las siguientes consideraciones, forzosamente esquemáticas, acudiendo al ejemplo de Gotthold Ephraim Lessing, atañe a algunas tendencias generales y a algunos problemas metodológicos referidos a la investigación de la Ilustración alemana, en particular a la Ilustración literaria. Se trata de modificaciones en la imagen de la Ilustración que han surgido fundamentalmente durante los últimos dos siglos.[1]

El redescubrimiento de la literatura alemana del siglo XVIII posterior al barroco y anterior a Goethe —o al menos de algunos de sus ámbitos— respondía sin duda desde la segunda mitad de los años sesenta a aspectos vinculados con las afinidades electivas existentes entre la misma y sus aspiraciones de carácter socio-político. De entre el complejo haz de motivos que han desempeñado un papel en semejante olvido es particularmente perceptible el deseo de hacer «retroceder» las críticas más notorias a la Ilustración, en particular las de los románticos. Se intenta también, de una forma complementaria y en términos un tanto anti-nacionalistas, volver a vincular más decididamente el movimiento ilustrado alemán con su contexto europeo.[2]

La imagen a veces estereotipada de la Ilustración alemana, contra cuyos viejos clichés han arremetido algunos trabajos especializados, ha sufrido desde la mitad de los años setenta —aunque en algunos aspectos antes— un claro proceso de diferenciación. Han tenido lugar ostentosas correcciones y cambios de acento. Tan sólo voy a nombrar algunos de ellos sin pretender ofrecer una clasificación «sistemática» o no siquiera completa de los mismos. Se dejó de contraponer a los fenómenos referidos a la «sensibilidad» un racionalismo «ilustrado» supuestamente dominante y unidimensional (o entendido incluso como un resultado derivado de la «época»). Más bien se comenzó a ver dichos fenómenos como insertos en un entrelazado múltiple o incluso como recíprocamente condicionantes.[3] En el contexto de la Ilustración, el concepto de «civilidad» (*Bürgerlichkeit*) ganó progresivamente en agudeza tanto en la dimensión social como en la moral[4] y se mostraron cada vez con mayor claridad los elementos surgidos de ámbitos externos a las clases medias en los impulsos ilustrados, es decir, lo que surgió de determinados palacios o de la nobleza provinciana. La crítica ilustrada a la teología y a la Iglesia cobra así una nueva apariencia a la luz de algunas antiguas reformas de carácter práctico motivadas religiosamente.[5] Por último, puede observarse desde hace algunos años la existencia de un marcado interés por las tendencias automotificantes de la Ilustración,[6] en la misma medida en que han encontrado una renovada atención los rasgos de la misma referidos a la supresión del temor, al olvidado tema de la muerte y a cuestiones similares.[7]

Entre los complejos de estereotipos que pueden considerarse en cierta medida ya clásicos y en los que la investigación podría introducir algo de dinamismo, hay que mencionar en primer lugar el trato específico que quepa darle a la tradición.[8] El período de la Ilustración representa, tras el Renacimiento y la Reforma, la segunda gran oleada de crítica de la tradición (aunque no exclusivamente) en Alemania. La crítica de la tradición parece constituirse, poco a poco, en uno de los «modi» centrales de autocomprensión de los ilustrados. En este aspecto quisiera centrarme con especial cuidado sobre unos pocos puntos: el cuestionamiento de la transmisión autoritativa de la verdad desde Descartes (mediante la sistemática puesta en duda de la tradición); el surgimiento de nuevas posturas religioso-teológicas a partir de la crítica decidida no sólo de la tradición veteroeclesiástica, sino de las nuevas ortodoxia por igual; los postulados del derecho natural enfrentados ostentosamente a determinadas tradiciones legales y jurisprudenciales.

En lo que se refiere a la literatura, mencionaré tan sólo el nuevo género de pensamiento, decididamente crítico de la tradición, que condujo finalmente a las tantas veces descrita disolución del género poético normativo. De forma complementaria tuvo lugar de aparición de una nueva estética efectivista (*Wirkungsästhetik*) en la que el valor del proceso de percepción estética fue sustraído a la presión de los preexistentes normativos de la tradición para pasar a acumularse en el propio sujeto creativamente reproductor.

Gotthold Ephraim Lessing no se ofrece únicamente como la figura representativa de la época para todas estas tendencias de la Ilustración alemana, críticas con la tradición. En muchos campos puede considerársele como un impulsor decisivo o incluso como el responsable de toda una irrupción novedosa. Esta particular posición suya se vio dotada por la primera historiografía literaria, ya en el siglo XIX,[9] de una perspectiva adicional que quiso ver a Lessing, en el contexto de su tiempo, como el primero en haber aportado algo que todavía nos es válido. Por ello no sólo se le otorga el *status* de un «primer descubridor» en el sentido antiguo («primus inventor»), sino en el de un heroico triunfador.[10]

Por todo esto Lessing figura hoy en una posición de pionero con múltiples frentes: como el primer autor teatral alemán cuyas obras aún se presentan hoy noche tras noche en nuestros teatros; como el fundador (o al menos quien logró imponer) de la tragedia burguesa en Alemania; también como el primer representante de la particularmente escasa tradición «moderna» de la comedia en los escenarios alemanes (con *Minna von Barnhelm*); Lessing presentado como alguien que redelimitó con autoridad y defendió polémicamente (con *Laokoon*) la particularidad de lo poético en la teoría del arte; Lessing como el preparador de la crítica literaria en Alemania, como el primer crítico literario; y, finalmente, Lessing como el primero y más influyente representante de la moderna teología «crítica».[11]

En todas estas situaciones determinadas históricamente (y en las que, desde el siglo XIX, en lugar de «fundador» puede figurar también —a menudo en un consciente paralelismo con Lutero— como «reformador» o algo similar) es característica la dialéctica del retroceso y el avance. No se trata únicamente de criticar y dejar tras de sí lo antiguo, sino que se trata en igual medida de las eminentes repercusiones públicas de esa crítica. Ya la propia reseña sobre Lessing realizada por Herder en 1781, año de su muerte, comienza con esta significativa frase: «En mi opinión, ningún otro escritor reciente ha influido tanto en Alemania en temas de gusto y de buen juicio sobre cuestiones literarias como Lessing».[12]

En esta línea de impulso hacia adelante, de imposición de nuevas medidas y modelos y de despedida a la vez de lo heredado de la tradición se da, sin embargo, ahora, tanto como antes, un fenómeno central que depara significativas dificultades. Se trata de lo que el propio Lessing, con distintas formulaciones, llama ya «la escuela de los antiguos» en una carta escrita a Moses Mendelssohn el 28 de noviembre de 1756.[13] Con ello no sólo se apunta el excelente y tan admirado arraigo del mundo antiguo en Lessing, su virtuoso dominio de la labor filológica, sino el hecho, casi asombroso, de que se reclame heredero de las tradiciones y autoridades antiguas desde Homero hasta Sófocles y Horacio, desde Aristóteles hasta Cicerón y Quintiliano.

A este respecto se han impuesto mayoritariamente dos modelos explicativos. Una primera interpretación ve ante todo al Lessing preso de su tiempo, a un mero receptor que debe ser excluido en cierta medida de su imagen de ilustrado y crítico de la tradición (esta interpretación es particularmente certera en lo que Friedrich Schlegel dio en llamar lo «micrológico»,[14] el placer de Lessing por el detalle filológico, a menudo cargante). La otra línea interpretativa se puede ejemplificar con el tratamiento dado por Lessing a Aristóteles en la *Dramaturgia de Hamburgo*: en ella una autoridad antigua pugnaría por relativizar o incluso por destruir otras autoridades y tradiciones más recientes.

Pero ambos modelos no bastan para comprender categorialmente esa orientación del Lessing ilustrado que él mismo intenta repetidamente titular con la fórmula de la «escuela de los antiguos». Tampoco resuelve por sí misma el problema la referencia al debate sobre la valía de la literatura (y de la ciencia) antigua o «moderna» en curso en toda Europa desde finales del siglo XVII, la famosa «Querelle des Anciens et des Modernes». De entre la multitud de constelaciones de problemas que se acumulan, siempre cambiantes y atrayentes, voy a escoger tan sólo dos ejemplos, obviamente insuficientes.

En 1754, todavía durante el primer período berlinés de Lessing, pues, apareció en la tercera parte de sus *Escritos* las *Salvaciones de Horacio*.[15] Tras Plauto y Séneca, los dramaturgos, éste es el tercer romano al que dedica un tratado.[16] Horacio inaugura la serie de las *Salvaciones,* un género muy característico de la tradición intelectual y crítica de Lessing, en las que se defiende a un autor —o a una figura histórica— frente a la ignorancia, el olvido y los prejuicios, dándolo a conocer de nuevo («Nathan» conserva aún una parte de esa forma básica). ¿Pero por qué hay que «salvar» a Horacio? ¿No es éste el autor —junto con Aristóteles— más influyente en la poesía europea, el poeta de las epístolas, las sátiras y las odas, leído por tradición incluso durante los siglos del medioevo aunque fuese en una selección depurada, como «Horatius ethicus»? No es el rango de los valores poéticos y cuestiones similares lo que le importa aquí a Lessing, a diferencia del año anterior (1753), durante la polémica con Lange, el chapucero introductor de Horacio en el mundo germánico. Se trata más bien de la biografía, de la «dignidad personal» de Horacio, por hablar con Goethe,[17] de la moral: del hecho,[18] ciertamente fabulado por el propio Horacio y no sin orgullo, de que habría arrojado su escudo en la batalla de Actium para salvar la piel (teniendo un conocido «modelo» en el poeta lírico Arquíloco). Pero lo que es aún peor: se trata de la afirmación realizada por Suetonio de que Horacio habría hecho traer espejos a su aposento para potenciar el placer del acto sexual.[19]

Ambas injurias son refutadas por Lessing mediante el recurso al virtuosismo filológico, mediante la técnica de la crítica de las fuentes. Pero, ¿para qué? En esa argumentación existen (o se esconden) dos objetivos. Lessing puede con ello jugarles una mala pasada a esa especie de eruditos de café que habían recibido la historia con una voluptuosa indignación y a los que él veía, por propia experiencia (en lo referente al tipo de eruditos), como estúpidos obstructores de una verdadera e «ingeniosa» cultura literaria en Alemania.[20] No menos se trata del derecho especial, del ámbito de acción (*licentia*) del individuo poético. Horacio es para él el raro «poeta filosófico que vinculó el ingenio y la razón en una unión más que fraternal».[21] A él precisamente le corresponde por una parte el privilegio de «hablar la lengua de su siglo» (un argumento «historizante» digno de mención en favor de los antiguos que aparece en Lessing con frecuencia durante aquellos años).[22] Pero ante todo, se trata de que aunque «quizá Horacio haya amado, tan sólo pretendo conseguir que no se permita usar sus odas contra él y que los juegos de su ingenio no sean entendidos como confesiones de su corazón».[23]

«Confesión» (*confessio*) y «corazón» rememoran la vía histórico-tradicional de la teoría lírica que conduce en última instancia hasta Goethe y hasta la estética postgoethiana de la experiencia. El que habla con las palabras de Lessing es el escritor libre, quien puede escribir su «libertad» para sí tanto en forma de oportunidad como de riesgo.[24] Brevemente formulado, el caso de Horacio en la obra de Lessing discurre en torno a lo que posteriormente se denominará autonomía estética, autonomía moral (y por lo tanto social) del sujeto poético. Esta autonomía se muestra acudiendo a un gran modelo de la tradición antigua, a un autor que es más que «mera» tradición y que permite ser instrumentalizado con multitud de trucos.

Horacio es para él el «poeta filosófico» que no sólo ha vivido anteriormente la posibilidad de la *licentia* (como libertad de acción poética), sino la realidad del *ingenium*, una realidad que ha colisionado, por ejemplo, con la siempre amenazante irracionalidad, estrechez y limitación de los «abogados» de la tradición. Se puede hablar aquí, de una manera psicologizante, de una autoestimulación en Lessing, o también de una autodefensa. Por seguir en el *exemplum* de los antiguos y permitir, sin embargo, no sólo que se trasluzca el presente, sino que éste se exprese con ingenio, pasión y virtuosismo filológico, cabe afirmar que el caso de Horacio representa una forma básica de actitud frente a la tradición en la concepción que Lessing posee de «la escuela de los antiguos».

La escuela de humanidad, éste es mi segundo ejemplo. La formulación puede parecer exagerada, puesto que una «escuela» es a ojos de Lessing, debido a la neoescolástica del estilo de Gottsched, algo muy comprometido. No es la creencia ciega en modelos ni la existencia de reglas lo que aplasta y aniquila al «hombre», a lo «humano», particularmente en la tragedia. Ya en 1754 intenta Lessing demostrar, de una forma ostentosa y repitiendo el modelo de Corneille, la existencia de rasgos de lo «humano», de «compasión», en los héroes de Séneca.[25] Aquí, la función de palanca del retorno a la tradición antigua es evidente.

Dos años más tarde, tras la inmensa tormenta de lágrimas que desató en Alemania «Miss Sara Sampson» y tras el descubrimiento de Lillo,[26] tanto la polémica como el propio programa de Lessing se ven dotados con algo así como un fundamento empírico. La obra maestra de Gottsched, *La agonía de Catón*, fue en cierta medida «rechazada» por el público: «En una sola representación de la primera obra (*El comerciante de Londres*) se derramaron más lágrimas, incluso por parte de los más insensibles, que en todas las representaciones posibles de la otra (*La agonía de Catón*). Tan sólo esas lágrimas de compasión, de la humanidad que se siente a sí misma, y ningún otro son el objetivo de la tragedia».[27] Así rezaba en 1756 el prólogo a las tragedias de Thomson.

Aquí puede encontrarse el núcleo de todas las posteriores teorías de la compasión de Lessing[28] hasta llegar a la «Dramaturgia de Hamburgo». El propio Thomson se ve incluido —de forma no totalmente merecida— en este modelo de argumentación. En él actúa como guía una idea de la tradición que hará época con Winckelmann y, posteriormente de nuevo, en el tiempo de Goethe. Es algo «cierto», opina Lessing, «que Thomson no sólo es, como me gustaría calificarlo, *francés,* sino también y regularmente *griego*»[29] (conviene recordar cómo Goethe compara a Shakespeare, para él recién descubierto, con los griegos). Arrancar lágrimas, despertar sentimientos, eso es «humano», «griego»; es, expresado con la provocativa fórmula de Lessing, «regularmente griego». ¿Regularmente? ¿De acuerdo con qué reglas de la humanidad?

La dificultad no es accidental. En ese mismo año, en medio de la discusión con Mendelssohn y Nicolai sobre la tragedia, cuando Mendelssohn insiste en la *admiración* (*Bewunderung*) como objetivo deseado, arguye Lessing la vinculación existente en su opinión entre toda forma de «heroísmo» y la «insensibilidad»; ésta disminuiría en cierta medida la compasión.[30] En esa carta (del 28 de noviembre de 1756) prosigue con la formulación mencionada al principio: «Permítanos que acudamos aquí a las enseñanzas de los antiguos. Después de la naturaleza, ¿qué mejores maestros podríamos escoger? Con el fin de despertar con certeza la compasión, Edipo y Alcestes (la Alkestis de Eurípides) se hallaban despojados de todo heroísmo. Aquél se duele masculinamente, ésta se lamenta más como una mujer. Se prefirió hacer de ellos seres excesivamente sensibles antes que insensibles: se les permitió proferir demasiados lamentos, verter demasiadas lágrimas antes que ninguna».

El curso de la argumentación es significativo. Lo que se fundamenta antropológicamente y se ve confirmado empíricamente, incluso en el propio éxito, es considerado como una tendencia entre los «antiguos» (hacerlos «excesivamente sensibles», «proferir demasiados lamentos»). La «naturaleza» y los «antiguos» como «maestros»: no se trata aquí de imitación literaria o de reglas, ni siquiera básicamente de perfeccionamiento (algo que Lessing también intenta ocasionalmente frente a los «antiguos»),[31] se trata más bien del carácter ilustrado fundamental con que el principio trágico de acción arraiga como principio moral en el propio ser del hombre.

Si bien tan sólo aparece aquí de forma insinuada, como algo deducible a partir del ejemplo dado (Edipo, Alkestis), está teniendo lugar una progresiva aproximación a los griegos (un año antes, en 1775, había aparecido el primer escrito de

Winckelmann). En el futuro Lessing se referirá preferentemente a los griegos cuando hable del principio humanitario de los «antiguos»; éstos son aquí los «maestros». La razón de este giro fue ya un tema de por sí.[32]

Todavía en *Laokoon,* escrita en el año 1766 y cuyo título indica que el tema está relacionado con los «límites de la pintura y de la poesía», es plenamente perceptible la larga digresión sobre el *Filoctetes* de Sófocles cuando Lessing descubre la existencia de un interés fundamental y permanente en el valor antropológico del dolor y de la compasión. Es de nuevo a los «antiguos» a quienes se pesenta modélicamente como «maestros». También aquí les corresponden a los héroes trágicos del romano Séneca aquellas fórmulas, tantas veces citadas, de los *Gladiadores en Kothurne,*[33] es decir, de los instruidos y estoicamente insensibles gladiadores romanos que aparecen en escena.

Como quiera que se sitúe la influencia de Herder o, no en menor grado —pese a todo su distanciamiento crítico— de Winckelmann, es notorio desde *Laokoon,* como muy tarde, el desplazamiento hacia la humanidad griega del acento sobre el carácter modélico de los «antiguos». Su escrito de 1769, *La representación de la muerte entre los antiguos* (*Wie die Alten den Tod gebildet*), un tratado de una ostentosa sistematicidad y un reducido polemismo, trata en apariencia única y exclusivamente de la correcta significación paleo-filológica de los testimonios antiguos. Sin embargo, en su parte central, entre las dos tesis principales [34] y en contra de su propia conclusión, se hace inequívoca la pretensión de Lessing de rechazar la presencia exclusiva del «terror» en la idea de la muerte,[35] tal y como aparece ésta en la tragedia, y cómo aspira a conseguir la unidad normativa entre moralidad, belleza y juiciosidad en la representación de la muerte entre los «antiguos», especialmente entre los griegos (Goethe habla retrospectivamente del «triunfo de lo bello» para su generación).[36] La postulada humanidad de la muerte viene determinada especialmente a partir de la poesía griega, y ante todo a partir de Homero con su imagen de la muerte y del sueño como hermanos gemelos. Esa humanidad representa exactamente lo contrario del aterrorizado sujeto cristiano —el símbolo de «una religión mal entendida», como se dice en la última frase del tratado—.[37] La humanidad de la muerte se identifica idealmente con «lo bello», «y constituye una prueba de la verdadera religión, verdadera y correctamente entendida si nos restituye ante todo a lo bello».[38]

Con la dialéctica ambigüedad de esta «restitución» se está definiendo a la vez tanto un rasgo básico del trato «ilustrado» de Lessing con la tradición como el punto final del ensayo. Con estos dos ejemplos de la «escuela de los antiguos» he seleccionado un ámbito de la tradición en el que se pueden observar con una «tensión» histórica particularmente excitante unos impulsos básicos de la Ilustración alemana, y ello ante todo por dos razones. La tradición antigua se encuentra arraigada sólidamente y con autoridad en el sistema educativo tardohumanista de la época. Esa tradición es portadora ya en sí del momento productivo-agonal (caracterizado con rasgos fuertemente individuales en Lessing) centrado en torno a las categorías humanistas de la *imitatio* y la *aemulatio*. Brinda con ello, precisamente como objeto de una nueva reflexión antropológica —como en los dos ejemplos aportados—, una visión que alcanza más allá de la Ilustración, hasta lo que llegará a constituirse en Alemania como un segundo humanismo.

En este proceso de elaboración de la tradición, Lessing es a la vez comparable y representativo de tendencias básicas de la Ilustración. Se sirve del instrumento humanístico-erudito como ninguno, siquiera Herder o Wieland. Su procedimiento, el hacer fértil para lo nuevo la tradición dotada de autoridad, insiste filológicamente en la «letra» e invoca al «espíritu» contra el puro tradicionalismo.[39] En el ámbito de la tradición antigua (de la que tan sólo puedo tratar aquí una mínima parte, y no en los géneros de la fábula y del epigrama, ni en la «influencia» de Plauto y de Terencio, ni en la doctrina antigua de la inmortalidad, ni en muchas otras cosas)[40] la pretensión de *licentia* poética y la presión sobre la juiciosidad humana van normativamente unidas para Lessing. Ambas se oponen a la arruinada praxis religioso-eclesiástica de forma tan fructífera como a la neoescolástica literaria.

Esta actitud básica ya no puede articularse exclusivamente en torno a las alternativas de tradicionalismo o de ruptura con la tradición. El retraso y las múltiples barreras específicas de las «condiciones alemanas» pueden pueden muy bien haber jugado aquí un papel importante. Posiciones radicales como las que representan los *free thinkers* ingleses o los *libertins* franceses o una figura revolucionaria como la de Rousseau, no son, como es bien sabido, características de la Ilustración en Alemania.[41] El distanciamiento de Lessing frente a, por ejemplo, el movimiento de genios y al énfasis casi nulo de éstos[42] no es algo causado específicamente por la pertenencia a una generación, sino que resulta válido también para una actitud frente a la tradición que le resulta profundamente ajena. La investigación sobre el tema en las últimas dos décadas se ha ido separando progresivamente, y por buenas razones, de la antigua interpretación que mantenía que el movimiento del *Sturm und Drang*, contrario a la Ilustración, había «superado» a ésta como época. Frente a ello se ha acentuado la continuidad interna de muchos motivos básicos ilustrados —hasta alcanzar incluso al Romanticismo— y la «radicalización» sufrida por éstos a manos de la nueva generación.[43] Para comprender más exactamente este proceso falta todavía, sin embargo, una tipología diferenciada de las actitudes ilustradas frente a la tradición: diferenciada según las fases del movimiento, según los ámbitos del pensamiento y del desarrollo social y, ciertamennte, también según los individuos.[44] Un ejemplo de ello, entre otros, lo constituiría la confrontación de Lessing con la autoridad de Aristóteles, amparada por la tradición, en la *Dramaturgia de Hamburgo*, lo que contrasta por una parte con Gottsched (*Poética crítica*) y por otra con Lenz (*Anotaciones sobre el teatro*). La nueva y creciente significación, en muchos sentidos metodológico-paradigmática, que ha cobrado el estudio de la Ilustración —expuesto igualmente a caer tanto en modas como en la mecánica de lo arbitrario y lo repetitivo— podría preservarse también aquí. Así, la pretensión de emprender una tarea que cabría calificar de «ilustración sobre la Ilustración» constituiría con seguridad una parte genuina de esa actitud fáctica consistente en querer iluminar una época tenida en lo general por crítica respecto de la tradición.[45]

NOTAS

1. No existe de momento ninguna visión que abarque plenamente las investigaciones más recientes. Los trabajos más importantes hasta finales de los años setenta aparecen reseñados y ordenados por bloques en: Peter Pütz, *Die deutsche Aufklärung*, Darmstadt, 1978; del mismo autor: *Erforschung der deutschen Aufklärung*, Königstein, 1980; también Franklin Kopitzsch, Introducción a: F.K. (ed.): *Aufklärung, Absolutismus und Bürgertum in Deutschland*, Munich, 1976, pp. 11 y ss.

2. Otras líneas de investigación, como por ejemplo los análisis histórico-sociales, seleccionan la época de la Ilustración también como un campo de trabajo ejemplar en términos metodológicos.

3. En particular en los amplios estudios de Gerhard Sauder: *Empfindsamkeit*. Vols. 1 y 3. Stuttgart 1974 y 1980.

4. Rudolf Vierhaus, (ed.): *Bürger und Bürgerlichkeit im Zeitalter der Aufklärung*, Heidelberg, 1981.

5. Esto es válido, por ejemplo, también para el auge de la investigación del pietismo en el contexto de un renovado interés por la Ilustración.

6. En su mayor parte próximas a Max Horkheimer y Theodor W. Adorno, *Dialektik der Aufklärung* (por primera vez publicada en 1947).

7. Un importante estudio individual es el de Christian Begemann, *Furcht und Angst im Prozess der Aufklärung*, Francfort, 1987.

8. En este aspecto me refiero a tres estudios propios: «Wirkungsgeschichte und Tradition. Ein Beitrag zur Methodologie der Rezeptionsforschung», en *Literatur und Leser*. Editado por Gunter Grimm, Stuttgart, 1975, pp. 85 y ss.; «Über das Negieren von Tradition. Zur Typologie literaturprogrammatischer Epochenwenden in Deutschland», en *Epochenschwelle und Epochenbewusstsein*, ed. por Reinhard Herzog y Reinhart Koselleck, Munich, 1987 (*Poetik und Hermeneutik XII*), pp. 3 y ss.; Introducción a: *Tradition, Norm, Innovation. Ihr Zusammenhag in der Frühzeit der deutschen Aufklärung*, ed. por Wilfried Barner, Munich, 1988.

9. Los testimonios más importantes en: *Lessing —ein unpoetischer Dichter. Dokumente aus drei Jahrhunderten zur Wirkungsgeschichte Lessings in Deutschland*, ed. por Horst Steinmetz. Francfort/Bonn, 1969; existe una versión resumida en: Wilfried Warner, Gunter E. Grimm, Helmut Kiesel, Martin Kramer: *Lessing.Epoche-Werk-Wirkung*, Munich, 1987[5], pp. 344 y ss.

10. Jürgen Schröder, *Der «Kämpfer» Lessing. Zur Geschichte einer Metapher im 19. Jahrhundert*, en *Das Bild Lessings in der Geschichte*, ed. por Herbert G. Göpfert, Heidelberg, 1981, pp. 93 y ss.

11. «Der Vorklassiker als Klassiker: Lessing», en *Klassik heute*, ed. por Hans Joachim Simm, Francfort, 1988.

12. Steinmtez, ob. cit., p. 123.

13. «Werke und Briefe», ed. por Wilfried Barner et al. Vol 11/1: *Briefe von und an Lessing 1743-1770*, ed. por Helmut Kiesel en colaboración con Georg Braungart y Klaus Fischer, Francfort, 1987, p. 131.

14. Steinmetz, ob. cit., p. 177.

15. Las citas de aquí en adelante según: *Werke*, ed. por Herbert G.

Göpfert. Vol. 3, ed. por Karl S. Guthke, Munich, 1972, pp. 589 y ss.

16. Volker Riedel: *Lessing und die römische Literatur*, Weimar, 1976. También: *Productive Rezeption. Lessing und die Tragödien Senecas*, Munich, 1973.

17. Goethe señala en el séptimo libro de *Dichtung und Wahreit* que Lessing, a diferencia de Klopfstock y Gleim, «prescindió con gusto de la dignidad personal» (Steinmetz, p. 231).

18. P. 613 (según la Oda II 7).

19. Pp. 593 y ss.

20. Con respecto a este importante problema de la crítica a los eruditos cf. Paul Raabe, «Lessing und die Gelehrsamkeit. Bemerkungen zu einem Forschungsthema», en Edward P. Harris y Richard Schade (eds.): *Lessing in heutiger Sicht*, Bremen/Wolfenbüttel, 1977, p. 65 y ss.; Georges Pons, «Lessing: Un érudit malgré lui?», en *Recherches Germaniques* 9 (1979), p. 30 y ss.; también: «Lessing zwischen Bürgerlichkeit und Gelehrteit», en Vierhaus (ed.): *Bürgertum und Bürgerlichkeit* (cf. nota 4), pp. 165 y ss. Cf. también Walter Jens, «Lessing und die Antike», en W.J.: *In Sachen Lessing*. Stuttgart, 1983, pp. 34 y ss.

21. P. 592.

22. Cf.: *Produktive Rezeption* (cf. nota 16), p. 28.

23. P. 606.

24. Un texto central al respecto es: *Leben und leben lassen. Ein Projekt für Schriftsteller und Buchhändler* (escritos póstumos, año 1770).

25. Cf. *Produktive Rezeption*, p. 27.

26. La primera representación tuvo lugar en Londres en 1731; apareció una traducción alemana en 1752.

27. *Werke*, ed. por Göpfert. Vol. 4 editado por Karl Eibl, p. 144.

28. A este respecto, con especial énfasis en Rousseau, Hans-Jürgen Schings, *Der mitleidigste Mensch ist der beste Mensch. Poetik des Mitleids von Lessing bis Büchner*, Munich, 1980.

29. *Werke*. Vol. 4, p. 145 (con realce de la «Simplicidad»).

30. *Werke und Briefe* (cf. nota 13). Vol. 11/1, p. 131.

31. Cf. *Produktive Rezeption*, pp. 35 y ss.

32. Para esta cuestión todavía resulta fundamental Ignace Kont, *Lessing et l'antiquité. Etude sur l'hellénisme et la critique dogmatique en Allemagne au XVIIe siècle*. Vol. 2, París 1884-1899, Cf. también nota 16.

33. *Werke*, ed. por Göpfert, Vol. 6, ed. por Albert von Schinding, p. 38 (ahí «Klopffechter»).

34. *Werke und Briefe*, ed. por Barner et al. Vol. 6, ed. por Klaus Bohnen, p. 723; cf. ahí p. 1.080 y ss. sobre tendencias argumentativas.

35. Ob. cit., pp. 760 y ss. y 778.

36. En el octavo libro de *Dichtung und Wahrheit*, Steinmetz (cf. nota 9), p. 232.

37. *Werke und Briefe*, Vol. 6, p. 778.

38. *Ibíd*.

39. Así es en la distinción característica entre el «almacenista de lo antiguo» y el «conocedor de lo antiguo» (Ob. cit., p. 757).

40. A este respecto ver en particular Riedel (cf. nota 16) y Kont (cf. nota 32).

41. Dominan los distintos rasgos del «reformista», cf. diversas contribuciones en el volumen de coloquios *Tradition, Norm, Innovation* (cf. nota 8).

42. Como en el caso, por ejemplo, de Gottfried August Bürger, cf.: *Über das Negiren von tradition* (cf. nota 8), pp. 22 y ss.

43. Esta tendencia interpretativa, que para algunos se presenta hoy como evidente de por sí, debe algunos de sus avances más importantes al trabajo de Werner Krauss, el romanista, quien supo observar las condiciones alemanas «desde fuera».

44. Existen estudios individuales en la obra, citada en la nota 8, *Tradition, Norm, Innovation*.

45. Nuevos trabajos al respecto desde movimientos anti-ilustrados en: *Aufklärung und Gegenaufklärung in der europäischen Literatur, Philosophie und Politik von der Antike bis zur Gegenwart*, ed. por Jochen Schmidt, Darmstadt, 1988.

TERROR MORTIS
La imagen antigua de la muerte
y el sentido de su retorno en G.E. Lessing

Agustín Andreu

No anda ni mucho menos el siglo XVIII escaso de visionarios y esoterías, de movimientos religiosos íntimos y contagiosos, de agrupaciones filantrópicas y confraternidades, de elucubraciones cabalísticas, etc.[1] En la base de todo ello hay una ebullición de especulaciones sobre el alma, las cuales se prometen un hombre mejorable y transformable sin límites, y capaz de alcanzar metas imprevisibles en éste o en otros mundos.[2] La verdad es que el Siglo de las Luces se beneficia de las galopadas de una imaginación al fin libre de controles y monopolios de ortodoxias pero que, por otra parte, no se quiere sobrenaturalista ni utópica, porque ahora está ya en la exigencia de los hechos y de la deducción. Pues al siglo lo caracterizan, a un tiempo, la amplitud de las experiencias y el criterio racional, es decir, su fe en que la experiencia puede convertirse en conocimiento racional y crítico, su fe en el principio de razón suficiente. ¿*Cuánto* cabe en la experiencia? ¿*Cómo* se convierten los contenidos de experiencia, los que sean, en conocimiento racional? He ahí la línea de arranque de dos tipos de Ilustración, uno que se mira en Kant y otro que señala hacia Leibniz/Lessing.[3]

El tratado *Cómo los antiguos se imaginaban la muerte*[4] recoge, en varia relación con Espinosa y Leibniz, con Winckelmann, Mendelssohn y Shaftesbury, «el sentimiento personal de Lessing sobre la muerte, y el de su tiempo» (W. Rehm).[5]

Desde el primer trabajo teológico que publica en 1750 (*Pensamientos sobre los de Herrnhuter*) hasta ese gran trabajo final que es *La educación del género humano* (1780), se despliega una dramaturgia de la muerte, que es un espejo del destino pasado y presente del hombre occidental.[6]

La documentación del tratado que nos ocupará es arqueológica o «de anticuario» —como decía aún entre nosotros don Antonio García Bellido—.[7] Pero los antiguos representaban figuras «para decir algo» (LM, XI, 7, 14s.),[8] algo que, en este caso, entra en el juego que se llevan la razón y la revelación para educar al hombre en cadencias milenarias y transformaciones insospechadas.[9] Por cierto que este episodio de la representación antigua de la muerte y de su significación actual tomará también la forma de una vuelta a lo antiguo, como sucede a veces con los documentos escritos de la revelación (cf. *Educación*, 38.38 69 [LM, XIII, 424.439]). Sin olvidar que donde lo moderno resulta tantas veces insignificante o fruto de pasioncillas, lo antiguo puede resultar «subversivo» (LM, XI, 4.22).[10]

Lessing no conoce escritos ocasionales, sino buenas ocasiones para decir de modo personal lo necesario o conveniente. Precisamente, el grueso del material arqueológico de este escrito, aunque dispuesto en una cierta forma académica,[11] no ha recibido esa forma brillante y llamativa que sabe dar cuando quiere.[12] Pero va precedido de un precioso prólogo que es una obra de arte de contención, de autocontención. Y se cierra con un «epílogo» teológico denso, casi en forma de enunciados, donde queda encuadrado y en vías de interpretación religiosa y antropológica el subversivo asunto de que trata.

Cuando le envió a Nicolai este escrito, le decía: «Si ha visto Ud. mi muerte...»,[13] dando a entender algo con la metonimia. Buscaba una muerte mejor, más digna, más adecuada a la vida, o (recogiendo una palabra que empleó Goethe a cuenta de este escrito lessingiano) más «auténtica». «El excelente Lessing, el precursor de lo auténtico», había de decir el otro.[14]

I. Hitos principales en el desarrollo de la idea de la muerte

1. En *Pensamientos sobre los de Herrnhuter*, de 1750,[15] reclama el joven Lessing una nueva manera de vivir —y de morir—. Imagina que, en la línea de una Historia universal dirigida por la Providencia mediante el juego recíproco de la Sabiduría y de la Religión, apareciese «en nuestros tiempos» un filósofo que nos reorientase hacia lo práctico y la virtud, hacia el mérito verdadero y hacia la viva voz «de la Naturaleza en nuestro corazón». Este filósofo tendría que enseñarnos a mirar a la muerte de frente, «impasiblemente», demostrando estar poseídos de la convicción de que la Sabiduría divina, una vez que se haya acabado nuestro papel o misión, dará la señal para hacer el mutis de este escenario saliendo del mundo «de grado» (LM, XIV, 160, 32-35 [EE 150]).

Resulta forzado restar importancia a esta demanda, a este breve escrito.[16] Este morir, no ya superando el miedo sino ajustándose a una Sabiduría divina que bien conoce el papel de cada cual en este mundo, significa una manera definida de hacerse cargo de la tendencia general de los tiempos nuevos a reinterpretar la desmelenada y truculenta muerte del Barroco.[17]

2. La prueba de que hay algo más que un reflejo retórico en esa demanda se presenta enseguida y a lo vivo. En 1754 muere su primo y, a un tiempo, íntimo amigo Christlob Mylius, joven y lleno de proyectos.[18] Lessing hace una interpretación desde luego sociológica del suceso, señalando la situación precaria del escritor alemán de entonces. Mas su mirada se posa en el destino trunco de la muerte, de la muerte temprana. El fallecimiento del amigo a la otra parte de un mar, le presta una metáfora de resonancia platónica,[19] que anula la discontinuidad de los mundos y la vida. Mylius, dice, a partir de ahora estará en un mundo separado del nuestro, sólo «algo más y algo más diversamente que por el mar» (LM, VI, 393, 11s). El deseo de conocimiento que lo llevó a la otra parte del mar, lo llevará ahora de mundo en mundo (LM, VI, 395, 30ss.). La continuidad de su vida está asegurada por la continuidad ininterrumpida de su esfuerzo

por conocer que, «tal vez» ha salido con ventaja de la nueva situación.[20] Tal vez con la muerte ha experimentado una transformación instantánea y, «en un abrir y cerrar de ojos», se ha hecho igual a varones a quienes deseó comprender y, ahora, «sabe ya más de lo que en este mundo pudiera haber comprendido jamás» (LM, VI, 395, 35-396, 1-3). Lessing no se entrega a descripciones fantásticas de otros mundos, que no es lo suyo;[21] pero, desde la idea del conocimiento y la perfección del alma, dando por descontado que el deseo de saber no puede tener un solo escenario y que éste no es tampoco el mejor, así como supone que éstas son las ideas que consolaron al amigo al morir, así *se entrega él a ellas* (LM, VI, 396, 6-9). Entregarse a una idea es la manera de ponerse en camino de llegar a la demostración racional de la misma.[22]

La idea del desarrollo individual en perfección, de grado en grado, la había encontrado él, por entonces mismo, en Curtius (LM, V, 374-6) en una forma extrema, pero afín a un Lessing que no dejará al hombre encerrado en este cuerpo ni, a los posibles envoltorios de humanidad, en esta forma de sensibilidad que es la pentasensorial. Aquí está operante ya un Leibniz en clave espinosiana. El núcleo metafísico del hombre es irrompible e inagotable; es una idea que está en el repertorio del siglo.[23] En Lessing se caracterizará por su sobriedad ética y por su intención de no salirse del marco y movimiento de la revelación bíblica.

3. Por primera vez aparece en Lessing la idea de que el sueño y la muerte son hermanos, en 1755, en la recensión de un libro ortodoxista que, por negar el purgatorio católico, quería que Lutero hubiese entendido la muerte como un sueño en sentido literal con pérdida de conciencia (LM, XII, 49, 9s.).[24] Argumentaba típicamente el ortodoxo que, estando envuelta en llamas, no podría el alma estar dormida. (Buen chantaje.) Y argüía Lessing, también típicamente en él, que si el goce de la felicidad eterna podía dejarla dormida, también la podían dejar dormida las llamas. El presupuesto que regala jugando a la sofística, es que el ortodoxo puede llegar a sospechar que su paraíso es aburrido pero no puede

llegar a comprender que un sueño analgésico aligere de penas (Cf. LM, VII, 49, 30-32).

Además de defender el dato tradicional de que el alma desligada del cuerpo está en una vigilia que es descanso, salvando así el carácter dinámico del alma, es de notar cómo subraya Lessing que la memoria popular («toda la gente») y el gran hombre, que es Lutero, supieron conservar el sentido de la tradición antigua que enseña que el sueño y la muerte son formas de descanso (LM, VII, 49, 15-17). Mientras, ciertos especuladores, agarrotados en ortodoxias, en disputas no siempre de *bona fide*, y dados, en cambio, a «novedades que pierden a las almas» (LM, VII, 39, 24-27), se extravían y extravían. Esta seriedad en la forma de considerar lo antiguo y de sospechar de ciertos interesados es lessinguiana de raza. Y se despliega a sus anchas precisamente en el caso de *Cómo los antiguos imaginaban a la muerte*.[25]

4. Lessing se encuentra bien pronto, ya en 1755, con el fenómeno de la deformación de la vida por la exasperación de la esperanza y el miedo.[26] Una espera ansiosa de la vida futura, es decir, del premio o castigo (LM, XIV, 310, 6-8, y *Educación* 22), llevaba a perderse esta vida de aquí, es decir, a la alteración del tiempo humano. Aunque en tan temprana fecha se impuso la contención, pues ya sospechaba fundadamente quiénes eran los elpísticos (LM, VII, 21, 29s.), no dejó de consignar que, para un filósofo como Plutarco, el cristianismo, en tanto que fenómeno paralelo y contemporáneo de los elpísticos, no pasaba de ser, «para hombres sagaces, simpleza y superstición» (LM, VII, 20, 34).[27] La razón tenía que ser, ya entonces, la que daría más tarde: las religiones, incluidas las de revelación, que tratan torpemente esta actitud de espera (*Erwartung*) y manipulan la esperanza humana, degeneran en «astrología» o consultorio del destino del más allá, en industrias de seguros, en *elpística*.[28]

En 1763, al encontrarse personalmente con Leuschner en Breslau, pone manos a la obra y redacta al andamiaje de una monografía documentada y razonada, que conocemos con el nombre *Sobre los elpísticos* (LM, XIV, 297-311). En ella se hace cargo del tipo de religiosidad que resulta del vivir pendiente del más allá, y pendiente por terror y ansiedad —el tipo de religiosidad correspondiente a la etapa *cristiana* del Nuevo Testamento (*Educación*, 57-63).

La esperanza en la vida futura con sus premios y castigos era común a gentiles y cristianos, y ello en forma exotérica o corriente y en forma esotérica (LM, XIV, 298, 7-9; 310, 18-311, 1-8). Los judíos quedáronse atrasados en este punto, pero tal vez se disponían a tomar de nuevo la delantera (LM, XIV, 304, 9-11). La esperanza en su forma corriente era débil, incluso entre cristianos (LM, XIV, 298, 17-23; cf. 310, 17-23). Era tanta la diferencia entre la «esperanza mejor» de los iniciados y lo que daba de sí la religiosidad corriente, que cuando el vulgo veía «la impavidez y confianza» (XIV, 311, 5-7) con que los iniciados se enfrentaban a la muerte, quedaban aterrados y estupefactos. Los iniciados tenían la seguridad de que les esperaba una vida verdadera, mientras que a los otros no les aguardaba «más que miseria» (LM, XIV, 311, 15).

En este clima, basándose en la «querencia natural» a la esperanza en todos los hombres (LM, XIV, 306, 14s.) y levantando «extraordinariamente esa esperanza» (*ibíd*. 306, 5-7) sin la que la vida resultaba no ya «insoportable» (LM, XIV, 306, 22, 23) sino imposible (porque esta espera y este temor se tenían por el «vínculo más sólido de la vida [*ibíd*., 306, 14s.]) en ese clima, mantenían abiertos los corazones y practicaban sus artes. Y una humanidad aterrorizada por la perspectiva de su futuro, se ofrecía a toda suerte de supersticiones y simplezas.

Más tarde, tal vez en 1777,[29] frente a quienes querían ver a la revelación como la garantizadora *indudable* de la inmortalidad del alma (XVI, 399, 4s.), desarrolló este tema de los «extravíos» ocasionados por el «loco apetito» de conocer el futuro y vivir fuera de sí. Es el año de la publicación de la primera mitad de la *Educación del género humano*, y ha llegado al reajuste antropológico y religioso definitivo. La razón ha dominado el loco apetito de los hombres por conocer su futuro en esta vida. Lo que toca hacer ahora es que esa misma razón «consiga hacer igualmente sospechoso y ridículo el apetito de conocer lo que aguarda a nuestro destino en la vida de allá» (LM, XVI, 400, 3-8). Ese tipo de religión, aun revelada, que se dedica a informarnos sobre nuestro destino futuro, ha pasado, hay que desentenderse de ella aunque fuera verdad que tal religión existe (*ibíd*. 17-21).

La actitud ante la vida futura y nuestro destino ha de ser otra. No es tiempo de ansiedad y miedos. El tiempo de la vida es de otra manera. No hay que perderse esta vida. Hay que seguir más bien al filósofo, que «por zumbón que fuese, lo que hace es dejar en su [propio] valor a la esperanza de una felicidad futura, y supone sólo que esa esperanza se tiene que fundar más en una vida virtuosa que en el haber tomado parte en los misterios» (LM, XIV, 311, 25-28).

En *Sobre los elpísticos* se alude a una posible función del Estado en relación con la espera en la felicidad. Warburton quería que, sin espera de premios y castigos futuros, no hubiera sido posible la sociedad, no fuera posible el Estado, «ningún Estado» (LM, VII, 298, 5s.; XIV, 310, 9s.). En la *Educación*, 22 y 24, recoge de nuevo la doctrina. La consecuencia es que el Estado se habrá de asegurar a la religión que fomenta y cuida esa verdad sin la cual no puede subsistir el Estado mismo. Pues bien, en los *Diálogos sobre soldados y monjes*, de la misma fecha que el fragmento anteriormente comentado (*Donde la religión revelada prueba demasiado...*), hay un incauto anticlerical que, después de haberse sustraído a la dependencia de la Iglesia por lo que hace a la vida futura, se entusiasma con «la felicidad que el Estado asegura a cada miembro en esta vida» (LM, XVI, 521, 3s.). La reacción de Lessing es lúcida si las hay, y de gran calado, como se verá en *Ernst y Falk. Diálogos para francmasones*, donde deseará la mínima cantidad de Estado pero con las mismas salvedades que se han de hacer para desear la mínima cantidad de religión.[30] ¡Menudo atraco se está preparando si los entusiastas del Estado, que acaban de negarle a la Iglesia el monopolio de la bienaventuranza celestial y la bienaventuranza misma, creen indispensable la mediación o intervención del Estado para que alcancemos la felicidad terrena que es la que nos quedaría según ellos! —Lessing no duda de que hay felicidad en la tierra y bienaventuranza en el cielo—; lo que pasa es que se ríe de quienes piensan que las reparten o conceden el Estado y la Iglesia, respectivamente.[31]

Y así llegamos al tratado mismo *Cómo se imaginaban la muerte los antiguos.*

II. La alegoría sueño/muerte

1. Desde el joven alado que llamaran genio los antiguos y ángel los judíos-cristianos, hasta el esqueleto que se apoderó del campo visual de la muerte, entre esas dos imágenes discurre todo un proceso de terrorificación de la muerte —y de la vida.

Lessing quiere sentar primeramente, y con amplitud y generosidad en cuanto a los materiales utilizados, el hecho de que los antiguos, los griegos y romanos, «representaron a la muerte como al sueño y al sueño como a la muerte» (LM, XI, 34, 28-31), viendo plásticamente a la muerte, siempre y sin excepción, en la imagen agradable y apacible del sueño. Este hecho antiguo se perdió completamente de nuestra vista.

Si el hecho es cierto, hay que sopesarlo, sobre todo en la medida en que los antiguos son un factor de la pedagogía divina, el filosófico o racional.[32] Pues, sólo con el «epílogo» teológico en la mano, consta sin ningún género de dudas que el autor del prólogo sabe la revelación del Nuevo Testamento (la apostólica para más señas, porque Lessing sabe que está citando a san Pablo) ha afectado decisivamente a las doctrinas judía «antigua» sobre la muerte. Pero el prologuista se abstiene de hacerlo, conteniéndose teológicamente hasta la contención perfecta.

Y de momento nos da un prólogo donde prepara un verdadero montaje social llamando al público como juez. Donde hace la apología de la polémica, superior sin duda a la actitud del «odio y la difamación» (LM, XI, 3, 12-14). Donde invoca a un espíritu que tanto hubiera agradado a Leibniz, al «espíritu de prueba» (*ibíd.* XI, 3, 23). Donde defiende sin concesión alguna la necesidad de batirse y laborar por la mínima verdad, contra la mínima falsedad, pues nunca se puede saber adónde lleva un destello de verdad, dado «el modo de ser de nuestro conocimiento» (cf. *ibíd.* XI, 4, 2-6). Y donde, en fin, después de avisar que si el asunto resulta subversivo se lo hagan pagar al autor pero no al asunto mismo (*ibíd*. XI, 4, 22-24) —cubriendo así como su propio cuerpo el camino de la verdad—, expulsa del campo del combate al prurito de originalidad y descubrimiento, estableciendo una regla del juego bien curiosa: vamos a hablar de lo antiguo con argumentos disponibles desde antiguo (*ibíd*. XI, 4, 28ss.-5, 1-7).

Pero, ¿por qué tanta contención, por qué no decir de una vez que va a temblar el entramado de verdades religiosas que ha presidido e inspirado la vida cristiana durante los últimos 1700 años? ¿Por qué no decirlo ya? —¿O, sí que lo ha dicho?

2. Homero habría sido el introductor de esta visión de la muerte como hermana del sueño. Muerte y sueño serían como mellizos, con la «mutua semejanza» que cabe esperar naturalmente de los mismos (LM, XI, 8, 1-4; y 20-23): iguales «en estatura, en configuración y en ademán» (LM, XI, 50, 6s.).

Dentro de una «semejanza precisa» (*ibíd*. XI, 27-22; 18, 21) que mantuvieron rigurosamente todos los poetas (*ibíd*. XI, 38, 12-16) y todos los artistas plásticos, cada uno dentro de sus respectivas lógicas (cf., *ibíd*. XI, 8, 9-15; 39, 16-30), y que mantuvieron con la seriedad de quienes saben estar educando a los pueblos, esta alegoría del sueño y la muerte fue produciendo innumerables sugerencias, alusiones, sospechas, vislumbres, sombras..., en sueño y en vigilia, advirtiendo lo diverso en lo semejante y lo semejante en lo diverso (cf., *ibíd*. XI, 50, 5s.) —que es el modo de asegurar la verdadera continuidad y facilidad los mayores cambios.[33]

Mas, con todo ese juego, no se le faltará en fidelidad a Homero y no se le dará a la muerte, nunca, un aspecto desagradable o repulsivo entre los antiguos.[34] Las diferencias entre el uno y la otra se inclinarán incluso favorablemente hacia la muerte. Escogiendo, por ejemplo, entre el color negro y el blanco, «sería pero que muy posible que el artista antiguo diese a la muerte el color blanco para significar así también que, de los dos sueños, no es la muerte el más temible» (LM, XI, 50, 18-20).

La semejanza precisa se concreta en que el sueño es una

divinidad o genio joven (LM, XI, 12, 5; 9, 23) y la muerte lo es igualmente (*ibíd.* XI, 12, 10ss.). ¿Es que rejuvenece el sueño? ¿Rejuvenecen entrambos? ¿Y cuál más?[35]

Siendo el sueño uno de «los dos mayores y más dulces mantenedores de la vida humana» (LM, XI, 34, 23-25), ¿cabría concebir a la muerte como mantenedora de la vida? El otro mantenedor mayor de esta vida es Baco, cuya imagen por cierto quedó deformada (como la de la muerte) a los ojos de nuestra religión (cf. *ibíd.*).

Sueño y muerte traen consigo una desconexión sensorial del mundo entorno. El «sueño ligero» la trae breve; y el «sueño que dura mucho», la trae larga (LM, XI, 23, 24-30), tanto que interrumpe definitivamente la alternancia sueño/vigilia, propia del sueño breve (*ibíd.* 29, 19s.).[36] Mas esa «insensibilidad» (*ibíd.* XI, 40, 4s.) se compadece con pesadillas en el sueño ligero; pesadillas que desconoce el otro sueño (LM, XI, 50, 18-20), por lo que tal vez nos quiso decir el artista que, de los dos sueños, no es la muerte «el más temible» (LM, XI, 50, 7-20). No es excederse el suponer que la desconexión sensorial que aquí menta Lessing no es otra que la pentasensorial, la de los cinco sentidos, que tiene, aquí y ahora, en el mundo éste, el hombre (LM, XVI, 522-525 [EE 379-383]): la correspondiente a este «envoltorio de [su] humanidad» (LM, XVI, 443, 7-10). Mas no se trata de insensibilidad *absoluta*, respecto a otros lugares mejores y más aptos para el conocimiento y el desarrollo, donde al hombre le aflora una sensorialidad más perfecta e intensa. Añadamos que, al Lessing leibniziano, difícilmente se le escaparía que el soñar es una actividad del alma para esta vida terrena. Ya el joven Lessing sabía que, quien nos quiere duerme para sí, pero sueña para nosotros, sueña nuestras cosas.[37]

La esencia del sueño es el descanso. Estar dormido y estar muerto es estar en reposo. Ya vimos la defensa que en este punto hizo de la opinión de Lutero. Lessing, lector de los Padres, tiene que haber conocido la doctrina de la koímesis o dormitio de la tradición cristiana. ¿Hay también intensidad creciente en este punto? ¿Es más descanso un sueño que el otro?

3. Contiene el tratado, a este respecto, una digresión que

se diría desproporcionada, relativa a los pies cruzados con que aparecen en los monumentos funerarios estos dos jóvenes genios (LM, XI, 14-18). Pies cruzados es postura corriente de quienes duermen, de quien se toma «un sueño tranquilo y sano» (LM, XI, 16, 19s.). Y es postura atribuida lógicamente a la muerte. Para un mediterráneo resulta un placer seguir la discusión en este punto, pues se trata de una postura bien viva aún hoy, hasta el punto de no ser posible darse una vuelta por un poblado de la vera de ese mar sin encontrarse a gentes a la puerta de casa, o en lugar de tranquila conversación y espera, apoyados o reclinados en dintel, pared o árbol, en pie y con los pies cruzados. Lessing se bate fogosamente en favor de su propia interpretación: esa postura «en vigilia es también signo de reposo» (LM, XI, 17, 8s.), en pie es actitud de persona «que no tiene prisa» (LM, XI, 17, 10-12). ¿Actitud de persona que no tiene prisa? ¿Actitud de persona que siente que ha llegado?[38] ¡Qué ánimo más lessingiano, no tener ya ninguna prisa! Ahí hay una «sombra» de otro modo de estar en el tiempo. Pues, a esa postura, sólo llega quien sabe que tiene lo suyo hecho, quien sabe que es la sabiduría la que da la señal de detenerse —quien sabe que la eternidad está a su disposición— (*Educación*, 100).

Si esta de los pies cruzados es postura del hombre entregado a «un sueño tranquilo y sano» (LM, XI, 16, 20), ¿podría llegarse acaso hasta pensar en que la muerte es «sana»?[39]

Los atributos con que los artistas antiguos representan al adolescente alado que figura a la muerte y es mellizo del sueño, «son los más bellos y elocuentes» (LM, XI, 12, 16s.). No puede esperarse otra cosa si el genio de la muerte es un genio «igualmente agradable» que el del sueño (LM, XI, 493-5): genio placentero, suave, natural. La antorcha puesta boca abajo en manos del sueño y de la muerte significa la interrupción de la vida como un apagarse (*ibíd*. XI, 12, 18-21). Las alas expresan lo raudo de la transición de la vigilia al sueño (LM, XI, 12, 22-24). Las flores están aquí en su lugar; no ha de extrañar la corona en manos del genio de la muerte (LM, XI, 12, 28-31). Los amigos, puntualiza Lessing, eran quienes «cubrían de coronas el cadáver» (*ibíd*. 29-30) —flores de simposiom, de procesión—.[40] Era pues corona amigable.

Y la mariposa, figura del alma separada del cuerpo, una imagen nada repugnante, y aun atractiva, en su insuficiente y hasta torpe vuelo (cf. LM, XI, 12, 32-34).[41]

Nada, en todo esto, es repulsivo ni atemorizador. Es hasta atractivo si se lo entiende en efecto en la perspectiva del crecimiento en perfección y felicidad.

Y de este modo, como quien se permite una consideración final («Una palabra sobre Spence, y acabo»), sin avisar con algún signo tipográfico, presenta su fabulosa propuesta a los cristianos, de que se pasen del esqueleto moderno al ángel antiguo, de que tomen el camino de la belleza que no puede menos de ser criterio vivo, voz de la «rectamente entendida verdadera religión» (LM, XI, 55, 31-33).

III

1. El fragmento teológico que cierra este tratado descubriendo su intención tiene su marco y explicación en la *Educación del género humano*, allá precisamente donde se describe el paso de la *segunda etapa* antropológica y teológica del género humano (la del Hijo) a la *tercera etapa* (la del Espíritu, la del Evangelio eterno).[42] Ese traspaso representa un crecimiento o ahondamiento en la idea de Dios, en la del hombre, que son correlativas en la historia de la educación del género humano, y que supone una comprensión más adecuada de la individualidad y de la pluralidad, así como una nueva manera de estar en el tiempo y, en consecuencia, de entender la muerte. He aquí ese texto final:

> Una palabra sobre Spence, y acabo. Spence que, de todos, es el que más positivamente quiere obligarnos a tomar el esqueleto por la antigua imagen de la muerte; Spence [,digo,] opina que las imágenes de la muerte corrientes entre los antiguos no pueden menos de ser terribles y horrorosas porque los antiguos tuvieron, en general, conceptos mucho más tenebrosos y tristes de su condición de lo que nosotros en la actualidad seríamos capaces de aguantar.
>
> Con todo, lo cierto es que la religión que descubrió, la primera, a los hombres que la muerte natural es también

fruto y soldada del pecado [Rom. 6,21 y 23], tuvo que multiplicar infinitamente los terrores de la muerte. Sabios hubo que tuvieron la vida por castigo; pero tomar la muerte por castigo es algo sin revelación, no pudo ocurrírsele a hombre alguno empleando su sola razón.

Desde este punto de vista, cabría pues sospechar que es nuestra religión la que ha desalojado del recinto del arte a la antigua imagen risueña de la muerte. Mas, como esa misma religión no ha querido revelarnos aquella terrible verdad para nuestra desesperación; como nos da también la seguridad de que la muerte del hombre piadoso (Fromm) no puede ser sino tranquila y agradable; no veo qué pueda impedir que nuestros artistas prescindan otra vez del horrible esqueleto y vuelvan a disponer de aquella imagen mejor. La misma Escritura habla de un ángel de la muerte. ¿Y qué artista no va a preferir dibujar un ángel en vez de un esqueleto? Sólo una religión mal comprendida puede alejarnos de lo bello.

Y es prueba en favor de la verdadera, de la rectamente entendida verdadera religión, el que nos devuelva en todas partes a lo bello (LM, XI, 55).

2. La imagen de una vida tenebrosa ha de producir una imagen terrible y horrorosa de la muerte —decía Spence—.[43] Mas, lo notable es que no funcionara la deducción en este caso. Pues a los antiguos no les faltó la experiencia de la mala muerte, pero, desde Homero, distinguieron siempre entre el morir y la muerte naturales, que nada tienen de horrible (LM, XI, 40, 19-21) y, por otra parte, «la necesidad de morir» (LM, XI, 41, 3), o sea, la muerte «violenta» (LM, XI, 42, 9). Son cosas distintas a las que corresponden nombres e imágenes distintos.

A la muerte natural, llamaban los antiguos θάνατος, mors. A la forzada, Κῆπ, Lethum. Tenía ésta innumerables variantes: muerte a destiempo, prematura, por ajena voluntad, con tortura, con afrenta, etc. (LM, XI. 40, 21-24; 41, 4); los modos de morir podrán ser muchos, pero muerte natural hay una sola (LM, XI, 41, 21). Así que, por tenebrosa que fuese la experiencia de la vida y por terribles que fuesen las muertes que deparaba, a los antiguos no les apeó de su imagen risueña y apacible de la muerte. Y, en consecuencia con esa actitud, desarrollaron todo un vocabulario que evitaba las expresiones desagradables alusivas a aspectos tristes, horribles o asquerosos de la muerte (LM, XI, 43, 17-20. 25-28. 43, 10s.). Tenían, sí, una representación propia de la mala muerte: «la mujer de dientes horrendos y uñas corvas cual fiera feroz» (LM, XI, 42, 19s.). Mas no fue determinante ni indujo a confusión nunca —piensa Lessing—, sin cuidado alguno de que nuevos hechos arqueológicos desmientan la lógica plástica en que se mueve.

Algo fuerte tenía que ser lo que se resistía a sucumbir ante la imagen de la mala muerte y ante lo que su imperio hubiera significado para la vida. Sin un esfuerzo espiritual de los poetas, de los artistas y los filósofos no se hubiera mantenido contra viento y marea en la proa de la vida esa imagen serena y apacible de la muerte. También conocían los antiguos el esqueleto en relación con la muerte, pero no significaba otra cosa que «las almas separadas provenientes de hombres malos» (LM, XI, 44-45, 1s.), sólo una de las figuras del repertorio pneumatológico antiguo. En éste entraban «los tranquilos y benditos dioses domésticos», almas de buenos antepasados que seguían velando por los suyos (LM, XI, 44, 22-24).[44]

No hay rastros de un proceso psicológico o racional que haya llevado de la imagen homérica de la muerte al esqueleto y su guadaña (LM, XI, 38, 5) como imagen abstracta o personificación de la muerte.[45] El hecho es que, como súbitamente, desapareció la antigua imagen risueña de la muerte y se implantó a sus anchas la pavorosa iconografía del Occidente cristiano, la imaginería funeraria de los terrores de Occidente.[46] Y reinó, indiscutible, el esqueleto durante estos mil setecientos años de vigencia de «nuestra religión» (LM, XI, 55, 21). Conque una pedagogía, muy difícil de controlar, metió el terror en el alma de los pueblos y los niños determinando y limitando aún más las posibilidades de crecimiento moral, en una y la misma vida humana o presencia y paso por este escenario del mundo.[47]

La razón sola, trabajando sapiencialmente desde su experiencia, llegará todo lo más a introducir un elemento penal en la existencia: esta vida de aquí y ahora sería un castigo por alguna falta cometida anteriormente y fuera de aquí.[48] Esto, la razón. Porque lo que es el vulgo, a tanto no puede llegar. El vulgo encontraba en sus sensaciones el bien por cuya perpetuación y ampliación se preocupaba, y por su recuperación, en caso de pérdida o aflojamiento por desgracia o enfermedad. Con la muerte empezaba una existencia atenuada, débil y ensombrecida (cf. LM, XI, 46, 14-30), incomparable con la vida; hasta ahí llegaba el vulgo. A la razón sabia, en cambio, la lógica la llevaba a ver en la muerte una liberación; no ya en la muerte natural, sino en toda clase de muerte, por cuanto en último término anticipa la liberación de una vida que huele a maldita.

Así que algo maravilloso y extraordinario, de repentina y espectacular eficacia, hubo de acaecer, algo capaz de ir contracorriente de la naturaleza y en cierto modo aun de la religión judía. Porque la imagen antigua de la muerte se esfumó, se perdió totalmente. Dice Lessing no haberse encontrado ni un solo escritor de estas cosas que haya reconocido eficazmente a la imagen antigua de la muerte (LM, XI, 53, 5-8).[49] Se produjo una general ceguera plástica en este punto. ¡Como que más que de la vista lo era de la inteligencia! (cf. LM, XI, 37, 9-20). Por lo demás, se trata de una psicología de ceguera, paralela a la que se produjo con el texto del Antiguo Testamento[50] y se está produciendo con el del Nuevo también en relación con el tema que nos ocupa, con la muerte y su sentido.[51] Pasan cosas así con la revelación, que es un texto para un proceso largo[52] de experimentación y deducción racional. Se tenían, pues, ante los ojos las más diversas variaciones del tema de la muerte antigua, atractiva y preferible, y no se la veía, no se la vio durante más de milenio y medio.

3. Y eso de eficacia tremenda que se produjo fue justamente un suceso del calibre de una nueva revelación «un nuevo golpe de timón [de la Providencia] para la razón humana» (*Educación*, 63). Para expresar con imaginería de valor universal el efecto de ese golpe de timón, digamos que su resultado fue la sustitución de la imagen pensante y curiosa de Sócrates en la cárcel de Atenas antes de tomar su pócima

por la imagen angustiada y orante de Jesús pidiendo que le aparten el cáliz, en el huerto de los olivos.

Fue la religión, la revelación cristiana, quien descubrió a los hombres la nueva, la buena nueva, de que la muerte natural, además de natural, es «fruto y soldada del pecado» (LM, XI, 55, 15s.); «afirmación de trascendencia imprevisible» (Walther Rehm).[53]

Dicha revelación se produjo en dos tiempos. En un primer momento, se presenta aquí Cristo y ejerce como maestro auténtico de la inmortalidad dirigiendo, con sus enseñanzas y ejemplo, la atención de esa parte del género humano encuadrada en la pedagogía de la revelación divina, hacia la otra vida, más verdadera que ésta por más interior y pura, y por ser ya vida eterna. La autoridad de Cristo hacía falta, nada menos, para arrancarle al hombre una mirada a la eternidad. Esto lo consiguió Cristo.[54]

Y en un segundo momento, esta orientación que imprime Cristo al hombre hacia el futuro transterreno, va a ser poderosamente reforzada por un verdadero sistema de «misterios de la religión» (*Educación*, 76) de «verdades reveladas» que «pone[n] a la inteligencia humana en un camino de ver» con mayor profundidad, con mayor claridad y adecuación, los presupuestos y las consecuencias de esa inmortalidad por Cristo enseñada (*Educación*, 72.73). Esas verdades son la del pecado original (que convierte la muerte natural en castigo por el pecado), la de la muerte de Cristo en satisfacción y penalidad por ese pecado del hombre, y la de la Trinidad de personas en Dios (que hace comprensible que haya un régimen de satisfacción del Hijo al Padre, y un régimen del Espíritu) (*Educación*, 73-75). Este conjunto doctrinal y experiencial que vinculaba al Universo (a Dios y al mundo) por una culpa que transformaba la muerte natural en castigo de todos y, al mismo tiempo, en instrumento de la redención de todos, constituía un sistema terroríficamente consolador, o consoladoramente terrorífico, por los extravíos y deformaciones a que se prestaba.

En efecto, el descubrimiento de que la muerte natural también es fruto y soldada del pecado, «multiplicó infinitamente los terrores de la muerte» (LM, XI, 55, 15-17). Y no se produjo este resultado como efecto simplemente secundario; pues se contó con el miedo como elemento pedagógico. Digamos que incluso se trabajó ingeniosa y voluntariamente ese elemento.[55] Así se explica que, en ese «rodeo» que hubo de dar la Providencia divina para empujar al hombre y dirigir su inteligencia hacia un horizonte ultraterreno,[56] se perdiera de vista la imagen apacible y serena de la muerte antigua.

La propuesta lessinguiana de volver a la imagen antigua, de sustituir al esqueleto por el ángel, se relaciona con el nivel de racionalización que, ya en la actualidad, cuando se ha producido una notable revolución en la religión cristiana,[57] ha alcanzado tanto la verdad de la inmortalidad, es decir, la sensación e idea que de sí mismo ha adquirido el individuo, como, en consecuencia, los misterios de la religión con que fue reforzada y guarnecida la verdad de la inmortalidad. Mas, antes de pasar a ver concretamente el nivel alcanzado en su racionalidad por aquella verdad y estos misterios, conviene señalar un hecho relativo a la relación de lo antiguo y lo moderno.

4. No ha de extrañar que un proceso de racionalización y consiguiente crecimiento moral se produzca por una vuelta a los antiguos. Primero, porque la razón suele adelantarse.[58] Pero, además, sucede que, entre los trágicos griegos, ya se cumplió un proceso de des-terrorización, advertido por Plutarco, uno de esos sabios considerados por Lessing como adelantados de la razón (cf. LM, XIV, 311). Ese proceso de desterrorización de la tragedia (cf. LM, VIII, 323, 17-23) empezó por desmontar cuantos efectos acumulaba Esquilo para «llegar al grado máximo de lo horrible» que buscaba (*ibíd.* VIII, 320, 7; 321, 22), tanto en sus versos como mediante su «apparatum nimis amarum» (*ibíd.* VIII, 320,7). Aterraba a los espectadores con sus Euménides de inusual y vengativo aspecto, y allí «se pintaban el terror y la muerte», cita Lessing de Tanaquill Faber (*ibíd.* VIII, 321, 10 y nota). A partir de esa tragedia impresionantemente aterradora, se inicia un proceso que pasa por Sófocles y acaba en Eurípides. El aparato y la ampulosidad van conscientemente cediendo en busca del decoro y la sencillez de una exposición que mira

«al comportamiento y a la moral» (*ibíd*. VIII, 324, 2), de una exposición que llamó Quintiliano sapiencial (*ibíd*. 10). Se prefiere «lo elevado» y la virtud (*ibíd*. VIII, 321, 7).

Lessing advirtió en los *Elpísticos* el paralelismo de situaciones entre la tragedia antigua y la religión cristiana, por lo que respecta a la muerte, al terror de la muerte y a la necesidad de hacerse el ánimo y consolarse.[59]

Y en el proceso de uso del terror, y amaine del mismo, que es la tragedia, la pedagogía trágica, también se evoluciona, según Lessing, desde una revelación inicial hasta una actitud racional. Esquilo se lanza a escribir tragedias por inspiración de Dionisio —«él mismo dice que su talento para la tragedia era más un don sobrenatural concedido por Baco que algo adquirido» (LM, VIII, 317, 20-22)—. Eurípides, en cambio, escribirá tragedias como quien filosofa (*ibíd*. VIII, 324, 10, 12; 325, 9-11). Tanto que —tal vez, en ese entusiasmo de la exposición al que se entregan los filósofos (LM, XV, 293ss. [EE 351ss.]) o bien en ese entusiasmo de los que han llegado antes (*Educación*, 67.68)—, correrá el riesgo de desembarazarse antes de hora, precipitadamente, de efectos escénicos o de elementos que, a lo mejor, habría que conservar o no dejar caer sin más (cf. LM, VIII, 323, 27-34). Peligro éste que acecha siempre en los procesos de racionalización de verdades reveladas (*Educación*, 68, 69), y en el cual siempre procuró Lessing no caer para no acabar recogiendo otra vez la basura tirada por la ventana, en busca de lo que en la basura no era basura.

5. De los dos momentos, pues, que componen la revelación del Nuevo Testamento, el de la religión de Cristo y el de la religión cristiana o de sus apóstoles,[60] el primero comienza a estar superado. Pues «poco a poco, con relación a la doctrina de la inmortalidad del alma, empezamos a poder prescindir del Nuevo Testamento» (*Educación*, 72).

La autoridad de Cristo maestro, maestro de la inmortalidad precisamente (*Educación*, 58), nos ayudó y movió a «*aceptar*»[61] esa doctrina en virtud de su autoridad, de criterios externos, de los milagros y profecías con que él se autorizaba (cf. *Educación*, 59). Mas, ahora, empezamos a poder prescindir de dicha autoridad «en orden al conocimiento de la verdad [de esa doctrina]» (*ibíd*). Ahora, esa verdad de que somos inmortales, empezamos a saber adquirirla por nosotros mismos.

Es el fruto de un trabajo de generaciones. Generación tras generación se orientaron «según esa doctrina», sin reservas y enteramente, «en la actividad interior y exterior» (cf. *Educación*, 60). Así se ha explorado el contenido de esa doctrina (que el alma es inmortal, que el núcleo más propio nuestro es imperecedero), se han explorado sus presupuestos y sus consecuencias. Y, ahora, comienzan los individuos a conocer por sí mismos la verdad de esa doctrina, empiezan a deducirla por sí mismos. El individuo deduce esa verdad «a partir de sus otras verdades ya digeridas» y las relaciona con ellas (*Educación*, 72). Resulta un individuo afianzado en dicha verdad, en su propia inmortalidad.

Se trata de un proceso de deducción a partir de verdades probadas y experimentadas en un decurso de racionalización alimentado y contrastado por la propia vida. Que tampoco se trata de una deducción a palo seco, en seco; y menos de una «postulación» desconectada deliberadamente de la experiencia. (¿En qué sentido puede llamarse a esto racionalismo?)

Este individuo, más propiamente constituido desde sí mismo, más seguro de su vida y de su inmortalidad por saberse en un horizonte eterno desde el que desplegar ahora la capacidad ilimitada que avizora en toda condición cognoscitiva, este individuo es otra cosa. Para él la muerte será por necesidad otra cosa. Y la salvación mediante una muerte, carecerá de sentido.

Así que «esa mezcla de doctrinas» que se convirtieron en el «nuevo golpe de timón para la razón humana» (*Educación* 63), quedará alterada. No es que haya que tirar por la borda esos misterios religiosos o verdades reveladas, pero habrá que reinterpretarlos al nivel en que la pedagogía de la revelación y la filosofía han situado y elevado ya el hombre. Como cabe sospechar que el esqueleto como personificación de la muerte natural que es castigo del pecado, apareció con el auge y aposentamiento de nuestra religión, cabe sospechar también que el cuestionamiento del esqueleto se relacione con la transformación de esas verdades reveladas en verdades de razón (*Educación*, 76). Ahora bien, esa transformación nos llevaría a las puertas mismas de la tercera edad o edad del Espíritu, nos llevaría al cristianismo joánico.

El individuo inmortal y que se sabe inmortal, se concibe a sí mismo de otro modo. Y el dogma de la Trinidad o pluralidad dentro de Dios, quiere enseñarnos qué es ese individuo. Porque si el individuo es una individuación «de todas [las] perfecciones [divinas]» (*Educación*, 75) tal como lo es el Hijo y en el Hijo, la individualidad representará la capacidad y seguridad del infinito desarrollo perfectivo. En el desarrollo de esa individualidad, el precepto moral con amenaza de castigo mortal, de la muerte como castigo (que es el caso del precepto que dio origen al pecado original [*Educación*, 74] y de todo otro precepto con amenaza de juicio y condenación eterna), ese precepto no tiene sentido. Esa individualidad está fuera de un horizonte penal y, seguramente, se ha salido en buena parte de un horizonte de preceptos. Dejando fuera de juego a la muerte que es castigo por el pecado, deja de tener sentido también una salvación mediante la sangre que paga y da satisfacción por una culpa (*Educación*, 74.75) Aquí ya no tiene nada que hacer el esqueleto que es la imagen de una muerte natural convertida en muerte por castigo. Para este individuo, la muerte no pasa de ser una de las transformaciones perfectivas de las que disfrutará.

Cuando, en el *Testamento de Juan* (LM, XIII, 11, 17 [EE 457-461]), el interlocutor de Lessing recita sin entenderlo aquel dicho de la tradición que dice que la «piadosa gente simple creía que Juan no moriría nunca» y que, «incluso cuando ya había muerto..., creía la superstición que Juan no *podía* morir», exclama Leassing: «¡Qué cerca anda a menudo de la verdad la superstición!» (*ibíd*. 12, 32; 13, 1ss. [EE 458]). Ese individuo que no puede morir ya es el de la tercera etapa, el de la etapa del Espíritu, el del Evangelio eterno. Para quien la muerte no existe, sencillamente no existe. Y cuyo alumbramiento, dice Lessing, es la tarea en ciernes, la tarea inminente, la que ya ha empezado. En el XVIII se vivió una vislumbre de esto.

6. El cambio del esqueleto por el ángel es teológicamente

posible. Lessing, que no quiere reproducir el choque que, en los siglos XV y XVI, se produjo entre el humanismo laico, por una parte, y por otra las confesiones cristianas,[62] ha trabajado por la continuidad de la vida y de las concepciones, por la continuidad del individuo fiel a sí mismo. Si fue nuestra religión la que dio entrada en el recinto del arte al esqueleto, hay otros recintos en que subsiste otra imagen. Nuestra misma religión «nos da también la *seguridad* (subrayado mío) de que la muerte del hombre piadoso no puede ser sino tranquila y agradable» (LM, XI, 55, 23-26).[63] Lessing no indica dónde dice eso nuestra religión, eso que es tan equívoco, como él sabía, puesto que hay propuestas de paz a cualquier precio.[64] Además, la misma Escritura hablaría de «un ángel de la muerte» (*ibíd.* 55, 28s.). Y tampoco aduce citas. Pero, a quien se las hubiera exigido, le hubiera echado encima un enjambre de ángeles. ¿Por qué no hay ángeles en la revelación judeo-cristiana?

La idea del individuo en un ilimitado desarrollo mediante el conocimiento intelectual y puesto así en el horizonte de la eternidad,[65] cuenta con transiciones innúmeras, de las que la muerte es una.[66] La pregunta final de la *Educación*: «¿No es mía la eternidad?» lejos de ser dubitativa y retórica, es desafiante y segura de sí. El sujeto verdadero es el individuo, no la humanidad; el individuo, todos y cada uno. La humanidad es instrumental: lo que en conjunto realicen todos los hombres será lo que cada una sacará y tendrá como suyo.[67] Si las transformaciones por las que pasará el individuo suponen la vuelta al mundo o representan nuevos envoltorios de humanidad, ésa es otra cuestión. La destinación al camino de perfección sin final, es segura; el cómo no lo es tanto y es posible que Lessing no haya tenido nunca sobre esto opinión fija.[68]

Este individuo ya no vive pendiente del futuro. Sus premios son interiores y presentes: la alegría de la perfección creciente. No le cantaránn lo que a Mario: «Profetizáronle a Mario/ que su final está cerca/ y emborrachándose vive/ dado al juego y alienado./ ¡Sí que tiene el fin en puertas!» (LM, I, 33ss.).

Para este individuo que no puede morir, la vida futura es

sólo el próximo día de algún día que llegará por sus pasos —pasos contados por la sabiduría que conoce nuestro «papel» en el mundo—. Un día, cualquiera de estos días, será para cada uno el último que pasará en este escenario. Y ese día, que será el último de aquí, será sencillamente la víspera del primer día de un allá de otro escenario. «¿Por qué no se puede esperar una vida futura con la misma tranquilidad con que se espera la llegada del próximo día?» (LM, XVI, 400, 14s. [EE 454]) —como se espera la salida del sol.

Mas, el «epílogo» se limita a dirigir hacia esta interpretación, orientando sólo hacia la belleza del ángel. «Cum dederit dilectis suis somnum, ecce hereditas Domini» (Salmo 126,2).

NOTAS

1. Antoine Faivre, *El esoterismo en el siglo XVIII,* Madrid, Edaf, 1976.
2. Walther Rehm, *Der Todesgedanke in der deutschen Dichtung vom Mittelalter bis zur Romantik*, Halle/Saale, 1928, esp. pp. 244-279 (*Die Aufklärung*).
3. Según la crítica de la Ilustración alemana/kantiana y «tal vez» europea en general, que señaló repetidamente Walter Benjamin, por ejemplo en «Sobre el programa de la filosofía futura», en *Die Wahlverwandschaften de Goethe* (en W. Benjamin, *Obras maestras del pensamiento contemporáneo*, 58, Barcelona, 1986 [versión de Roberto J. Vernengo]). La diferencia *radical* de esas dos Ilustraciones estriba en que una «postula» desde una experiencia insuficiente y aceptada como tal, y la otra está dispuesta a la experiencia crítica de todo lo que pueda salir de una individualidad monadológicamente entendida. Es decir, en último término se distinguen las Ilustraciones kantiana y lessinguiana por su inteligencia de Leibniz.
4. Acepto la traducción del título tal como la hizo don Rafael Cansinos Asséns, en su versión de las *Obras completas de Goethe*, III, Madrid, 1958, p. 1.574. El trabajo arranca de una nota en el *Laokoonte* (LM, IX, 76s. [cf. edición de Eustaquio Barjau, Madrid, 1977, pp. 142-144]), LM, XI, 14.
5. W. Rehm, ob. cit., p. 272.
6. Señalamos aquí alguna bibliografía: Carl Clemen, *Das Leben nach dem Tode im Glauben der Menschheit*, Leipzig y Berlín, 1920, Alberto Tenenti, *Il senso della morte e l'amore della vita nel Rinascimiento*, Einaudi, 1957; Philippe Ariès, *La muerte en Occidente*, Barcelona, Argos Vergara, 1982; Ludwig Uhlig, «Wie die Alten den Tod gebildet. Das Bild des Todesgenius bei Winckelmann, Lessing und Herder», en *Lessing Yearbook* VI, pp. 13-35; Hellmut Sichtermann, *Lessing und die Zeit der Aufklärung*, Go-

tinga (Vandenhoeck/R.) 1968, pp. 168-193; Alexander Altmann, «Lessings-glaube an die Seelenwanderung», *Lessing Yearbook*, VII, pp. 7-41; Lieselotte E. Kurth-Voigt, «Existence after Death in Wieland's Writings», en: *LYB*, XVIII, pp. 151-176; Volken Riedel, «Lessings Verhältnis zur Antike. Grundzüge, historischen Stellenwert und aktuelle Bedeutung», en *Nation und Gelehrtenrepublik* (edit. Wilfried Barner y Albert M. Reh) Detroit/Munich, 1984, pp. 9-24; Agnes Heller, *Crítica de la Ilustración*, Barcelona, Península, 1984 («Ilustración contra fundamentalismo. El caso Lessing»); Klaus Hammacher, «Lessings Spinozismus aufgezeigt an seinem Beitrag zur Handlung der Philosophischen Grundfragen nach Gott, Freiheit und Unsterblichkeit in der Aufklärung», en «Tijdschrift voor studie var de Verlichting en van het vrije denken», 1982, vol. 10, n. 1-3 pp. 86-110; Willi Delmüller, *Die unbefriedigte Aufklärung*, Suhrkamp, 1979, esp. pp. 218-23; James L. Hodge, «Sleeping, Waking, Death and Soul: Lessing Re-writes a Formula», en *Germanic Notes,* vol. 12, 1981, pp.17-23; citaré mi edición de los *Escritos filosóficos y teológicos*, de G.F. Lessing, Madrid, 1982, por la sigla EE. Las referencias a Lessing van según la edición de Lachmar y Muncker (LM). Nuestro tratado se encuentra en el vol. XI.

7. *España y los españoles hace dos mil años*, Madrid, Espasa Calpe, 1976[5], p. 47.

8. Lessing se encuentra muy a gusto entre documentos «de anticuario», como en el trato con «antiguos». Pero sus intereses son filosóficos: en la poesía y en la tragedia, como en las artes plásticas, busca el nivel en que están allí manifiestas o manifestables las cosas del hombre, y la dirección en que aparecen. «Dejemos de lado el asunto de antigüedad. Démoslo por decidido o bien por no decisivo. ¿Qué fundamento se tiene para decir que esos esqueletos representan a la muerte? ¿Por qué nosotros, los modernos, representamos a la muerte como un esqueleto?» (LM, XI, 37, 21ss). Cf. H. Sichtermann, l. c., p. 168.

9. Philippe Ariès, ob. cit., p. 15: «Los cambios del hombre ante la muerte, o bien resultan muy lentos por sí solos, o bien se sitúan entre largos períodos de inmovilidad... Eso explica que el historiador de la muerte no debe tener miedo a abarcar siglos cuya suma alcance incluso el mileno». Cf. también Alberto Tenenti, ob. cit., p. 13.

10. He traducido «tumultuarisch» por subversivo. Con lo antiguo y casi sobado, que está a la disposición de todos y está mil veces visto o revisto, va a ser subversivo. Independientemente de que «no es menos honroso confirmar lo antiguo con algo nuevo que descubrir algo nuevo en lo antiguo» (LM, XI, 5, 6s,), en la seriedad con que toma los momentos clave de la experiencia antigua (griega y judía) de la vida, Lessing es único.—«Tumultuarisch» traduce *tumultuarie*, que es postclásico (A. Blaise, *Dict. Lat.-Franç des Aut. Chrét.*) y entra en el alemán en el s. xvi (Kluge, *Eth. Wört.*). Su correspondencia griega (διαστρέφω) viene con aplicaciones políticas, de levantamiento clamoroso contra el poder, desde Aristóteles e Isócrates (Kittel, *Th. W. zum NT*, VII, 717-8). El «tumultus» latino recogía este sentido político; Jesús fue acusado ante Pilatos de «tumultuarius», subversor. Llamo la atención sobre este vocablo porque la larga digresión sobre los pies cruzados (διεστραμένοι) (LM, XI, 14-27) y su coincidencia verbal con «tumultuarisch»,

podría no haber escapado a ese gran jugador que era Lessing. En todo caso, yo no excluiría que Lessing, con ese vocablo, estuviera avisando de lo que se preparaba y anunciaba con este escrito donde, los últimos párrafos teológicos, esa coda de inocente apariencia, introducen una transformación antropológica milenaria.

11. Cf. Uhlig, l.c., 18.
12. LM, XI, 4, 24-27.
13. En carta del 11 de octubre de 1769.
14. *O.C.*, III, 154 (Diarios y Anales de 1801).
15. LM, XIV, 154-163 (EE 145-152).
16. Como quiere Helmut Thielicke (cf. EE 153, n.1). En este juvenil escrito se establece el paralelo entre Sócrates y Cristo en una clave que no resultaba ajena al pietismo que «se orientaba hacia la Antigüedad y medía Jesús según su ideal de Sócrates» (Martín Schmidt, *Pietismus*, 1978^2-(Urban-Tas), p. 148. La idea de «papel» o misión como idea fundamental, también es pietista. Rehm (l.c., 260) habla de que en el espíritu del tiempo estaba el «verte espíritu racional en formas de experiencia pietistamente coloreadas». Mas, el argumento decisivo en favor que esta demanda de un nuevo modo de morir no es retórica, lo da el desarrollo mismo de esa preocupación, como se verá enseguida. Rehm (l.c., p. 272): «Su vida entera está atravesada por una meditación seria y profunda sobre la inmortalidad, que no lo abandonará ya».
17. Cf. Ph. Ariès, ob. cit., p. 49.
18. LM, V, 395a.; VI 392-408.
19. Podría haber reminiscencia del *Fedón* 109b-110b.
20. El año anterior a la publicación prologada de los escritos de Mylius, en la recensión del libro de M.C. Curtius, *Destinos de las almas después de la muerte. Poema filosófico*, resume el libro segundo de Curtius sobre el alma que, «con la completa conciencia de su estado presente y pasado, permanece inmortal y tal vez llega a habitar en algún planeta más feliz donde conocerá con mayor profundidad las obras de Dios y por tanto a Él mismo». Las ideas de Lessing sobre la conciencia del o de los propios pasados, son más complejas y realistas; pueden indicarse brevemente diciendo que la memoria es sana, facilitadora del desarrollo ulterior y no entorpecedora, es decir en suma, es vital.
21. Como hacen, por ejemplo Wieland y Rowe (cf. Lieselotte Kurth-Voi, l.c., pp. 153 ss.), por lo demás en la línea de una tradición griega y judía, literaria y mística (Platón, la Apocalíptica, Virgilio, Dante...) que no cesa. Cf. Urs von Balthasar, *Adrienne von Speyr. Vida y misión teológica*, Madrid, Encuentro, 1986, y su intento de una dogmática experimental basada en descripciones de posturas y figuras de bienaventurados y condenados.
22. «Quiero dejar de ocupar a los lectores en estas ideas agridulces. Quiero parar, para poder entregarme a ellas con tanta mayor vivacidad» —dice luego de describir el nuevo curso del ya ausente Mylius—. Entregarse a una idea es «orientarse en la actividad interior y exterior» (*Educación*, 60) según ella, atento a las sugerencias y reverberos que hasta en sueños la frecuenten; es la actitud del «educando».
23. W. Rehm, ob. cit., p. 248, n.2

24. El libro se titula *Que Lutero creyó en la doctrina del sueño de las almas,* y se publicó anónimo.

25. Donde, de la opinión de un emperador antiguo (Julio César) y de uno moderno (Federico el Grande), no deducirá nada significativo respecto de la «[verdadera] ortodoxia del pueblo en bloque» (LM, XIV, 309). El pueblo se está en «la sana razón humana» (LM, XIV, 525, 10 [EE 381]) —que invocará Lessing en relación con «su sistema» de la matempsicosis (cf. aquí más adelante). Para Lessing, el primer movimiento de la inteligencia es el bueno. Pero a la inteligencia la tienen asustada.

26. En abril de 1755 escribe la recensión de J.Ch. Leuscher, *De secta Elpisticorum variorum opuscula, junctim cum sui edidit, praefatione atque indicibus instruxit necessarii...* Por Elpística hay que entender referencia «a las dos cosas [la espera y el miedo] y se la llama en general la espera de lo futuro» (LM, XIV, 306, 12s.), dirá más tarde cuando desarrolle sus ideas sobre los elpísticos.

27. Cf. «Quimera y anagnórisis» en EE, pp. 124 s., 138.

28. Cf. *Donde la religión revelada prueba demasiado es donde menos prueba* (LM, XVI, 399-400 [EE 453.4]).

29. Cf. EE p. 455, n. 1.

30. Ernst y Falk... (LM, XIII, 339-411 [*EE* 605-635, y ahí mismo p. 639 nota 15]).

31. Este es el sentido del *Diálogo sobre los soldados y los monjes* (LM, XVI, 520-1 [EE 393-4]) donde llamará «bobo» al mismo a quien apostrofa con un «¡Anda ya con vuestro Estado!» —después de haber llamado «locos» a quienes se entregan a malas artes, de religión o de otra técnica, a quienes quieren asegurarse la bienaventuranza en el más allá mediante las mismas. Cf., en cambio, A. Altmann, l.c., p. 16 ss.

32. Se entiende «a potiori», pues en la religión trabajó la filosofía, resp. los filósofos, y la filosofía gentil conocía religión y misterios.

33. La educación, como método de apropiación racional, partirá de las ocurrencias del educando. La psicología lessinguiana del conocimiento está llena de «rodeos» y de paciencia pedagógica. La inagotabilidad de los aspectos por los que puede empezar a insinuarse una nueva verdad, reside en el leibniziano principio de la infinitesimalidad. Lessing aplicó la teoría de las alusiones, sospechas, etc., expresamente, al caso de la doctrina de la inmortalidad en la *Educación del género humano.*

34. Cf. E. Vermeule, ob. cit., p. 250: «Sueño y muerte jamás son feos en el arte griego».

35. E. Vermeule, ob. cit., p. 248. En Homero, los dioses también necesitan dormir.

36. Para los antiguos, el sueño podía adherir tanto que llevaba a la muerte (Vermeule, ob. cit., pp. 256-258). El morir mientras se dormía hacía pensar en la continuidad entre esos dos sueños. ¡Y es tan rápida la transición! Las alas, que serán atributo del sueño breve y del largo, indican lo rápidamente que nos sorprenden; pero convienen más al sueño largo, es más veloz aún que el sueño breve (XI, 12, 22-24), y eso que éste ya nos sorprende siempre sin que nos demos cuenta.

37. LM, I, 56: «In Albam. Alba mihi semper narrat sus somnia mane; / Alba sibi dormit: somniat Alba mihi».

38. Goethe, *O.C.*, III, p. 100 se dijo una vez: «Ahora ya puedo morirme o seguir todavía viviendo algún tiempo en este mundo». La sensación de haber cumplido un programa es corriente en la vida y decanta una postura interior de descanso y un cambio de ritmo en esta vida.

39. Cf. Rehm, ob. cit., pp. 269 y 270. Y especialmente «el optimismo casi quietista» con que Broke contempla la muerte, en el espíritu de Pope y de Shaftesbury, como un elemento de la armonía creciente del Universo.

40. Cf. *Das Grosse Lexikon der Antike* (Heyne-Lex.) 1962, *ad voces* Kranz y Kómos.

41. Cf. E. Vermeule, ob, cit., p. 33.

42. En «Quimera y anagnórisis« (EE, pp. 115-141) he descrito la transición de una a otra etapa, con sus características religiosas y éticas.

43. Jospeh Spence (1699-1768), escritor inglés y tratadista de estética, autor del diálogo *Polygmetes* donde defendía la prioridad del arte plástico romano sobre la poesía romana.

44. Los esqueletos llamábanse *larvae*, y representaban a las almas separadas de los hombres malos. *Lares* se llamaba a las almas separadas de los hombre buenos. Su nombre general era *lemures*. En la inseguridad de que el alma separada fuese larva o lar, se decía la palabra *manes* (LM, XI, 44, 17-28). Es la pneumatología de Apuleyo en *De Deo Socratis*, que cita ahí mismo Lessing.

45. Mas, con el esqueleto se jugó siempre, con el propio miedo se jugó siempre. El temor general a acabar en larva o alma separada de hombre malo, desplazaba al resto de genios buenos y ayudaba a incitarse a aprovechar el tiempo que quedaba para disfrutar (carpe diem). Cf. Rehm, ob. cit., p. 264 ss. Lessing jugó de joven con el esqueleto, como lo harían los del Sturm und Drang. Cf. LM, I, 90, 102. Pero este mismo juego del miedo y el desplante, esta autoidentificación, impedía identificar en el esqueleto a la muerte misma, a la personificación de la muerte.

46. Cf. Jean Delumeau, *La Peur en Occident*, XIV-XVIIIe siècle, Fayard, 1978. Entre nosotros, en España, desde el XVI, circuló una gran literatura sobre la muerte cristiana. Salazar, Estella, Molina, La Puente, Nieremberg, Granada. Pero como característico de la teología moral y praxis de la muerte en el cristianismo el XVIII y el XIX, nada es comparable a la *Preparación para la muerte*, de san Alfonso María de Ligorio (1696-1787).

47. Cf. *Educación*, 93: «¿Es posible, en una misma vida, haber sido judío carnal y cristiano espiritual? ¿Se puede pasar en una y la misma vida por ambas cosas?»

48. Cf. LM, XVI, 525, 3-7 (EE, 381) la alusión a la preexistencia pitagórica o platónica.

49. Traduzco: «No me he encontrado en ningún sitio con escritor alguno de esta especialidad que, a la imagen de la muerte tal cual fue entre los antiguos, no la haya dejado enteramente indeterminada o no le haya dado una descripción falsa». Winckelmann la entrevió en cierto modo, pero se replegó a las posiciones convencionales (cf. Uhl, l.c., p. 15).

50. *Educación,* 39.
51. *Educación,* 75.
52. Lo aprendió Lessing en Leibniz. Enseña éste (Grua II, 5) «Omnia semper fiunt perfectiora, licet per periodos salongas et regressus».
53. Rehm, ob. cit., p. 30.
54. *Educación,* 53-61.
55. Cf. *Educación,* 91-92. «¡Has de tomar contigo tantas cosas [Providencia eterna]! ¡Hay que dar tantos rodeos!». Cf. la escena primera, acto I, de *Natán el sabio* y nota de la p. 244.
56. En reacción a ideas del XVIII, escribía Alejandro Manzoni, tan representativo y poco sospechoso de parcialidad alguna, en *La moral católica,* Madrid, 1944, p. 123 (cap. X): «Verdad es que el sacerdote, cumpliendo su deber, procura excitar en los fieles el terror de los juicios divinos, aquel terror del que, por nuestra portentosa debilidad, todo nos distrae; terror santo, que nos llama a la virtud; terror noble..., terror que inspira valor...».
57. EE 553-555 («Sobre una profecía del Cardano relativa a la religión cristiana»).
58. En algunos individuos. Cf. *Educación,* 20-21.
59. Cf. LM, XIV, 298, 2-11.
60. LM, XVI, 518-9 (EE, 561-3).
61. El subrayado es de Lessing, en *Educación,* 59.
62. A. Tenenti, ob. cit., p. 16 y n. 25.
63. Podría ser Sabiduría 3, 1, o Salmo 4, 9. San Alfonso M. de Ligorio dedica un capítulo a «La paz del justo en la hora de la muerte», en ob. cit., pp. 117-135.
64. Cf. «Quimera y anagnórisis», en EE 122, el comentario a la muerte de Lammetrie, en esa hora última en la que tantos filósofos cometen tantas deshonrosas debilidades (LM, IV 279 s.). Lessing pensó mucho en esa enfermiza hora final, y le hicieron pensar. Ya adelantado en su vida, en 1777, cuando el pastor Goeze le recordó que en la hora de su muerte le pesaría de haber publicado los *Fragmentos del anónimo,* contestó humanamente que del temblor que lo sobrecogería *en* la hora de la muerte, no podía responder, pero sí de que *ante* la muerte no iba a temblar (LM, XIII, 16-19 [EE 468]). En otros lugares alude a la fuerza de la memoria infantil que nos asalta por la espalda cuando menos lo esperamos. *El Natán el sabio* comienza con una escena de terror manipulado en el alma de la niña Reha. Y en la escena 2ª del acto IV, se trata expresamente el tema. Dice el Patriarca: «Porque, ¿no es violencia acaso todo lo que se hace a los niños? Bien entendido, excepto lo que la Iglesia hace a los niños».
65. «El conocimiento intelectual era la pre-condición de la inmortalidad» en una tradición cabalística y neoaristotélica que a Lessing le llegaba por varios conductos y no en último lugar por Leibniz. Cf. James L. Hodge, l.c., p. 20, que alude a Maimónides y a su influjo sobre Mendelssohn en este sentido.
66. LM, XIII, 165, 15-19: «Todo movimiento del [mundo] físico desarrolla algo y destruye algo, trae [consigo] vida y muerte; a una criatura le trae muerte en cuanto le trae vida a la otra. ¿Sería mejor que no hubiese muerte

alguna y [así] que no hubiese movimiento alguno? ¿O bien será mejor que haya muerte y movimiento?».

67. No lo veía así Kant. Para él, entre nosotros los hombres, sólo la especie puede esperar alcanzar plenamente su destino. Así como cabe que en otros planetas hay otras especies racionales cuyos individuos cumplan su destino. Cf. *Ideas para una historia universal en clave cosmopolita,* ed. de R. Rodríguez Aramayo, Madrid, 1987, p. 6 (Segundo principio). En Lessing no cabe esa mutilación metafísica.

68. Cf. A. Altmann, l.c., p. 7.

THOMASIUS, KÖNIG Y LA RAÍZ DEL GUSTO EN LA ILUSTRACIÓN ALEMANA

Emilio Hidalgo Serna

El tema de la Ilustración en España y Alemania constituye una ocasión propicia para recordar la tergiversación y el olvido que Alemania, al igual que la Europa ilustrada, dispensó a la significación filosófica y estética del gusto traslaticio de raigambre española. La preeminencia del gusto moral en los albores de la Ilustración y el señorío posterior del gusto estético dependen radicalmente del origen y variedad de funciones que Baltasar Gracián asignó en su obra a la metáfora del buen gusto.

A finales del siglo XVIII, el ilustrado español Juan Pablo Forner rechazaba resueltamente las críticas francesas sobre la escasa aportación de España a las ciencias y a las artes: «La expresión del *buen gusto* nació en España, y de ella se propagó a los países mismos, que teniéndola siempre en la boca e ignorando de donde se les comunicó, tratan de bárbara a la nación que promulgó con su enérgico laconismo aquella ley fundamental del método de tratar las ciencias».[1] Un siglo más tarde, Menéndez y Pelayo ignoraba quién había sido el español que inventó tan importante término.[2] Pero el colmo de la desestima española respecto a nuestra propia tradición nos lo ofrece Ferrater Mora. Al hablar sobre el concepto de *gusto* en su *Diccionario de filosofía,* ni siquiera menciona a Gracián.[3]

En el caso de Alemania, tanto Thomasius, como König y Borinski —y en nuestros días Gadamer— reconocieron únicamente el carácter pedagógico y moral del buen gusto graciano. La crítica literaria y la historia de la filosofía interpretaron el gusto en cuanto ingrediente aislado o diluido en la abstracción racional. Fue sistemáticamente ignorado el papel propio que el buen gusto desempeña ya en la obra de Gracián al formar parte indispensable de su lógica del ingenio. A diferencia del juicio racional, el juicio electivo del gusto es ingenioso, lo cual implica un triple dictamen de índole filosófico-cognoscitiva, estético-literaria y práctico-moral, tal y como hemos analizado en otro lugar.[4]

A modo de ejemplo, aludiremos aquí sólo a la época inicial de la Ilustración alemana. Christian Thomasius y Johann Ulrich König fueron los mediadores de la función y significación moral y estética del gusto. Ambos encarnan el primer impulso del buen gusto en Alemania. Sin sus obras no sería posible explicar la verdadera génesis de este término, definido más tarde por Kant como *das Vermögen der Beurteilung des Schönen,*[5] juicio sobre el que descansa la estética a finales del XVIII. Es especialmente importante advertir algunas de las razones filosóficas que ilustran la incomprensión alemana del gusto y de Gracián, su inventor y acuñador indiscutible. En realidad, las raíces del gusto escapan a la abstracción y al carácter apriorístico del pensamiento racional. La verdadera relación y comprensión hispano-alemanas, siempre a propósito de este nuevo concepto, implican un problema filosófico aún sin resolver. No se trata, pues, de una mera cuestión histórica o filológica.

En los umbrales de la Ilustración alemana —pensemos en Leibniz, en Thomasius o en Christian Wolff— la filosofía luchaba por alcanzar su propio protagonismo, mientras la teología seguía cohabitando con la jurisprudencia. Si Leibniz aboga por una teodicea que le permita afirmar filosóficamente a Dios frente a la relatividad y a los males del mundo, Wolff intentará que la ciencia asuma la estructura sistemática del pensamiento racional. Es sintomático el hecho de que el período previo de la Ilustración alemana concluya cuando el racionalismo filosófico consigue imponerse sobre el resto de las disciplinas. A partir de este momento, la primacía lógico-cognoscitiva del ingenio, del gusto, del concepto y del arte de ingenio de Gracián cede forzosamente ante el saber y el método racionales.

Christian Thomasius persigue por su parte una solución eminentemente práctica, razón que explica su interés por la elección política y moral del buen gusto. Su primera preocupación está determinada por el examen urgente de los deberes y derechos que atañen a la jurisprudencia. Thomasius establece los fundamentos de lo que, según él, deberá ser el Estado, cuya única meta consistirá en lograr la felicidad de todos y de cada uno de los individuos. El eminente matiz práctico de su obra, su interés por la prudencia, la praxis política y la importancia que concede a la acción y a los hechos, difieren claramente de la actitud teorética de Leibniz; tales elementos delatan, a su vez, la afinidad existente entre la obra de Thomasius y la prudencia ingeniosa del *Oráculo manual* graciano.

El filósofo y jurista alemán tiene en cuenta los criterios de la elección práctica, considerando el juicio del gusto como la forma de actuación humana más acertada para hacer frente a las situaciones siempre nuevas de una realidad que es irrepetible e indeducible racionalmente. Por lo tanto, el conocimiento y las ciencias deberán descansar sobre un filosofar empírico y sobre una ética o política de marchamo imaginativo. De aquí la condena que Thomasius hace del pensamiento cartesiano y del afrancesamiento de los alemanes, lo cual no impide que su concepto del gusto y los instrumentos de su propia obra se hallen teñidos por el racionalismo coetáneo. Es justo su rechazo del racionalismo que ha olvidado la historia y el saber ingenioso sobre lo singular; sin tal saber resultaría ciega la elección del gusto. Además, el pensamiento racional abstrae las circunstancias que más importan a la vida del hombre en sociedad. En este sentido, la actitud de Thomasius raya con la más genuina filosofía humanista y con el pensamiento del jesuita aragonés.

No puede ser la lógica racional el único criterio de aquellos pensamientos que pretendan pasar por verdaderos. Para Thomasius el saber lógico deberá ser no sólo útil y pedagógico, sino que tenderá a eliminar aquellos prejuicios que radiquen fuera del conocimiento crítico de las experiencias históricas, ya sean propias o ajenas. Si con Leibniz la filosofía reemplaza a la teología y Wolff transforma la filosofía en una metodología, Thomasius exige que la filosofía sirva de apoyo crítico a la historia. Él imprimió a la Ilustración alemana un énfasis histórico de cuño personal e inconfundible. Fue precisamente en el ámbito universitario donde Thomasius propuso una reforma vital para liberar a la sociedad de la abstracción de la moral deductiva.

En 1687 el joven profesor Thomasius dedicó a Gracián, en la universidad de Leipzig, un curso titulado *Acerca de la imitación de los franceses. Lecciones sobre las reglas fundamentales de Gracián para vivir atenta y prudentemente.*[6] Se trata además de la primera vez en la historia de la Universidad alemana que un curso no era impartido en latín. Desgraciadamente no conservamos en su integridad el texto correspondiente a estas clases. Por otra parte, Thomasius tuvo sólo en cuenta el *Oráculo manual* y no en su texto original, sino filtrado a través de la traducción francesa de Amelot de la Houssaie. En los siglos XVII y XVIII Gracián fue siempre traducido y leído en Europa a partir de las no siempre fieles versiones francesas de sus obras. El total desconocimiento de la *Agudeza y arte de ingenio,* el racionalismo cartesiano y el fuerte interés moralista de Francia en la segunda mitad del siglo XVII, contribuyeron a reducir el gusto graciano a su función práctico-moral.

Al analizar el concepto del buen gusto, Thomasius cae en un doble error: atribuye la invención de la metáfora a los franceses e ignora la dimensión filosófica y estética de este término.[7] Cree que el *bon goût* es la capacidad de discernir entre lo bueno y lo malo[8] y de juzgar cuanto falta o es necesario para el comportamiento práctico del hombre. Este buen gusto, que Thomasius entresaca racionalizado y deslucido del *L'Homme de Cour,* ejerce su poder en la órbita de la *Klugheitslehre*. Al gusto atribuye Thomasius no sólo el juicio electivo, sino la visión y advertencia de las imperfecciones o carencias, de lo bueno y de lo malo en los sentidos, en los afectos y disposiciones del ánimo, en el entendimiento y en la voluntad.[9]

A principios del siglo XVIII, nuestro autor sigue aludiendo en sus *Kleine deutsche Schriften*[10] al jesuita aragonés y nos recuerda la importancia de su prudencia y la utilidad de sus obras. Pero no olvidemos que es sólo el gusto práctico el que penetró con Thomasius en Alemania, llevado siempre de la mano de la galantería y del cartesianismo; se trata, consecuentemente, de un término diametralmente diverso de la significación filosófica y estética atribuida por Gracián a esta metáfora, en el marco de su lógica ingeniosa. El gusto graciano se mueve colaborando mutuamente con el ingenio: «Hay cultura de gusto, así como de ingenio. Entrambos relevantes son hermanos de un vientre, hijos de la capacidad, heredados por igual en la excelencia».[11] Ni el gusto, ni el ingenio dependen del proceso racional, pues ambos son libres y anteriores al mismo.

La filosofía, la estética y la moral de Gracián surgen como soluciones inventivas frente a la incapacidad de la razón para deducir el concreto a partir del universal. El ingenio, la agudeza, el concepto imaginativo y el gusto constituyen las facultades e instrumentos esenciales que componen el arte ingenioso y el marco propio de la elección cognoscitiva del buen gusto. Por el contrario, la nueva estética del gusto en el siglo XVIII nace y crece vinculada a la lógica y a la filosofía teorética. En esta diferencia reside el verdadero problema y la razón de esa incomprensión de Gadamer, por ejemplo, cuando da por válidos los prejuicios de Borinski[12] y de Schümmer,[13] excluyendo el contenido cognoscitivo y estético en el gusto graciano.

Al estudiar Borinski las relaciones entre Gracián y la literatura cortesana en Alemania, advierte en la obra del pensador español la paternidad de los dos elementos esenciales sobre los cuales se afirma la cultura moderna: el conocimiento del gusto y la práctica consciente de la prudencia.[14] Borinski, Thomasius y Gadamer creen, sin embargo, que el gusto procede de la sociología (*Gesellschaftslehre*),[15] o de la sociedad de cultura (*Bildungsgesellschaft*),[16] pero no de la filosofía. Sólo el desconocimiento directo de los libros de Gracián puede justificar la afirmación de Gadamer, para quien, originariamente y antes de la *Crítica del juicio,* el concepto del gusto no sobrepasó los límites de su significación moral.[17] En esta inexacta y universalizada opinión radica, en parte, la exagerada originalidad concedida tradicionalmente al *Geschmack* kantiano, así como el olvido de la raíz cognoscitiva del gusto ingenioso de la que fluye la savia del gusto estético-literario y la elección práctico-moral.

Thomasius comienza su *Von Nachahmung der Franzosen* tildando de ineficaz a la filosofía racional practicada por los alemanes de su tiempo. Únicamente algunos de los conceptos del pensamiento moral francés —el *honnête homme, bel esprit, homme galant* o *bon goût*— merecen, según él, ser imitados. «Hay todavía gente erudita en Alemania —asegura Thomasius— pero no tanta como en Francia, pues nuestros compatriotas se dedican con inútil empeño a las abstracciones metafísicas y ésta es una ocupación que no sirve en absoluto al bien común.»[18]

Es el arte de prudencia lo que verdaderamente le importa, pues éste posibilita el conocimiento del ánimo y del carácter de los hombres. En el capítulo cuarto de su *Politische Klugheit,* el autor alemán diserta sobre la prudencia del saber aconsejarse a sí mismo. Insiste allí en las múltiples diferencias respecto a las capacidades de los hombres y contradice la idea ilustrada de que los hombres son iguales por naturaleza.[19] El hacer, y no el especular, es el medio eficaz para satisfacer nuestras necesidades. «El sabio no pasa la vida especulando, sino que se realiza en su trabajo y haciendo siempre algo. Quien no hace nada, no hace nada bueno, sino que se comporta como un holgazán.»[20] Al condenar el pensamiento apriorístico, o al reconocer la primacía de la acción práctica sobre la teoría, el ilustrado alemán se decide por la misma inversión filosófica que el humanismo y Gracián hicieron del saber racional al proclamar la preeminencia del *arte de ingenio* y del conocimiento de las relaciones singulares que configuran el ser propio de las cosas.

Si el jesuita español insiste en la urgencia del «conocerse y aplicarse»,[21] porque «no bastan ni el estudio ni el ingenio donde falta la elección»[22] del gusto, el precursor de la Ilustración alemana escribirá en 1705: «Cuanto más conozcas tu propia locura, tanto mejor podrás advertir la prudencia y la locura de los demás, y ello sin necesidad de echar mano de otras reglas; y cuanto menor sea el conocimiento de ti mismo, menos te ayudarán mil y una normas para conocer a los otros».[23] El buen gusto, que Thomasius retiene indispensable para consolidar el concepto de *hombre político* a principios del siglo XVIII, procede del arte de prudencia y de la *agudeza de acción* gracianas. Pero ni el autor alemán, ni la Europa ilustrada llegaron a comprender que, para el pensador aragonés, el hombre prudente actúa únicamente después de haber visto y advertido sutilmente las correspondencias histórico-reales de su propio ser circunstancial en el mundo. A este saber ingenioso y agudo, es decir, no racional ni deductivo, seguirá la sabia elección que el buen gusto individual hace del concepto o del acto que mejor respondan a aquella necesidad que en una ocasión determinada asedia al hombre. Este ámbito de realidad escapa irremediablemente a la visión universal del ojo racional.

Es cierto que Alemania debe a Thomasius el descubrimiento de la importancia de Gracián y del buen gusto. Sin embargo, la circunstancia filosófica que envuelve la obra del precursor de la Ilustración alemana redujo el término del gusto a un mero comportamiento moral, siendo absorbido el buen gusto por el entendimiento y por la voluntad,[24] y quedando éste desconectado de los sentidos, de la imaginación y del ingenio. A lo largo del siglo XVIII el buen gusto seguirá perdiendo su independencia y su significación original, ingeniosa y cognoscitiva.

El año 1727 aparece la obra *Untersuchung von dem guten Geschmack in der Dicht- und Rede-Kunst*. Cuando su autor, Johann Ulrich König, analiza la función del gusto en la poética y retórica, asegura que existe un paralelismo entre el gusto de la lengua y el gusto del entendimiento.[25] Esta semejanza denuncia el olvido tradicional de ese ámbito intermedio y escenario ingenioso en el que el gusto graciano ejercita sus diversas funciones. Para König, «el gusto es una concordancia y una consonancia del entendimiento y de la razón».[26]

Esta preeminencia absoluta del saber racional implica la negación del filosofar imaginativo sobre lo concreto. En cuanto «sensación interior del entendimiento»,[27] el gusto se transforma en elección racional, quedando sometido deductivamente a reglas fijas, tal y como sucede con el *bon goût* en las *Maximes* de La Rochefoucauld.

Los resultados de la investigación de König no satisfacen las promesas que él anuncia en el título de su libro. Si, según él, la historia del buen gusto exige descubrir lo bueno, lo bello y lo verdadero en la poética y retórica,[28] es evidente que resultará imposible alcanzar tales objetivos si el gusto es limitado y velado por el protagonismo apriorístico de la razón. Por eso, y aunque alude alguna vez a la existencia de un gusto intermedio entre los sentidos y la razón,[29] tal gusto jamás aparece en su estudio.

Al definir el gusto como decisión del entendimiento y fuerza conjunta del alma para sentir o juzgar,[30] König reconoce la función estética y moral del gusto, la imaginación y la búsqueda de las semejanzas, pero no advierte nunca el mecanismo lógico del gusto. Sólo la distinción entre el método racional y el arte del ingenio[31] puede revelarnos las diferencias entre el gusto filosófico del pensador español y el gusto moral de Thomasius, o su acepción estética y práctica en la obra de König.

Thomasius y König testimonian que la primera concepción del gusto en la Ilustración alemana y europea procede exclusivamente de la moral graciana, siendo el *Oráculo manual* el centro del interés y de la difusión inmediata de nuestro jesuita en Europa. El olvido tradicional de la raíz del buen gusto, la negación sistemática de su significación cognoscitiva y la incomprensión total de la *Agudeza y arte de ingenio* constituyen los despojos lógicos de la soberanía racionalista respecto al pensamiento ingenioso y a la fantasía.

Baste aquí aludir al discurso III de su *Arte de ingenio*, donde Gracián nos recuerda la triple fuerza (agudeza) del ingenio humano. En la «agudeza de concepto, que consiste más en la sutileza del pensar, que en las palabras»,[32] cristaliza el saber imaginativo del ingenio, cuyo objetivo es la advertencia de las correspondencias históricas de los objetos singulares. Esta agudeza de concepto pasó inadvertida y fue disuelta en la «agudeza verbal, que consiste más en la palabra»[33] sobre la cual descansa la dimensión literaria del método ingenioso. A la agudeza filosófica y estética siguen la «agudeza de acción»[34] y la prudencia; éstas presuponen siempre en Gracián el conocimiento y el concepto ingeniosos, los cuales son la condición indispensable a la hora de comprender el origen filosófico del buen gusto. El saber ingenioso, la creación estética y la acción aguda y prudente proceden de una misma lógica ingeniosa y su eficacia final depende inevitablemente de la justa elección del gusto. En Gracián, además de la triple aplicación de la facultad del ingenio, existen también tres clases correspondientes de gusto y de juicio ingenioso.

Hay una «ciencia del buen gusto»[35] en Gracián, que es inherente a su lógica ingeniosa y no depende de normas deductivas, sino que tiene en cuenta el gusto de cada uno y la «comprensión de todas las circunstancias que se requieren para el acierto individual».[36] Thomasius, König, Borinski y Gadamer, por el contrario, creyeron que, originariamente, el juicio del gusto tuvo lugar dentro del radio del corazón y de la voluntad. König retiene además que, para ser perfecto, el buen gusto debe acomodarse a las leyes universales,[37] lo que confirma que su concepción del gusto sea antípoda del gusto traslaticio de Gracián.

Es indispensable revisar la tradición en la que surge este concepto filosófico y humanista del gusto. Partiendo de la oposición al racionalismo, Gracián prosigue el humanismo de Vives y de la tradición italiana anterior; él se anticipa a Vico al distinguir entre el ingenio como facultad de ver y conocer las relaciones singulares entre las cosas, y la razón en cuanto capacidad que pretende definir el universal. La lógica del ingenio y la lógica racional responden, al igual que el concepto metafórico y el concepto racional, a dos saberes filosóficos diferentes. Y si al juicio le ha correspondido tradicionalmente la distinción y la decisión última dentro del método racional, en el saber ingenioso analizado por Gracián es el *buen gusto* quien elige la sazón del «sabor» y del saber de los conceptos.

NOTAS

1. J.P. Forner, *Oración apológetica por la España y su método literario: para que sirva de exornación al discurso leído por el abate Denina en la Academia de Ciencias de Berlin, respondiendo a la cuestión «¿Qué se debe a España?»*, Madrid, 1786, p. 101.

2. Menéndez y Pelayo, «Poética conceptista: Baltasar Gracián», en *Historia de las ideas estéticas en España, Obras completas,* II, Madrid, 1950, p. 359.

3. J. Ferrater Mora, *Diccionario de filosofía,* II, Barcelona, 1984[5], pp. 1.412-1.414.

4. Hidalgo Serna, «Die Vorrangstellung des ingeniösen "guten Geschmacks"— buen gusto. Seine Bedeutung und Hunktion», en *Das ingeniöse Denken bei Baltasar Gracián,* Munich, 1985, pp. 149-174.

5. I. Kant, *Kritik der Urteilskraft,* edic. de K. Vorlander, Leipzig, 1924[6], p. 39.

6. Cf. C. Thomasius, «Von Nachahmung der Französen», en *Deutsche Litteraturdenkmale des 18. und 19. Jahrhunderts,* edic. de A. Sauer, n.º 51, Stuttgart, 1894, pp. 1-55.

7. *Ibíd.*, p. 10.
8. Íd.
9. Íd.
10. C. Thomasius, *Kleine deutsche Schriften,* edic. de J. Otto Apel, Halle, 1701.
11. B. Gracián, *El héroe,* en *Obras completas,* edic. de A. del Hoyo, Madrid, 1967[3], p. 13.
12. K. Borinski, *Baltasar Gracián und die Hoflitteratur in Deutschland,* Halle an der Saale, 1894. Reedición en Tubinga, 1971.
13. F. Schümmer, «Die Entwicklung des Geschmacksbegriffs in der Philosophie des 17. und 18. Jahrhunderts» en *Archiv für Begriffsgeschichte,* I, 1956, pp. 120-141.
14. K. Borinski, ob. cit., p. 1.
15. *Ibíd.*, p. 40.
16. H.G. Gadamer, *Wahrheit und Methode,* Tubinga, 1986[5], p. 41.
17. *Ibíd.*, p. 40.
18. C. Thomasius, *Von Nachahmung der Franzosen,* ob. cit., p. 15.
19. C. Thomasius, «Von der Klugheit, sich selbst zu raten», en *Politische Klugheit* (1705); Cf. F. Brüggemann (edit.,), *Deutsche Literatur, Reihe Aufklärung,* I, Viena/Leipzig, 1928, pp. 80 y ss.
20. *Ibíd.*, p. 82.
21. B. Gracián, *El discreto,* en *Obras completas,* ob. cit., p. 81; ver también el *Oráculo manual,* ob. cit., p. 158.
22. B. Gracián, *El discreto,* ob. cit., p. 103.
23. C. Thomasius, *Von der Klugheit, sich selbst zu raten,* ob. cit., pp. 95 y 96.
24. C. Thomasius, *Von Nachahmung der Franzosen,* ob. cit., p. 10.

25. J.U. König, *Untersuchung von dem guten Geschmack in der Dicht und Rede-Kunst,* Leipzig/Berlín, 1727, p. 244.
26. *Ibíd.* p. 253.
27. *Ibíd.* p. 248.
28. *Ibíd.* p. 322.
29. *Ibíd.* p. 256.
30. *Ibíd.* pp. 257 y 258.
31. Cf. E. Hidalgo Serna, «Graciáns Philosophie des "Ingeniums": "concepto" und Methode», en *Das ingeniöse Denken bei Baltasar Gracián,* ob. cit., pp. 113-148.
32. B. Gracián, *Agudeza y arte de ingenio,* en *Obras completas,* ob. cit., p. 244.
33. *Ibíd.* p. 244.
34. Íd.
35. B. Gracián, *El discreto,* ob. cit., p. 92.
36. *Ibíd.* p. 105.
37. J.U. König, *Untersuchung von dem guten Geschmack in der Dicht und Rede-Kunst,* ob. cit., p. 277.

AUTORES

AGUSTÍN ANDREU. Doctor en filosofía y teología. Es miembro del Instituto de Filosofía del CSIC. Editor de *Aurora*, de Jacob Böhme, con un estudio introductorio sobre la crisis de la Europa del siglo XVII, y de *Natan el sabio*, de Lessing, con un estudio sobre la relación interna de las tres grandes religiones abrahamísticas (judaísmo, cristianismo, islamismo). Recientemente ha estado trabajado durante un trimestre en la Biblioteca Herzog August de Wolfenbüttel sobre el cristianismo joánico según Lessing.

WILFRIED BARNER. Profesor en la Universidad de Tubinga.

JOSÉ MIGUEL CASO. Catedrático de literatura española de la Universidad de Oviedo. Director del Instituto Feijoo de Estudios del siglo XVIII (Oviedo). Fue profesor invitado de la Universidad de Maryland (EE.UU). Ha participado en diversos congresos nacionales e internacionales y en el seno del Instituto Feijoo —antes, Centro de Estudios del siglo XVIII— ha impulsado congresos, encuentros internacionales y numerosos trabajos de investigación. Gran estudioso de Jovellanos; muestra de ello es la gran cantidad de obras que ha publicado sobre este autor. Cabe destacar la edición de las *Obras completas de Jovellanos*, que constará de doce volúmenes, de los cuales cuatro ya han sido publicados. Entre sus publicaciones también se encuentran diversos trabajos sobre literatura medieval.

TEÓFANES EGIDO. Profesor de historia moderna en la Universidad de Valladolid desde 1965. Se ha especializado en la historia de la oposición a los gobiernos en el siglo XVII, como puede verse por sus libros, de entre los cuales destacan: *Prensa y clandestinidad en el siglo XVIII* (Valladolid, 1967) *Opinión pública y oposición al poder en la España del siglo XVIII* (Valladolid, 1971) y *Sátiras políticas de la España moderna* (Madrid, 1973). Ha publicado también diversos trabajos sobre los motines y la contestación política en revistas especializadas, actas de congresos y obras colectivas.

ROMANO GARCÍA (Lorqui, Murcia). Doctor en filosofía por la Universidad Complutense. Ha sido profesor de historia de la filosofía, durante tres años, en la Universidad Centroamericana de Managua (Nicaragua). Su tesis doctoral versó sobre *La organización política y social en la «República» de Platón*. En 1972 se integra en el

Colegio Universitario de Cáceres, incorporándose a la Facultad de Filosofía y Letras de la Universidad de Extremadura en 1973, año de su creación. Fue redactor jefe de *Índice*, donde publicó numerosos trabajos. Colaboró también en *Cuadernos Hispanoamericanos* y, durante su estancia en Managua, dirigió *Encuentro*, revista de la Universidad. Especialista en filosofía política, ha publicado sus trabajos en *Revista de Occidente* y en *Pensamiento*. Es autor, entre otras, de las siguientes obras: *Opresión y revolución* (Zyx, Madrid, 1966) y *El Estado y los filósofos* (Universidad de Extremadura, 1983). En estos momentos prepara una *Crítica de la razón democrática*.

EMILIO HIDALGO-SERNA (Montorra, Burgos, 1948). Filósofo y filólogo. Investigador en la Biblioteca Herzog August, de Wolfenbüttel (RFA). Ha escrito, entre otras, las siguientes obras: *Filosofía del ingenio y del concepto* (1976), *Das ingeniöse Denken bei B. Gracián* (1984) y diversos artículos como: «"Ingenium" and Rethoric in the Work of Vives», en *Philosophy and Rhetoric*, 16, 4 (1983), pp. 228-241; «La antropología en Calderón: elementos válidos y actuales del hombre en su teatro», en *Archivum Calderonianum*, vol. II, Hacia Calderón, Wiesbaden, 1983, pp. 16-23; «Il linguaggio nel pensiero umanista di Juan Luis Vives», en *L'umanesimo nel passato e nel presente*, Florencia, 1986, pp. 117-131; «Per una revisione del concettismo spagnolo», *Studi di Estetica*, 8/9, Bolonia, 1986, pp. 25-39; «La palabra y el lenguaje en el humanismo español. Del "verbum rationale" al "sermo communis"», en *Akten des Deutschen Hispanistentages*, Hamburgo, 1987, pp. 195-214.

JOSÉ JIMÉNEZ LOZANO (Langa, Ávila, 1930). Escritor y novelista. Es subdirector del diario *El Norte de Castilla*. Autor de numerosos ensayos tales como: *Los cementerios civiles y la heterodoxia española* (1978), *Sobre judíos, moriscos y conversos* (1982) o *Guía espiritual de Castilla* (1984); un diario como: *Los tres cuadernos rojos* (1985); relatos y novelas como: *El santo de mayo* (1976), *Historia de un otoño* (1971), *El sambenito* (1972), *La salamandra* (1973), *Duelo en la Casa Grande* (1982), *Parábolas y circunloquios de Rabí Isaac Ben Yehuda. 1325-1402* (1985), *El grano de maíz rojo* (1988), estos tres últimos editados por Anthropos.

SIEGFRIED JÜTTNER. Profesor en la Universidad de Duisburgo.

LOTHAR KREIMENDAHL (1949). Profesor Asistente en el Institut für Philosophie de la Rurh-Universität de Bochum (RFA). Se dedica a *temas de teoría del conocimiento, metafísica y filosofía de la religión en la Ilustración.* Es autor de: *Humes verborgener Rationalismus* (Berlín/Nueva York, 1982); *Freiheitsgesetz und höchstes Gut in Spinozas «Theologisch-Politischem Traktat»* (Hildesheim, Zurich, Nueva York, 1983); *Hume in der deutschen Aufklärung. Umrisse einer Rezeptionsgeschichte.* (Coautor: Günter Gawlick, Stuttgart-Bad Cannstatt, 1987); Kants Kolleg über Rationaltheologie. Fragmente einer bisland unbekannten Vorlesungsnachschrift (*Kant-Studien*, 79, 1988); «Humes Kritik an der Schawärmern und das Problem der "wahren Religion" in seiner Philosophie» (*Aufklärung*, 3, 1988).

HANS JOACHIM LOPE (Wuppertal, 1939). Profesor de filología románica en la Universidad de Marburgo (RFA). Miembro del Centro de Estudios del siglo XVIII (Oviedo). Vicepresidente, desde 1985, de la Asociación de Hispanistas Alemanes. Ha publicado entre otros los siguientes libros: *Die «Cartas Marruecas» von José Cadalso. Eine Untersuchung zur spanischen Literatur des XVIII Jahrhunderts,* (Francfort, Klosterman, 1973); *Actas del coloquio celebrado en Marburgo con motivo del centenario del nacimiento de Ortega y Gasset,* (Ed.) (Francfort/Berna 1986). También ha escrito diversos artículos como: «El siglo XVIII español y el hispanismo alemán: avances y contribuciones de los últimos años» en *Arbor*, Madrid, 1984; «"Die Mohren welches sehr grosse Schachspieler sind..." - Juan Huarte und die Schachszene in Lessings *Nathan* (II, 1)», en *Schwerpunkt Siglo de Oro. Akten des deutschen Hispanistentages Wolfenbüttel (28.2.-1-3-1985)*, Ed. H.-J. Niederehe, Hamburgo, H. Buske Verlag, 1986, pp. 299-314.

AGAPITO MAESTRE. Doctor en filosofía y licenciado en sociología y en ciencias políticas. Ha estudiado en Madrid y Francfort. Actualmente es profesor titular de ética en la Universidad Complutense de Madrid. Entre otros temas ha trabajado sobre la Escuela de Francfort, sobre el paradigma etico-político de Jürgen Habermas y sobre la reconstrucción de la Ilustración y su crítica actual en el pensamiento llamado posmoderno. Acaba de publicar una antología de textos clásicos sobre *¿Qué es Ilustración?* precedida de un amplio estudio preliminar.

REYES MATE. Doctor en teología por la Universidad de Münster (RFA) y doctor en filosofía por la Universidad Autónoma de Madrid. Es autor de una docena de libros; entre éstos *El ateísmo, un problema político; Escritos sobre la religión I y II; El desafío socialista; El precio de la libertad* o *Modernidad, religión, razón.* Fue redactor de *El País*, es profesor de filosofía en la UNED y miembro del Instituto de Filosofía, organismo investigador del Consejo Superior de Investigaciones Científicas.

FRIEDRICH NIEWÖHNER (1941). Es, desde 1986, responsable de la sección de investigación de la Herzog Bibliothek de Wolfenbüttel (RFA). Ejerce la docencia en la Universidad Libre de Berlín. Especialista en filosofía judía, y filosofía árabe medieval y moderna. Entre sus libros figura *Veritas sive Varietas*. Es coeditor de *Historischen Wörterbuchs der Philosophie* (vol. 8) y de *Hebraïschen Beiträge zur Wissenschaft des Judentums deutsch angezeigt* (vol. 3).

PAUL RAABE. Es director de la Herzog August Bibliothek de Wolfenbüttel desde 1968. Cuenta con numerosas publicaciones sobre expresionismo literario, así como sobre la historia de las bibliotecas y del libro.

MANFRED TIETZ. Profesor en la Universidad de Ruhr, Bochum. Es presidente de la Asociación de Hispanistas alemanes. Se ocupa de la literatura religiosa y del teatro del Siglo de Oro español, y es autor de varios libros y artículos.

ÍNDICE

Presentación 7

I. EL PENSAMIENTO ILUSTRADO 11

Amoldamiento y altivez, o el lector debe ser el rey (Anotaciones sobre la forma literaria de la filosofía ilustrada del siglo XVIII) (*por Friedrich Niewöhner*) 13

¿El fin de la Ilustración? (*por Agapito Maestre*) 25

Sobre la metodología para el estudio de la Ilustración (*por Lothar Kreimendahl*) 37

La crítica hegeliana de la Ilustración (*por Reyes Mate*) 47

II. LA ILUSTRACIÓN EN ESPAÑA 69

La figura de *Lucrecia la romana* vista por la Ilustración alemana y española (*por Manfred Tietz*) 71

Los anti-ilustrados españoles (*por Teófanes Egido*) 95

España ¿un país sin Ilustración? (Hacia una recuperación de una herencia reprimida) (*por Siegfried Jüttner*) 121

La percepción castiza del ilustrado (*por José Jiménez Lozano*) . . 139

Antonio Ponz y el problema de la desarbolización española (*por Hans-Joachim Lope*) 157

La crítica religiosa de *El Censor* y el grupo ilustrado de la condesa de Montijo (*por José Miguel Caso*) 175

Extremadura y la Ilustración (*por Romano García*) 189

III. LA ILUSTRACIÓN EN ALEMANIA 197

La Ilustración y la letra impresa (El panorama editorial alemán a finales de la Ilustración) (*por Paul Raabe*) 199

Ilustración y tradición en Alemania: el ejemplo de Lessing (*por Wilfried Barner*) 213

Terror mortis (La imagen antigua de la muerte y el sentido de su retorno en G.E. Lessing) (*por Agustín Andreu*) 227

Thomasius, König y la raíz del gusto en la Ilustración alemana (*por Emilio Hidalgo Serna*) 255

Autores 267